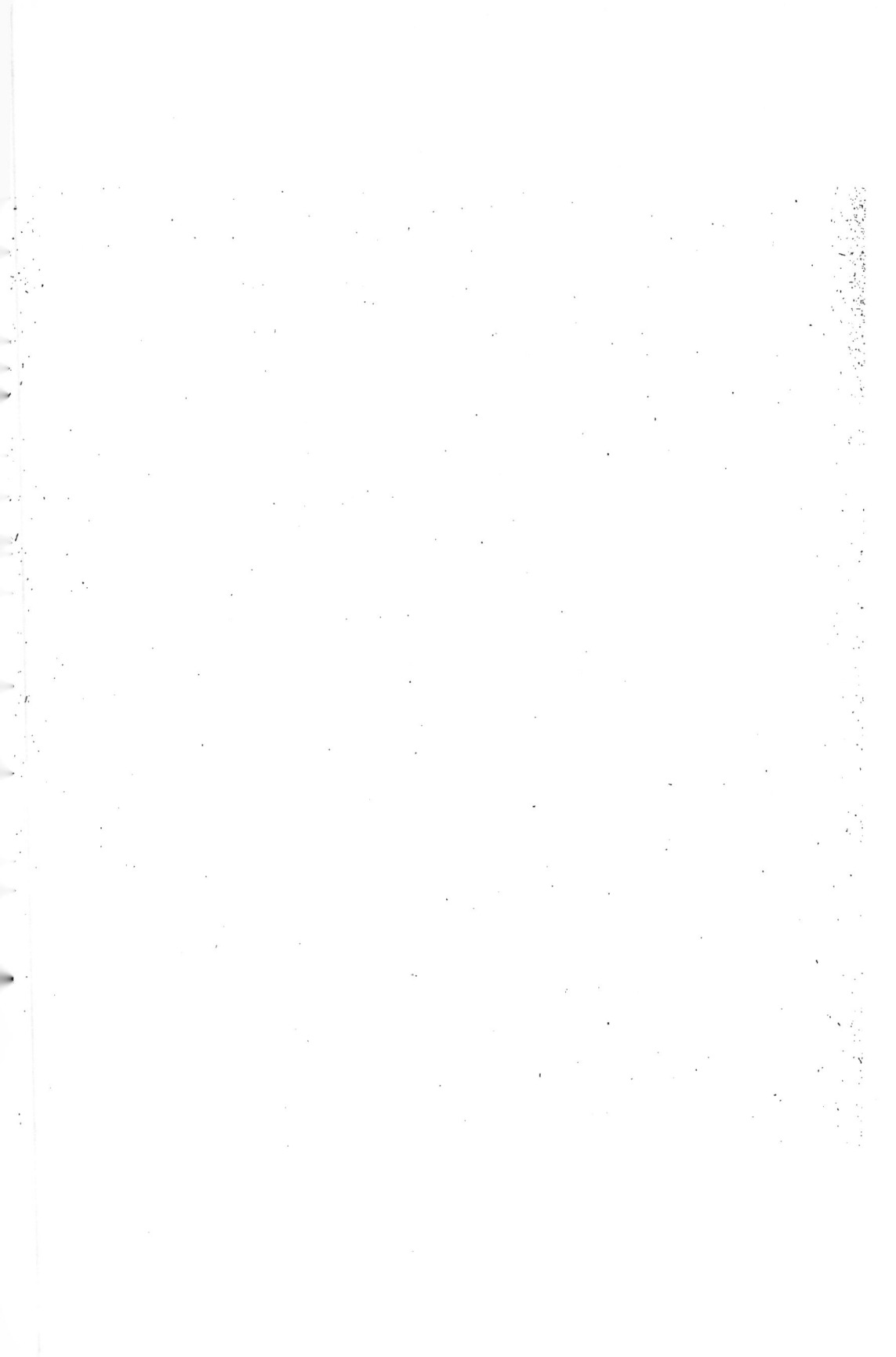

LES COLONIES FRANÇAISES

À la mémoire de ma sœur Julie
décédée le 24 novembre 1888.
(1857-1888).

ÉTUDES COLONIALES

LES COLONIES FRANÇAISES

PAR AUGUSTE COOK

BORDEAUX
Paul **CASSIGNOL**, imprimeur, 3, rue Arnaud-Miqueu.

— 1889 —

(1) LES COLONIES FRANÇAISES

PRÉLIMINAIRES

Dernièrement, en faisant le classement des divers papiers qui encombraient mon secrétaire, je m'arrêtai un instant à lire une circulaire lancée par ces agences d'émigration qui ont leur siège dans nos grands centres maritimes où elles sont tolérées par le gouvernement.

La lecture de ce prospectus m'a tout naturellement amené à faire des réflexions sur l'émigration française à l'étranger et sur la colonisation de nos possessions d'outre=mer.

Pourquoi nos compatriotes vont-ils en si grand nombre au Chili, au Brésil et surtout dans la république Argentine? Pourquoi vont-ils là plutôt qu'ailleurs? Pourquoi n'allons-nous pas porter notre travail et déployer notre activité en Algérie, au Tonkin ou sur n'importe quelle autre terre française?

J'ai questionné bon nombre de paysans qui se disposaient à partir pour l'Amérique du Sud; tous m'ont invariablement répondu qu'ils allaient là, parce que le gouvernement du pays choisi par eux leur donnait toutes les facilités désirables, tant pour le voyage que pour l'installation première. Ils devaient, bien entendu, rembourser les avances qui leur seraient faites, mais ils avaient pour cela tout le temps nécessaire.

Comment voulez-vous, ajoutaient-ils, que nous allions coloniser l'Afrique, le Tonkin, l'Océanie? Nous n'avons pas ce qu'il nous faut pour payer les frais de voyage, et l'arrivée nous, qu'il nous faudrait encore d'autres ressources pour faire face aux dépenses que nécessite une première installation.

Ces objections ont un caractère de vérité indéniable; il est un fait certain, c'est que nos paysans et nos artisans français aimeraient mieux, tout en s'expatriant, aller vivre sur une terre française, à l'ombre de notre drapeau, plutôt que de porter à une nation étrangère leur travail et leur industrie.

Mais comment pourraient-ils se rendre dans les colonies? les frais de voyage sont énormes, et celui qui abandonne son foyer est amené à cette extrémité parce que chez lui, il voit chaque jour diminuer ses ressources.

Oui, comment pourraient-ils se rendre dans nos colonies? Cette question se pose, brutale et pressante, et nous avons des flottes nombreuses qui sillonnent les mers des cinq parties du monde, et ces promenades coûteuses servent souvent à quoi??? la réponse serait facile à faire. Nous avons des colonies un peu partout, toutes sont dignes d'intérêt et les plus éloignées sont peut-être les meilleures. Là, le climat est sain, l'Européen n'a pas à redouter les maladies qui ailleurs pourraient le fatiguer, les terres sont presque partout au premier occupant.

Bientôt, il faudra que le trop plein de la population de notre vieux monde s'épanche dans ces contrées nouvelles: cette idée est si vraie, que nous voyons les nations qui, jusqu'à ce jour, étaient dépourvues de colonies, chercher par tous les moyens possibles à se créer un empire colonial sur n'importe quel point du globe.

Ce n'est que dans les zones équatoriales qu'il est possible de trouver d'immenses réserves disponibles: c'est donc vers ces régions que nous devons porter nos regards; bien imprudente sera la nation qui ne comprendra pas l'importance de cette situation.

PREMIÈRE PARTIE

LA FRANCE EN OCÉANIE

I

Il n'est pas superflu de s'occuper un peu de l'Océan Pacifique, cette vaste mer dont les eaux baignent les côtes d'Asie et d Amérique, et où la France possède des points dont quelques-uns sont d'une grande importance.

Les îles innombrables dont il est parsemé offrent tantôt des groupes circulaires et tantôt des massifs dangereux, bien souvent émergeant à peine au-dessus des flots.

Encore peu visitées, ces îles ont des noms qui sont parfois à peine connus et malgré cela, les nations européennes s'en disputent la possession.

Tous ces archipels sont d'origine madréporique ; le travail lent des zoophytes se produit chaque jour, à tous les instants, et le grand Océan est lentement envahi par ces insectes infiniment petits, qui depuis des siècles ont fait surgir bien des îles nouvelles.

Partout, s'élèvent péniblement ces atolls, masses madréporiques aux assises robustes qu'entasssent dans les vastes solitudes sous-marines, ces zoophytes étonnants qui forment la dernière classe du règne animal.

Ces animalcules, qui sont également nommés polypes, se groupent plusieurs ensemble; ils communiquent entre eux par leur base et vivent d'une vie commune ; toutefois, chaque individu isolé est renfermé dans une cellule de la couche madréporique en formation : le polypier, et c'est là qu'il travaille, qu'il contribue à l'accroissement de la masse.

Cet accroissement se fait par la sécrétion continuelle qui est opérée par de nouveaux polypes venant constamment se joindre aux anciens, décomposant la mer elle-même, la figeant, pour ne s'arrêter qu'après l'avoir pétrifiée à fleur d'eau.

Peu à peu, l'écueil prend des proportions plus considérables ; c'est d'abord une bande de corail se déroulant en cercle et entourant une certaine étendue de mer; le travail se continue, l'enceinte se renforce et sa masse compacte résiste aux flots qui déferlent sans jamais l'entamer.

Les vagues de l'Océan viennent y déposer du sable, des coquillages, des herbes marines, quelquefois des cadavres de poissons et d'animaux divers; tous ces débris se décomposent sous les rayons ardents du soleil des tropiques, formant une couche boueuse qui se solidifie à la longue.

Puis le vent portera des graines ; les plantes d'abord, les arbres ensuite, viendront consolider cette terre naissante qui bientôt verra sortir de son sein le pendanus, le gracieux cocotier et le magnifique hibiscus.

Lorsque la végétation se sera emparée de ce rocher sorti des flots, les oiseaux viendront pour reposer leurs ailes fatiguées d'un long vol à travers l'immense Océan ; le guano fécondant qu'ils déposeront sur le sol de cette île nouvelle, achèvera l'œuvre de la création.

Après les animaux, l'homme fait son apparition; il vient d'une terre voisine pour pêcher les poissons qui certainement abondent dans le voisinage de la terre dont il va faire la conquête et sur laquelle il construira peut-être sa hutte.

Nous trouverons en Océanie un grand nombre d'îles dont la formation est due à ces merveilleux phénomènes.

II
ARCHIPEL DES MARQUISES

L'achèvement de la grande œuvre de M. Ferdinand de Lesseps, le percement de l'isthme de Panama, ne semble plus être qu'une question de temps et malgré les difficultés dernières qui ont surgi, j'ai la ferme conviction que cette entreprise arrivera à bonne fin.

La situation de nos colonies du Pacifique sera modifiée lorsqu'il sera facile d'aller rapidement par le canal interocéanique, dans cette cinquième partie du monde si peu explorée jusqu'à ce jour.

Sur leur route, les navires venant d'Europe par Panama trouveront après quelques jours de navigation, l'archipel des Marquises appelé également archipel de Mendana, composé de onze îles et de quelques îlots dont plusieurs sont inhabités.

C'est le 21 juillet 1595, que le célèbre navigateur Alvaro Mendana de Neira, après avoir découvert les îles du Sud-Est de l'Archipel, vint aborder à l'île de Tauata dans la baie qu'il nomma le port de la Madre de Dios (aujourd'hui Vaïtahu); il reçut des indigènes un accueil très sympathique.

Les Marquises demeurent ensuite dans l'oubli jusqu'en 1774, époque à laquelle le capitaine Cook vint mouiller dans la même baie qui avait déjà abrité le vaisseau de Mendana.

Comme son devancier, le célèbre navigateur anglais fut bien reçu, il n'eut qu'à se louer des habitants.

En 1791, le groupe nord-ouest fut reconnu par un officier américain, le capitaine Ingraham, qui commandait le *Hope*, navire armé à Boston.

Un mois plus tard, c'était le tour d'un français, Etienne Marchand, commandant du brick de commerce le *Solide* ; du port de Marseille, Marchand, en souvenir de l'affabilité qu'il trouva chez les habitants, nomma baie de Bon-Accueil le port où il avait jeté l'ancre. Le premier, il prit possession de ces terres au nom de la France ; c'était le 22 juin 1791.

Quelques mois plus tard, en mars 1792, le lieutenant Hergest; qui parcourait l'Océan Pacifique pour porter des provisions à l'expédition de Vancouver, aborda à Vaitahu, puis il revint en 1793, mais cette fois il jeta l'ancre dans la baie de Taio-Hae, à Nouka-Hiva.

Pendant la même année, mais un peu plus tard, le capitaine Roberts, se montra avec le navire américain le Jefferson, il séjourna plusieurs mois à Tauate.

Les navires commençaient à être nombreux dans l'Océan Pacifique, le commerce s'ouvrait de ce côté un nouveau débouché, aussi voyons-nous de nouveaux navigateurs visiter les îles plus ou moins importantes des archipels océaniens.

En 1835, l'île de Nouka-Hiva fut visitée par un français, un certain baron Thierry, il se proclama roi de l'île, puis il disparut pour ne plus revenir dans son royaume éphémère.

Le contre-amiral, Dupetit-Thouars, prit possession de l'archipel des Marquises en 1842 ; ce fait attira l'attention publique sur ces terres nouvelles qui jusqu'alors étaient demeurées dans l'oubli. L'opinion fut vivement excitée en France, on se souvint que ces îles étaient habitées par des naturels dont les navigateurs avaient dit des choses extraordinaires , on s'en occupa pendant quelque temps, puis l'oubli se fit de nouveau.

L'archipel est divisé en deux groupes éloignés l'un de l'autre, du Sud-Est au Nord-Ouest, de 100 kilomètres.

Le groupe Nord-Ouest, désigné sous le nom d'îles Sous-le-Vent comprend les six îles suivantes :

Nouka-Hiva la plus importante, la reine de l'archipel, dont la plus grande longueur est de 17 milles, de la pointe Sud-Est à celle de l'Ouest. Plusieurs chefs se partagent sa souveraineté et leurs territoires sont séparés par les chaînes de montagnes qui rayonnent dans tous les sens.

Du large, l'aspect de cet île parait sévère et semble désolé ; mais à mesure qu'il approche, le navigateur change d'opinion, le panorama se modifie. Les rochers qui bordent les baies et les havres vont rejoindre les montagnes de l'intérieur, en formant un amphithéâtre grandiose qui n'a rien de déplaisant.

Parmi les caps les plus importants, il est bon de citer le Cap Martin, que les indigènes nomment Tikapo. Ce lieu est d'un aspect fort pittoresque : composé essentiellement de roches surplombant l'Océan qui vient déferler à ses pieds, il est terminé par un second massif quadrangulaire qui, de loin, ressemble fort à une ruine féodale de style gothique.

En continuant à suivre la côte Sud de l'île, on a toujours en face de soi la même succession de roches grises aux formes bizarres ; l'un de ces rochers représente grossièrement une colossale statue de la Vierge, tenant l'enfant Jésus dans ses bras.

C'est au fond de la baie de Taio-Hae qu'est bâti le petit village habité par les fonctionnaires français ; c'est en quelque sorte la capitale de l'archipel.

L'entrée de cette baie est commandée par deux îlots nommés les Sentinelles ; sur le rivage, s'avance le massif Tou-Hiva, qui divise la plage en deux parties inégales.

Ce morne est couronné par les ruines du fort Collet, construction qui date des premiers temps de l'occupation française ; il domine le village qui s'étend à ses pieds dans la direction Ouest.

Le résident français habite une gentille maisonnette bâtie à une faible distance de la plage sablonneuse d'une petite anse située à l'Est du vieux fort ; c'est là, que le commandant américain Porter avait établi un camp en 1813, vers le mois d'octobre.

Un chemin ombragé conduit de la baie au village, les maisons sont disséminées sur le bord de cette route, puis la voie s'enfonce dans une vallée verdoyante, à l'entrée de laquelle le voyageur ne peut s'empêcher d'admirer un magnifique figuier des banians, arbre splendide, dont le tronc formé par de grosses tiges entrelacées, mesure près de 28 mètres de circonférence. Jusqu'à une hauteur de 13 mètres, cet arbre remarquable conserve cette grosseur, puis il se divise en branches énormes qui s'étalent en formant un immense parasol à l'ombre duquel on jouit d'une fraîcheur délicieuse.

A mesure que l'on s'éloigne du village dans la direction de l'intérieur, on rencontre, seules ou par petits groupes, les cases des indigènes, dont l'architecture est des plus simple.

Une plate-forme faite de grosses pierres est d'abord établie sur le sol ; quatre poteaux, un à chaque coin, sont plantés là-dessus, chacun de ces poteaux d'angle porte à son extrémité supérieure une entaille ou mortaise destinée à recevoir les pièces de bois qui forment le contour de la toiture. Le cloisonnement des côtés se fait au moyen de jeunes tiges de cocotiers et de bambous, mélangées avec de la bourre de coco ; la couverture est très légère, elle est inclinée sur le devant et recouverte de feuilles de cocotier ou d'une sorte de latanier nommée Vàake.

De nombreux cours d'eau arrosent les vallées qu'ils fertilisent ; leurs eaux claires et limpides invitent le voyageur à se plonger dans leur nappe cristalline, puis il faut se hâter de s'habiller pour éviter la piqûre du Nono, sorte de petite mouche qui naît le matin pour mourir à la fin du jour

Cet insecte désagréable se précipite sur l'épiderme pour se repaître de sang ; sa piqûre est vive et si vous la grattez il se forme une plaie cuisante qui guérit avec beaucoup de difficultés.

Autrefois, les navires abordaient difficilement à Taio-Hae, mais un môle a été construit, aussi cet inconvénient n'existe plus ; ce môle est formé par des troncs de cocotiers qui ont été enfoncés dans le sable, sur cette sorte de pilotis, un plancher grossier a été établi.

Hapu, est l'île qui a été visité par Marchand ; ses mouillages sont peu sûrs, le meilleur est celui d'Anéou, mais il est désert ; pas une habitation ne s'élève sur ce lieu, un petit ruisseau bordé d'arbustes vient s'y jeter dans la mer.

Le principal établissement de la mission catholique des Marquises est dans la baie Hakakaù, située à la pointe ouest de l'île.

Vue de la rade de Taio-Hae, l'île Hapu ne présente à l'œil qu'une masse confuse de rochers et de pics escarpés couronnés de neige.

En approchant, les forêts se dessinent ; entre les montagnes, il est facile de reconnaître l'existence des vallées longues et profondes sillonnées par des ruisseaux dont les cascades entretiennent la fraîcheur dans ces coins retirés.

Une végétation luxuriante envahit tout ce qui n'est pas rocher abrupt ; les arbres et les arbustes se mêlent aux graminées, partout il y a des fleurs, les fruits sont abondants.

C'est dans cette île que débarquèrent le premiers missionnaires catholiques, peu d'années avant la prise de possession de l'archipel par la France

Hauka ou **Ua-Uka,** possède deux ports, mais les navires y sont fatigués par la houle qui est souvent très forte; elle vient se briser avec fracas contre les falaises, en soulevant un nuage de vapeur qui scintille au soleil et produit un effet charmant.

C'est là que se trouve la baie Invisible, qui mérite bien son nom, car il faut être très près de son entrée pour en deviner l'existence.

Lorsqu'on a franchi les rochers qui forment comme une sorte de muraille élevée et aride, on est surpris par le contraste qui s'offre au regard ; les vallées sont fertiles et bien arrosées, la végétation est riche et variée, les cases des indigènes sont nombreuses et bien construites.

Les autres îles ; **Eïao, Hatu-tu, Motui-ti,** sont inhabitées ; elles sont parfois visitées par les pêcheurs de Nouka-Hiva, qui, sur leurs côtes, trouvent du poisson en abondance ; peut-être un jour recevront-elles quelques colons.

Le groupe Sud-Est, appelé îles du Vent, comprend :

Hiva-Oa, la plus importante, qui est habitée par trente tribus indigènes : c'est l'île la plus peuplée de l'archipel.

Le principal mouillage est la baie Hanamenu, dans la région Nord-Ouest de l'île ; elle est formée par deux anses que séparent une énorme falaise de roches noires, présentant de loin l'aspect d'une forteresse ; quelques cases couronnent ce point élevé.

Hiva-Hoa est arrosée par de nombreux cours d'eau serpentant au fond des vallées fertiles et verdoyantes qui font de l'île un véritable nid de fleurs et de verdure.

A Tanhuku, il existe une plantation cotonnière de près de soixante hectares, qui appartient à un colon américain. Vingt-cinq coolis chinois sont occupés dans cette exploitation dont les bâtiments et le matériel se composent d'une habitation confortable pour le gérant, des cases des travailleurs, des magasins et des instruments nécessaires pour ce genre de culture.

La mission catholique possède un établissement à Atuona, dans l'ouest de Tanhuku.

Dans cette région de l'île, les indigènes sont plus turbulents que partout ailleurs, ils deviennent même féroces quand ils sont excités par l'alcool qu'ils préparent avec la noix de coco, ou bien par l'eau-de-vie qu'ils se procurent à bord des caboteurs ou des baleiniers qui fréquentent ces parages.

Taouata est séparé de Hiva-Oa, par le détroit du Bordelais; son port le plus sûr est celui de Vaitahu, sur la côte ouest; le village canaque qui s'étend sur la plage, au fond de la baie, est dominé par les ruines d'un fort construit en 1842, lors de la prise de possession de l'archipel par la France.

Le débarquement est souvent pénible dans cette baie qui est fréquemment agitée par la houle; malgré cela, elle est souvent visitée par les baleiniers qui viennent y refaire leurs provisions d'eau et de vivres.

C'est dans la montagne qui domine le port de Vaitahu, que se trouve le tombeau du capitaine de corvette Halley, mort en défendant le poste, lorsqu'il fut attaqué par les indigènes au début de l'occupation. De ce point élevé l'œil jouit d'un spectacle vraiment magnifique : d'un côté la baie et l'Océan, de l'autre des vallées fertiles qui se déroulent à l'infini, s'enfonçant dans les montagnes de l'intérieur. C'est dans cette île que se trouve l'établissement de Hoatahu.

Fatu-Hiva, est la seule île où se fabriquent les quelques objets de curiosité qui intéressent les collectionneurs.

Planche 1.   Le contre-amiral Dupetit-Thouars prit possession des Marquises en 1842.

LES COLONIES FRANÇAISES

Comme position, elle est située tout à fait au Sud de l'archipel ; ses deux principaux mouillages, Omas et Hanavave, situés tous les deux sur la côte Ouest, sont peu commodes et abritent difficilement des navires d'un fort tonnage ; aussi n'y voit-on que des caboteurs et quelques baleiniers.

Les habitants de cette île ont été longtemps sous la domination de quelques déserteurs américains, gens pleins de vices et de mauvais penchants, ce qui fait que jadis on redoutait fort d'y aborder; aujourd'hui, cette situation a heureusement changé.

Pour terminer, citons encore **Fatu-Ku** et **Motani**, îlots d'importance secondaire.

En 1862, la population indigène était évaluée à douze mille habitants, mais une épidémie de petite vérole qui sévit en 1863, en enleva près de trois mille ; cette épidémie avait eu pour cause le repatriement d'indigènes ramenés du Pérou.

Il y a environ 150 Européens dont 75 Français, et un certain nombre de Chinois, peut-être 80; il sont employés comme travailleurs.

Ces fils du Céleste-Empire, que l'on rencontre dans toutes les contrées que baigne l'Océan Pacifique, quittent leur pays par milliers pour venir acquérir une petite fortune ; ce sont d'excellents travailleurs et ils ont une grande aptitude pour le commerce et les affaires. Aux Marquises, ils ont presque tous contracté une alliance passagère avec des femmes indigènes.

Physiquement la race indigène est fort belle; tous les voyageurs qui ont visité ces îles en font l'éloge.

Les hommes sont admirablement constitués, ils pourraient servir de modèles à un statuaire; sur le corps ils portent un tatouage formé de dessins compliqués et d'arabesques gracieuses.

Le tatouage qui n'a pu être supprimé par les missionnaires, se fait au moyen d'un instrument en os de poisson, sorte de poinçon dentelé monté sur un manche en bois. Les pointes de l'instrument sont trempées dans un liquide bleuâtre fait de suie provenant de la combustion de la noix du bancoulier; l'opérateur frappe sur le poinçon avec un petit marteau. Cette opération est très douloureuse, le patient doit être fortement tenu par plusieurs hommes.

Les femmes sont jolies, gracieuses et coquettes; elles conservent leur beauté jusqu'à un âge avancé, leur physionomie est expressive et annonce la bonté.

Leur tournure est ramassée et courte, mais leur embonpoint n'a rien d'exagéré et leur sied à merveille; leur cou se rattache fort élégamment avec la courbe de leurs épaules et le développement de leur poitrine se maintient dans des proportions parfaites.

Les femmes ne sont généralement pas tatouées, mais elles ont le corps teint en jaune avec de l'eka-moa, liqueur composée d'huile de coco et du suc de la racine de curcuma. Ce procédé a pour but de les préserver de la piqûre des moustiques et de blanchir leur peau qui devient également douce et souple.

Dans la vie ordinaire, les naturels se couvrent simplement avec un morceau de cotonnade qui fait le tour des reins; à l'occasion des fêtes, ils endossent des défroques européennes ce qui constitue pour eux le *nec plus ultra* du beau.

Tous ont les cheveux lisses, ils les portent réunis en touffe et attachés par un lien d'étoffe; les hommes vont la figure rasée, excepté toutefois les vieillards qui, par spéculation, laissent pousser leur barbe; lorsqu'elle est longue, elle se vend fort cher pour faire des ornements.

Si vous rencontrez un indigène portant d'un côté de la tête ses cheveux tressés et garnis de dents de poissons, soyez certain qu'il a une vengeance à satisfaire; comme en Corse, ces sentiments sont héréditaires.

L'habitant des Marquises est généralement peu causeur ; par caractère, il est facilement porté à la défiance.

Les liens de famille, les sentiments de l'âme, lui sont inconnus; il verra mourir l'un des siens sans ressentir la moindre douleur. Chose digne de remarque, les enfants ne sont presque jamais élevés par leurs parents; lorsqu'une femme est enceinte, c'est à qui adoptera son enfant; cette manière d'agir est difficile à expliquer, peut-être font-ils cela pour se créer des alliances plus nombreuses.

L'introduction du christianisme par les missionnaires, protestants ou catholiques, a bien apporté quelques changements dans les mœurs primitives de ces sauvages, mais les instincts naturels se devinent toujours.

Le mariage est encore une convention mutuelle entre l'homme et la femme; les séparations sont fréquentes; la polygamie a pu être diminuée, mais certains chefs prennent encore plusieurs femmes, comme aussi on voit des femmes vivre avec deux maris.

Si la mort les laisse indifférents, ils ont une singulière façon de traiter le corps du défunt. Suivant la coutume du pays, le cadavre est mis sous un hangar et exposé à l'air libre ; les femmes se livrent alors à une opération qui consiste à frotter le corps avec de l'huile de cocos, au bout de quelques jours, ce corps laisse suinter un liquide infect, et les vers s'y promènent à leur aise. Cette lugubre et dégoûtante besogne n'empêche pas les voisins de se livrer à leurs occupations, et les femmes, tout en surveillant les progrès de l'opération, causent, sont gaies et mangent dans ce milieu repoussant les vivres qui leur sont apportés, car elle ne doivent pas s'éloigner de ce lieu funèbre.

Comme nourriture, les indigènes affectionnent le papoi, pâte jaunâtre qu'ils obtiennent en traitant les fruits de l'arbre à pain; ils consomment également une grande quantité de poissons qu'ils vont quelquefois pêcher fort loin.

Ils sont d'un naturel paresseux; cela se conçoit facilement, puisque la nature pourvoit amplement à leurs besoins; il y en a bien quelques-uns qui travaillent, mais ils sont peu nombreux; c'est pour ce motif que les colons ont dû faire venir des immigrants chinois.

Le climat de l'archipel des Marquises est sain, quoique chaud et quelquefois humide ; les saisons sont divisées en saison sèche et saison pluvieuse; les vallées sont fertiles et abondent en cocotiers, bancouliers, arbres à pain, etc., le coton y vient parfaitement.

HIVA-HOA
(ILES MARQUISES)

NOUKA-HIVA
(ILES MARQUISES)

Planche 2.

LES COLONIES FRANÇAISES

Si l'émigration se portait de ce côté, nous aurions là une colonie qui rendrait de réels services à la navigation dans l'Océan Pacifique, en permettant aux navires qui passeront par Panama, de se ravitailler lorsque ayant quitté depuis quelques jours la côte d'Amérique, ils arriveront en vue de l'archipel.

Les débouchés devenant plus faciles, la fortune favorisera ceux qui viendront la tenter sous ce climat hospitalier.

Les quelques Européens qui sont aux Marquises se contentent de cultiver pour leurs besoins une terre qui rendrait dix fois plus que ce qu'ils en retirent; ils élèvent des porcs, de la volaille ; il y a plus de deux mille bœufs dans le pays; on y trouve également des moutons, des chèvres, et tout cela se vend pour un prix bien minime.

Outre les produits de consommation, l'archipel peut fournir au commerce extérieur des ressources très variées : le tabac, la canne à sucre, les oranges, le mûrier à papier, l'huile de bancoul, le crin végétal, l'huile de coco, etc.Tous ces produits, aujourd'hui sans valeur, seront demandés lorsque l'archipel sera fréquenté, et cela à bref délai.

Il sera facile d'introduire la culture du café, celle des épices, de la vanille, de l'ananas et d'une foule d'autres plantes toutes aussi précieuses les unes que les autres.

Ces îles appartiennent à la France; ne laissons donc pas prendre la place qui nous revient par des étrangers, les Allemands surtout; nous savons que ces derniers sont à la recherche de tous les points qui peuvent offrir quelque intérêt.

Nous n'avons pas à redouter le climat, il convient très bien au colon laborieux, et des concessions de terrain sont accordées avec beaucoup de facilité.

Les colons qui y sont déjà prennent peu à peu les habitudes des indigènes, ils s'unissent plus ou moins légalement à des femmes du pays et font ainsi souche de petits sangs-mêlés.

Le gouvernement est représenté par un résident qui dépend du commandant supérieur de Papeete, auquel il rend compte de l'administration et de tous les faits qui ont quelque importance. Comme auxiliaire, il a un écrivain de marine du cadre colonial qui s'occupe de percevoir les droits d'ancrage et les impôts des colons; il remplit les fonctions de trésorier-payeur, receveur, percepteur, notaire, greffier; en outre de cela, il y a un juge de paix, un brigadier de gendarmerie qui commande à deux gendarmes et à quelques agents de police de race indigène, nommés mutois.

L'armée est représentée par un sergent et quatre soldats d'infanterie de marine, et par un artilleur qui a une pièce de canon peu dangereuse.

N'oublions pas le maître de port, qui remplit également les fonctions de pilote. Tout ce personnel réside à Nouka-Hiva, dans les autres villes les chefs sont investis de l'autorité supérieure.

Il y a plusieurs écoles subventionnées par le gouvernement et dirigées par la société religieuse de Saint-Joseph de Cluny; plusieurs missionnaires protestants résident également dans l'archipel.

III

ARCHIPEL DES ILES BASSES

A 150 lieues au sud des îles Marquises, entre cet archipel et celui des îles de la Société, les navigateurs reconnaissent le groupe des îles Basses ou archipel des Tuamotou, qui décrit une courbe de plus de 200 lieues.

Sur cet espace immense, ce ne sont qu'îles et îlots, séparés par des passes sans profondeur aux courants rapides et dangereux.

Comme leur nom l'indique, ce sont des atolls ou îles basses entourées de récifs à fleur d'eau, n'offrant aucun mouillage du côté de la grande mer, tandis qu'elles s'abaissent en pente légère vers la mer intérieure qu'elles forment par suite de leur position, se suivant en cercle allongé ou elliptique.

Le soulèvement volcanique qui a formé une grande partie des îles océaniennes n'a pas été aussi complet aux Tuamotous que partout ailleurs ; les cratères se sont arrêtés presque à fleur d'eau et ce sont les coraux qui en s'établissant sur leurs rebords ont donné à ces terres basses où le lac intérieur qu'elles renferment presque toutes, marque bien l'emplacement de la bouche du cratère.

Toujours, l'œuvre des zoophytes continue, rétrécissant ces étroits canaux et diminuant l'espace qui sépare les îles les unes des autres ; les lacs intérieurs ou lagon vont aussi se diminuant peu à peu.

Vivant sur un sol qui ne leur offre que de faibles ressources naturelles, les habitants des Tuamotous s'adonnent à la pêche, aussi l'Océanie n'a-t-elle pas de marins plus intrépides.

Avant la proclamation du protectorat français, ces naturels étaient redoutés, ils ont été pendant fort longtemps la terreur des trafiquants et des baleiniers.

Au physique, ils ne ressemblent en aucune façon aux habitants de Tahïti, ils paraissent appartenir à la race Maorie qui peuple la Nouvelle-Zélande ; ils en ont les qualités et les défauts, et leurs mœurs sont en tous points semblables à celles qui caractérisent les farouches guerriers des deux îles sœurs de l'Océan Austral.

Chez eux, le tatouage est en grand honneur ; ils ne corps couvert de signes hiéroglyphiques incompréhensibles ; c'est leur généalogie, la chronique de la famille qu'ils portent ainsi dessinée sur toutes les parties de leur corps ; par ce procédé, ils sont toujours certains de porter avec eux leurs parchemins et la preuve indéniable de la noblesse de leurs ancêtres.

Les femmes sont généralement coquettes, et si ce n'est autour des poignets, vous en verrez rarement qui soient tatouées. Elles sont bien faites, leurs traits sont réguliers et leurs formes attrayantes ; elles ont une chevelure abondante, des yeux vifs et intelligents, en un mot, tout en elles est gracieux.

Toutes ces îles ne sont pas accessibles aux navires ; seules, celles de **Maniki**, **Amaru**, **Katia**, **Takaroa**, et deux ou trois autres, peuvent sans difficulté communiquer avec le grand Océan ; les autres, moins favorisées, doivent se contenter de communiquer entre elles.

Planche 3.   Aux Tuamotou (paysage).

Lorsque les indigènes ne veulent pas s'en tenir là, et s'ils désirent aller pêcher en pleine mer, ils doivent prendre leurs embarcations sur leurs épaules pour leur faire franchir la première ligne des récifs ; cette opération est souvent dangeureuse.

. La superficie de cet archipel est de 8600 kilomètres carrés ; sa population est évaluée à 7300 habitants, la plupart vivant du produit de leur pêche.

Le cocotier vient partout, il rend des services immenses dans ces pays où la culture de la terre est complètement délaissée ; il en est de même de l'arbre à pain.

Dans mon étude sur la Guyane Indépendante, j'ai déjà parlé de ces deux arbres si précieux à tous les points de vue ; je ne puis résister au désir d'en dire encore un mot aujourd'hui.

Tout le monde connaît le fruit du cocotier, sorte de noix aux dimensions énormes, disposée en grappes immenses à la partie supérieure de l'arbre.

Le cocotier appartient à la famille des palmiers ; ses feuilles gigantesques sont employées pour couvrir les habitations et ce genre de toiture résiste pendant plusieurs années aux grandes pluies de la mauvaise saison.

Mais c'est surtout considéré au point de vue de l'alimentation, que cet arbre est unique.

Pour un instant, figurez-vous un voyageur parcourant ces îles sous un soleil de feu ; au loin, s'il aperçoit une cabane, une case indigène, il hâte le pas pour aller demander un abri qui le préservera des ardeurs du soleil, et des rafraîchissements qui, en le désaltérant, lui feront oublier sa fatigue.

Tout ce qui lui sera offert, viendra du cocotier : d'abord un chou d'une saveur exquise ; du lait, une amande délicieuse ; il y aura aussi un liquide ayant beaucoup de ressemblance avec le vin ; il lui sera également servi une sorte de confiture qui ne le laissera pas indifférent.

Le vin s'obtient en pratiquant des incisions sur les jeunes tiges des fleurs ; l'amande, c'est le fruit mûr ; le lait, c'est la sève que contient cette amande avant son entière maturité.

Ce n'est pas tout, la fibre des feuilles sert à fabriquer des tissus avec lesquels l'indigène confectionne les vêtements qu'il porte ; la coque de la noix, dont la dureté est extrême, sert à tous les usages domestiques : on y conserve les aliments, l'eau, en un mot tout ce qui se met dans des vases.

L'arbre à pain, qui est aussi précieux que le cocotier, atteint ordinairement la taille d'un chêne ; le tronc est svelte est uni, cendré en dehors, jaune en dedans ; vers le sommet il se divise en grosses branches qui rayonnent dans tous les sens.

Le fruit, qui affecte la forme d'un cœur, est de la grosseur d'un petit pain de dix centimes, il est entouré d'une écorce épaisse de couleur verdâtre. Ce fruit doit être cueilli avant son entière maturité, alors qu'il est plein de jus ; on le cuit au four, ce qui lui donne la consistance du pain de froment dont il a un peu le goût.

Les principales îles, celles qui peuvent offrir quelques ressources aux colons, sont les suivantes :

Anaa, île bien boisée de vingt milles de longueur sur une largeur d'environ neuf milles ; vue de l'Océan, elle se présente sous l'aspect d'un long rideau de verdure.

Formée par un grand nombre d'îlots madréporiques placés assez régulièrement sur un immense récif circulaire, elle se développe comme les anneaux d'une chaîne.

Les îlots de la région nord sont plus élevés au-dessus du niveau de la mer que ceux de la partie sud ; son lac intérieur, superbe lagon aux eaux d'une belle teinte vert émeraude, communique avec la mer par un chenal artificiel creusé en 1860 ; un courant violent, occasionné par la différence de niveau qui existe entre les eaux de ce lac et celles de la mer, rend dangereux l'accès de cette passe qui du reste n'est praticable que pour des batiments d'un faible tonnage.

Anaa, est l'île la plus peuplée de tout l'archipel, ses habitants au nombre de 1600, sont les plus civilisés du groupe ; sa plus grande production est l'huile de coco.

Le résident français a établi sa demeure à Tuahora, village bâti sur la plage étroite et sabloneuse qui sépare la mer et le lac intérieur. Il y a encore d'autres villages, Putuhara, Temetahau, Tapekité, Otepipi.

Le contact des Européens a provoqué chez les insulaires un désir de bien-être, aussi ont-ils remplacé leur huttes primitives par des cases bien construites, qui vont se succédant des deux côtés d'une route large et bien entretenue.

Chaque case est entourée d'un petit jardin obtenu au moyen de tranchées creusées dans le corail et garnies ensuite de terre végétale. La canne à sucre y est prospère, l'ananas, le tabac, les légumes d'Europe sont également cultivés avec succès.

Le résident français habite une case vaste et parfaitement aménagée ; tout à côté sont les bâtiments qui servent de caserne à la petite garnison que nous entretenons sur ce point de l'Océan. Il est question de transférer l'administration supérieure à Ratoava, dans l'île de Fakarava.

Makatéa est une terre relativement élevée, sans lac intérieur, sa population peut être évaluée à 140 indigènes ; cette île a servi pendant longtemps de pénitencier pour les condamnés de Tahiti ; elle renferme des grottes profondes ornées de magnifique stalactites

Takahau, est une des plus fertiles, elle produit en quantité des noix de coco qui sont employées pour fabriquer de l'huile ; à cet effet, là comme dans les autres îles, les indigènes récoltent les noix qui tombent naturellement lorsqu'elles sont mûres, ils les rapent pour les réduire à l'état de pulpe, puis cette raclûre est mise dans des réservoirs en bois où elle demeure pendant près de vingt jours, exposée au soleil ; au bout de ce temps, le liquide huileux est extrait sous une pression obtenue en pétrissant avec les mains la pulpe ainsi préparée. Le tourteau qui reste est employé pour nourrir les animaux domestiques.

Mata-Hiva, est un rendez-vous de pêche pour les indigènes amateurs de tortues.

Rairoa, renferme plusieurs villages, sa population est presque aussi importante que celle d'Anaa ; elle est très fertile.

Fakarava, dont le lac intérieur pourra, après quelques travaux préparatoires, recevoir des navires d'un fort tonnage, est appelée à devenir un marché important pour la vente de l'huile de coco.

Hao, avait autrefois une population nombreuse, mais beaucoup de ses habitants ont émigré à Tahiti, où ils se livrent à la pêche de la nacre.

Vue de la mer, elle charme la vue du marin par le magnifique rideau de cocotiers qui se déploie sur ses plages. Le village principal est bâti sur une colline, dans la partie la plus élevée de l'île.

L'arbre à Pain

Amanu, possède deux passes qui donnent accès au lac intérieur ; c'est une des rares terres hautes de l'archipel. Les cases des indigènes sont dispersées dans des bois de cocotiers et de pendanus à la végétation luxuriante.

Akiaki, n'a pas de lac intérieur, la mer déferle continuellement sur ses côtes, ce qui rend l'abord difficile.

Vahitahi est un des points les plus dangereux de l'archipel ; elle est formée par trois îlots bas ; le village est bâti sur celui du nord.

Kaukura est fertile et habitée par plusieurs centaines d'indigènes ; le chef de cet île est également souverain des îles **Apatakia, Arutua, Niau ;** cette dernière a un lac intérieur peuplé de poissons exquis dont le goût rappelle celui du saumon.

Aritika et Toau ont des lagons intérieurs qui nourrissent des poissons empoisonnés.

Marutéa est une grande île inhabitée sur laquelle les cocotiers forment la principale végétation. Cette île est fort étendue et son lac intérieur n'a pas de passe qui puisse le mettre en communication avec la mer.

Pour terminer, je citerai l'îlot inhabité de **Anuanuraro**, où s'est passé un drame maritime des plus poignants :

Des indigènes de Vahitahi étaient venus en pirogue jusqu'à Anaa pour demander des lois et le pavillon du protectorat au résident français ; au retour, une tempête les jeta sur les récifs d'Anuanuraro ; leurs pirogues furent brisées, quelques-uns d'entre eux périrent.

Sans embarcations pour reprendre la mer, les malheureux naufragés se virent contraints à demeurer sur l'îlot désert où le sort venait de les jeter.

Leur nourriture se composa essentiellement de pendanus dont ils sucèrent les jeunes tiges et de ces coquillages marins appelés bénitiers ; par bonheur, ils trouvèrent une source qui leur donna une eau excellente.

Lorsqu'après une vingtaine d'année de séjour sur le rocher d'Anuanuraro leur présence y fut signalée, la frégate la Mésange vint les prendre pour les ramener dans leur patrie.

Malgré leur infortune et leur misère le plus grand accord n'avait cessé de régner parmi les naufragés; ils ne possédaient qu'un seul morceau d'étoffe, le pavillon du protectorat qui leur avait été remis par la France. Respectueux des couleurs de la nation qu'ils aimaient, ils avaient conservé intact le précieux drapeau, tressant des feuilles de pendanus pour former des nattes avec lesquelles hommes et femmes se couvraient tant bien que mal ; ils étaient au nombre de 45.

L'archipel des Tuamotous a été annexé à la France en même temps que Tahiti ; le nom qu'il porte aujourd'hui et qui signifie îles Lointaines, lui a été donné en 1851, à la demande des habitants qui ne voulaient pas que leur pays s'appela Pomotou, qui veut dire îles Soumises, ce nom leur rappelant qu'autrefois leurs ancêtres avaient été vaincus et annexés par les chefs de Tahiti. Comme il était facile de contenter ces braves gens, le gouvernement s'empressa d'accéder à leur demande.

Etant donné l'accès difficile de ces îles du côté de la mer, je me suis quelquefois demandé pourquoi on ne les ferait pas servir à la rélégation des récidivistes et autres condamnés que l'on recommence à envoyer à la Guyane.

LES COLONIES FRANÇAISES

Il leur serait difficile de fuir sans l'aide des naturels, qui bien certainement ne prêteraient pas la main à leurs tentatives d'évasion, surtout si le gouvernement, comme il le fait à la Nouvelle-Calédonie, promettait une prime pour chaque évadé qui serait ramené au pénitencier.

Là, le climat est sain, ce qui est à considérer, non seulement au point de vue des condamnés, qui souvent sont peu intéressants, mais surtout au point de vue de la santé des directeurs et du personnel qui composent l'administration du pénitencier.

IV

ILES GAMBIER

Au sud des Tuamotous, nous avons le groupe des îles Gambier, peuplé de 850 habitants tous catholiques, moins robustes que les indigènes de Tahiti, mais mieux faits ; leur teint est beaucoup plus blanc, les femmes sont fort jolies.

Comme à la Nouvelle-Zélande, la manière de saluer consistait et consiste encore un peu aujourd'hui à se mettre nez contre nez en aspirant fortement l'haleine de son voisin ; chacun son goût en ce monde !

Comme je l'ai dit plus haut, les habitants se sont rattachés au catholicisme, il serait curieux autant qu'intéressant de suivre les missionnaires protestants et catholiques dans leur lutte, lorsqu'ils se disputaient la conquête religieuse de ces îles ; pour cela il me faudrait sortir de ce cadre essentiellement géographique que je me suis tracé. Je me bornerai simplement à consigner que les missionnaires protestants ont les premiers porté l'évangile aux Gambier, les missionnaires de Rome sont venus bien longtemps après, et par leurs manœuvres ils ont réussi à chasser leurs devanciers.

En 1844, le roi et les principaux chefs des îles Gambier demandèrent et obtinrent le protectorat de la France ; ils étaient travaillés par les missionnaires.

Après l'annexion définitive de Tahiti, en 1881, les chefs et le peuple des Gambier demandèrent à changer le régime du protectorat, ils sollicitèrent l'annexion.

Comme suite à cette demande le gouverneur de Tahiti se rendit à Mangaréva à bord de l'aviso le Guichen ; et là en présence des missionnaires et de l'état-major du vaisseau, il accepta la proposition faite par l'assemblée générale des indigènes, déclarant l'archipel colonie française.

Le peuple était assemblé, on profita de cette circonstance pour réviser les lois du pays ; un règlement nouveau fut mis en vigueur, ce fut le gouvernement du pays par le pays sous la haute direction du représentant de la France qui a conservé le nom de résident.

Dans chaque district, il y a une assemblée composée de tous les hommes âgés de plus de 21 ans ; cette assemblée nomme les fonctionnaires qui doivent s'occuper des intérêts de la population ; il y a un juge de paix français et quelques juges indigènes.

Planche 5.   Iles Gambier (Les cocotiers).

L'île la plus importante du groupe est **Mangaréva**, terre élevée dont l'aspect général est des plus agréables. Deux montagnes la dominent : au sud le mont Duff qui atteint une hauteur de 400 mètres et le mont Mocoto, dont la hauteur est de 395 mètres ; ce dernier affecte la forme d'un cône régulier.

Le chef-lieu est Mangareva ou Rikitéa, village bien bâti qui s'étend sur le bord de la mer ; une jetée qui protège un vivier appartenant au roi, offre un débarquement facile. Des pilotes habiles dirigent les navires au milieu des récifs de corail qu'il faut avoir grand soin d'éviter, sous peine d'avaries.

L'église de Mangareva, qui est construite en pierres, est une des plus remarquables des missions océaniennes.

La population du village est de 150 habitants, quelques européens tiennent des magasins assez bien approvisionnés.

Citons encore **Taravaï, Akéna, Taku, Aka kavitaï**, et quelques îlots inhabités ; toutes sont des terres hautes et riches en nacre ; les habitants se livrent surtout à la pêche des huîtres perlières.

La France possède encore quelques groupes d'une importance relative, ce sont :

Les îles **Tubuaï**, situées entre 21° 48' et 23° 50' de latitude sud et par 152° de longitude ouest ; ce groupe se compose de 5 îles.

Tubuaï, île élevée, entourée de récifs, ayant une longueur de 11 kilomètres sur une largeur de 5 kilomètres.

Rapa, la plus élevée du groupe, **Rurutu**, **Rimatara**, etc.

Depuis 1882, tout l'archipel reconnaît le protectorat de la France ; antérieurement à cette date, nous n'avions d'autorité que sur les îles **Tubuaï** et **Raivavae** ; l'administration est celle des autres protectorats ; l'unité est complète et bien établie.

Il y a là un certain nombre de négociants européens et quelques charpentiers qui construisent des goëlettes en bois du pays ; les indigènes vont fréquemment à Tahiti porter leurs produits qui consistent en arrow-root, fécule fort estimée pour la pâtisserie, en fruits de cocotiers fungus, porcs, volailles, etc.

Iles Wallis. Depuis 1887, cet archipel est sous le protectorat de la France, on y compte environ 4500 habitants. Le climat est chaud et très sain ; on y cultive la canne à sucre, le caféier, le coton ; les cocotiers y croissent en abondance.

Le résident français habite dans l'île **Mata-Utui**, qui est également le séjour de la reine de l'archipel. Citons encore : **Uvéa, Fontouna**, etc.

Toutes les îles de Wallis sont assez élevées au-dessus du niveau de la mer ; les habitants sont robustes et bien faits, et il paraît que c'est une colonie venue d'Uvéa qui a peuplé les îles Loyalty.

Enfin, pour terminer, disons que la France vient de prendre possession de l'archipel de Cook, groupe d'îles ayant en tous points l'aspect et les avantages des points déjà nommés.

Le pavillon français flotte également sur l'île de Pâques, point stratégique où l'on trouve d'énormes statues de pierres et des inscriptions hiéroglyphiques inexpliquées. Cette île est très peu peuplée.

V

ILES DE LA SOCIÉTÉ

L'archipel de Tahiti, ou îles de la Société, se compose de deux groupes qui sont désignés sous les noms d'Iles du Vent et d'Iles sous le Vent.

La découverte de Tahiti est attribuée à Quiros, et remonte à 1605; plus tard, elle fut visitée par Bougainville et par Cook qui y vint à différentes reprises. Dans le récit des voyages du célèbre navigateur anglais nous trouvons une foule de renseignements sur les mœurs des Tahitiens.

A cette époque, le caractère des habitants présentait les plus singuliers contrastes ; la vie de famille proprement dite n'existait pas; la femme vivait dans un état d'infériorité constant ; elle ne mangeait pas les mêmes mets que son mari et sa cuisine ne pouvait être faite au même foyer. L'infanticide était à l'ordre du jour et le nombre des enfants mis à mort avant leur naissance était considérable ; cet acte barbare et contre nature n'avait jamais été considéré comme un crime et telle femme qui avait détruit jusqu'à dix enfants parlait de ces choses sans éprouver la moindre émotion.

Les parents qui voulaient détruire leurs enfants accomplissaient ce crime sans aucune hésitation et jamais personne ne venait implorer en faveur des pauvres petits êtres ainsi sacrifiés. Le nombre des enfants dont la vie était conservée, n'atteignait pas, comme proportion, le tiers des naissances.

On ne peut parler de Tahiti, sans dire un mot des Arreoys, institution particulière à laquelle les habitants étaient redevables de leurs mœurs relâchées. Les Arreoys se divisaient en sept classes, se distinguant les unes des autres par un tatouage spécial.

Ce sont eux qui imposèrent l'infanticide dans leur pays, c'était pour ainsi dire la base de leur institution.

Leur puissance était sans bornes, elle s'étendait sur toutes les classes de la société et lorsque quelques-uns d'entre eux arrivaient dans un district, ils étaient traités par les chefs comme auraient pu l'être des dieux descendus sur la terre. Profitant de la frayeur qu'ils inspiraient, ils commettaient toutes sortes d'exactions : volant, pillant partout où ils se trouvaient, et quand l'envie les prenait.

S'il mourait un membre de cette redoutable association, tout le pays prenait le deuil pendant plusieurs jours.

La principale divinité de l'Olympe tahitien, était une femme, O'Henna, déesse de l'Amour, qui, disaient-ils, avait créé la lune et résidait dans les taches que nous apercevons dans l'astre des nuits.

Leur déesse n'était point la divinité du mystère, bien au contraire, et sans pudeur, ils sacrifiaient publiquement au culte de cette nouvelle Astarté. Cook, dans son ouvrage « Voyages et Découvertes » nous rend compte de la façon dont ce culte bizarre est célébré.

Voulant leur donner une idée de la religion chrétienne, le capitaine anglais fit célébrer à terre le service divin, un certain nombre de Tahitiens y assistaient, puis, lorsque l'aumônier eût terminé, au lieu de poser des questions et de demander des explications sur ce qui venait de se passer ils se disposèrent à revenir chez eux. Dans l'après-midi, voulant montrer aux étrangers en quoi consistait leur cérémonie religieuse, ils s'assemblèrent et convièrent le chef anglais ; Cook s'exprime ainsi :

« Un jeune homme aux formes athlétiques et une jeune fille qui pouvait avoir une douzaine d'années sacrifièrent à Vénus devant plusieurs d'entre nous et un grand nombre d'indigènes.

» Les acteurs de cette scène ne paraissaient attacher aucune idée d'indécence à leur action, s'y livrant simplement pour se conformer aux usages du pays.

» Plusieurs femmes d'un rang distingué assistaient à la cérémonie qui était présidée par la reine-mère, en effet, cette dernière donnait à la fillette des instructions sur la manière dont elle devait jouer son rôle ; mais malgré son jeune âge la jeune fille ne semblait pas en avoir besoin. »

De pareilles mœurs expliquent pourquoi les premiers navigateurs avaient donné le nom de Nouvelle-Cythère à l'île de Tahiti, et il est facile de comprendre que les officiers avaient fort à faire pour empêcher leurs hommes de déserter, ces derniers étant désireux de demeurer dans un pays où le relâchement des mœurs était à l'ordre du jour.

Au mois d'avril 1773, Cook revint à Tahiti ; il rendit visite au roi Otou, l'accueil qu'il reçut fut des plus cordial. Ce roi ayant épousé sa cousine, Hidia, fille de Tontaha, fit étrangler son premier enfant, afin de conserver le pouvoir royal.

Ayant conservé la vie au second enfant qui lui naquit, il dut, selon les lois du pays, abdiquer en faveur du nouveau-né dont il devint le premier sujet avec le titre et les pouvoirs de régent.

C'est lui qui le premier pris le nom de Pomaré, mot qui signifie rhume en tahitien, et cela par allusion à un rhume persistant qu'il avait contracté en combattant ses ennemis des autres îles de l'archipel.

Avant l'introduction du christianisme, les peuples des diverses îles qui entourent Tahiti étaient fréquemment en guerre avec cette dernière.

C'était le roi et le conseil des prêtres et des principaux chefs qui décidaient de la paix et de la guerre ; malgré cela, il arrivait quelquefois que le peuple imposait sa volonté, lorsqu'il avait été travaillé par les discours éloquents de quelques ambitieux politiques.

Des messagers spéciaux parcouraient l'île, allant dans chaque district annoncer que la guerre était déclarée, et convoquant tous les habitants en état de porter les armes. Les chefs des districts rassemblaient leurs hommes et tous se dirigeaient vers le lieu de rendez-vous fixé par le roi qui bien souvent commandait en personne. Les batailles étaient toujours sanglantes, un grand nombre de morts payaient ainsi le tribut au dieu des armées, le farouche Oro.

D'après la légende, ce dieu sanguinaire était d'autant plus satisfait, que le combat avait été plus sanglant ; avant d'entrer en campagne les prêtres lui offraient sur ses autels le sacrifice d'une victime humaine. D'autres dieux secondaires présidaient également aux combats, c'étaient Tetuahuruhuru, Tairi, Tuné, Rimaroa et Maahiti.

LES COLONIES FRANÇAISES

La légende voulait également que les dieux étaient disposés à abandonner le parti qui perdait le premier homme; aussi essayait-on de voir dans quel camp tomberait le premier guerrier, et sa chute était accueillie chez les adversaires par des cris de triomphe auxquels répondaient les cris d'effroi des compagnons de la victime ; il s'agissait alors pour les uns de s'emparer du cadavre, et pour les autres de le défendre à outrance afin d'éviter qu'il soit porté sur l'autel des sacrifices.

Les prisonniers étaient presque toujours massacrés sur le champ de bataille, quelques-uns étaient emmenés en esclavage, mais c'était le petit nombre. On traitait de la paix sur le bord de la mer, à l'ombre d'un bois, parmi les fleurs de la végétation tahitienne ; les députés qui venaient proposer la paix étaient bien accueillis, et si leurs propositions étaient acceptées, on tressait une belle couronne faite de branches vertes fournies par les deux partis ; c'était la couronne de paix, le signe de la réconciliation. Deux chiens étaient échangés, ainsi que d'autres présents, et le tout était porté en grande pompe sur les autels des dieux guerriers.

La découverte des terres océaniennes ne tarda pas à attirer l'attention des missionnaires anglais; la Société des Missions de Londres envoya trente de ses membres évangéliser Tahiti; la plupart étaient mariés, ils furent embarqués eux et leurs familles en 1797, sur le vaisseau le *Duff*.

Les nouveaux arrivants furent reçus avec bienveillance, ce qui ne les empêcha pas d'éprouver beaucoup de résistance lorsqu'ils abordèrent la question délicate de la conversion, qui avec elle entraînait le renversement des idoles et l'abandon des anciennes coutumes.

Malgré les grandes difficultés qu'ils eurent à surmonter, les missionnaires arrivèrent à détruire peu à peu l'influence des prêtres du pays, et vingt ans après leur arrivée dans l'île, ils pouvaient contempler avec joie le résultat de leurs travaux et de leurs efforts.

Sous le règne de Pomaré II, une révolution éclata (1807); la cause en était de ce que ce prince avait cédé aux missionnaires le territoire de Mataiea, l'un des plus riches de l'île ; le roi dut s'enfuir à Huanine et c'est là qu'il fit sa conversion et reçut le baptême. En 1813 il fut rappelé par ses sujets.

Le règne de Pomaré III fut de courte durée; comme il n'était âgé que d'un an à la mort de son prédécesseur, la régence fut confiée à sa mère, puis à sa tante; lorsqu'il mourut, en 1827, le peuple proclama reine, la fille de Pomaré II, la sœur du jeune roi défunt, Aïmata, princesse de dix-sept ans, qui prit le nom de Pomaré IV ; c'était la première fois que les Tahitiens voyaient une femme s'asseoir sur le trône de leurs rois. La jeune reine se livra à la débauche la plus éhontée, bien dirigée en cela par sa mère et par sa tante; l'exemple qu'elle donna fut bientôt suivi par tout le peuple, et lorsque les missionnaires voulurent essayer d'enrayer ce débordement, ils furent menacés d'expulsion.

C'est à ce moment que les missionnaires catholiques firent leur apparition; le désordre s'en accrut, encouragé par la rivalité religieuse. Les missionnaires anglais sentant leur autorité faiblir, essayèrent d'amener l'Angleterre à proclamer le protectorat sur l'archipel ; cette demande ne fut pas accueillie et l'antagonisme religieux continua plus ardent que jamais.

Depuis quelques années déjà, les missionnaires protestants s'étaient faits législateurs, donnant des lois, inspirant des idées gouvernementales au peuple qui les avait accueillis.

Nous voyons apparaître maintenant M. Mœrenhout, consul des Etats-Unis, qui fut chargé des intérêts français par l'amiral Dupetit-Thouars, commandant de la flotte du Pacifique. Mœrenhout réussit à entraîner les chefs influents et à les persuader qu'ils devraient demander le protectorat français ; l'affaire aurait abouti, sans l'intervention active d'un missionnaire anglais, M. Pritchard, qui parvint à empêcher l'exécution du plan Mœrenhout.

Toutes ces difficultés ne pouvaient que nuire aux affaires intérieures qui étaient loin de prospérer ; une dernière tentative fut faite, et le 9 septembre 1842, une convention fut signée avec la France ; le royaume se trouvait ainsi placé sous le protectorat français ; voici du reste le texte de cette convention :

« Ne pouvant continuer à gouverner par nous-même dans l'état de choses actuel, de manière à conserver la bonne harmonie avec les gouvernements étrangers, sans nous exposer à perdre notre gouvernement, notre autorité et notre liberté, nous, les soussignés, la reine et les grands chefs de Tahiti, nous venons solliciter le roi des Français de nous prendre sous sa protection aux conditions qui suivent :

» 1º La souveraineté de la reine, son autorité et l'autorité des chefs sur le peuple sont garanties.

. » 2º Tous les règlements et lois seront faits au nom de la reine Pomaré et signés par elle.

» 3º La possession des terres de la reine et du peuple leur sera garantie ; ces terres leur resteront. Toutes les disputes ayant trait au droit de propriété dépendront de la juridiction spéciale des tribunaux du pays.

» 4º Chacun sera libre dans l'exercice de son culte ou de sa religion.

» 5º Les églises existant actuellement continueront d'être et les missionnaires anglais continueront leurs fonctions sans être persécutés ; il en sera de même pour tous les autres cultes, personne ne pourra être contrarié dans sa croyance.

» A ces conditions, la reine Pomaré et ses grands chefs demandent la protection du roi des Français, laissant entre ses mains ou aux soins du gouvernement français, ou à la personne nommée par lui, et avec l'approbation de la reine Pomaré, la direction de toutes les affaires avec les gouvernements étrangers, de même que tout ce qui concerne les résidents étrangers, les règlements du port, etc., et enfin, de prendre telle mesure qu'il pourra juger utile pour la conservation de la bonne harmonie et de la paix,

» Signé :   POMARÉ, PARAITA, régent
            » UTAMI, HITOTI, TATI.

» Je, soussigné, déclare que le présent document est une traduction fidèle du document signé par la reine Pomaré et ses chefs.

            » Signé : Arŭ TAIMAI, envoyé royal. »

Le représentant de la France, l'amiral Dupetit-Thouars accepta la proposition qui lui était faite, sauf ratification bien entendu, puis il quitta Tahiti pour visiter d'autres points qui pour le moment n'entrent pas dans le cadre de ce chapitre.

Quelques mois après, en mars 1843, le gouvernement français envoya son acceptation à la demande de protectorat :

« Louis-Philippe, roi des Français, à la reine Pomaré, salut :

» Illustre et excellente Princesse, notre contre-amiral Dupetit-Thouars, commandeur de la Légion d'Honneur et commandant en chef nos forces navales dans l'Océan Pacifique, nous a rendu compte de la demande que, de concert avec les grands chefs principaux de vos îles, vous avez faite de placer votre personne et votre royaume sous le protectorat de notre couronne, offrant de nous remettre la direction des affaires extérieures de vos Etats, les règlements des ports et autres mesures propres à assurer la paix dans cet archipel.

» Notre cœur s'est ouvert à votre voix, et puisque, d'accord avec les chefs de vos îles, vous ne pensez trouver repos et sûreté qu'à l'ombre de notre protection, nous voulons vous donner une preuve éclatante de notre royale bienveillance en acceptant votre offre.

» Nous conférons tout pouvoir au gouverneur de nos établissements dans l'Océanie, le capitaine Bruat, pour s'entendre avec vous et avec les grands chefs. Il a toute notre confiance ; écoutez-le.

» Conservez vos terres et votre autorité intérieure sur vos sujets, et, sous la garde de notre sceptre ami, assurez leur bonheur par la sagesse et la bonne foi. De notre côté, nous chercherons, comme toujours, les occasions de vous donner, ainsi qu'à tous les habitants de vos îles, des gages de la sincère affection que nous vous portons.

» Donné en notre palais de Tuileries, le 25 mars 1843.

    » Signé : LOUIS-PHILIPPE

    » Contre-signé : GUIZOT. »

Après le départ de Dupetit-Thouars, les partisans de l'ancien système regagnèrent leur influence et ils obligèrent la reine Pomaré à refuser de hisser le drapeau du protectorat.

L'amiral revint quelques temps après, avec des forces imposantes, bien résolu à combattre l'influence anglaise ; il avait avec lui trois frégates : la *Reine–Blanche, l'Uranie, la Charte* et plusieurs corvettes. Voyant que les reproches qu'il adressait à la reine sur son mauvais vouloir n'aboutissaient pas, il prit possession de l'île au nom de la France.

Cet acte énergique accompli, il quitta de nouveau Tahiti, laissant le capitaine Bruat comme gouverneur avec des instructions sérieuses pour le maintien des conventions. Cet acte de conquête ne fut pas ratifié par le gouvernement français.

Le contre-amiral Hamelin vint remplacer l'amiral Dupetit-Thouars ; voulant en finir avec les difficultés, il enleva le missionnaire-consul Pritchard, qu'il considérait comme l'auteur de ce qui se passait. L'Angleterre fit de cet acte, un *casus belli* ; des complications graves furent sur le point d'avoir lieu, la France donna des explications et une somme de 25.000 francs fut votée à Pritchard à titre d'indemnité.

La reine s'était réfugiée sur les vaisseaux anglais, des troubles sanglants agitaient l'île, surtout dans les districts qui avoisinent le chef-lieu ; les principaux chefs tenaient campagne, résistant à la France par tous les moyens en leur pouvoir.

Planche 6.   Episode de l'insurrection (1846).

LES COLONIES FRANÇAISES

Le capitaine Bruat résolut d'en finir par un coup décisif ; après avoir défait les rebelles qui s'étaient retranchés dans un camp fortifié du district de Mahaena, il marcha sur le fort de Fantana, position élevé que les indigènes croyaient être inexpugnable. A la tête de forces sérieuses fournies par les compagnies de débarquement dont il disposait, il s'avança hardiment pour attaquer les rebelles qui se croyaient à l'abri de toute tentative armée ; malgré leur défense longue et acharnée, ils furent défaits et obligés d'abandonner leur forteresse, leur dernier refuge.

A la suite de cette guerre, le protectorat fut réellement établi et la paix se fit peu à peu dans le pays. Les lois furent revisées, l'autorité de la reine et des principaux chefs fut affermie.

En 1865, la reine Pomaré promulga une ordonnance prescrivant que tous les litiges, ainsi que tous les délits, crimes et contraventions seraient jugés par les tribunaux français, d'après les lois françaises.

Les conséquences de ce dernier acte sont considérables, la justice passait tout entière entre les mains du protectorat, c'était presque une annexion.

A la mort de la reine Pomaré en 1877, le représentant de la France fit reconnaître pour roi le fils aîné de la reine, qui monta sur le trône sous le nom de Pomaré V.

Deux ans avant son avènement, le jeune roi avait épousé la fille d'un riche négociant anglais marié à une chefesse tahitienne ; cette union inquiéta un instant le gouvernement français qui redouta que Pomaré V, influencé par sa jeune femme, n'en vint à dénoncer le traité qui établissait le protectorat, pour ensuite, se jeter dans les bras de l'Angleterre.

Une annexion définitive fut décidée, et le commandant de Tahiti reçut à cet effet des instructions spéciales. Il fallait obtenir l'abdication pure et simple du roi qui recevrait alors une indemnité pécuniaire ; les démarches étaient sur le point d'aboutir, lorsque le changement du commandant vint les interrompre.

Quelques mois plus tard, les négociations furent reprises par M. Chessé, et le 29 juin 1880, le roi et les principaux chefs signèrent une déclaration par laquelle ils reconnaissaient remettre entre les mains de la France, le gouvernement et l'administration des Iles de la Société ; l'annexion était un fait accompli.

Le sang français avait coulé maintes fois sur le sol de ces îles lointaines, le gouvernement de la République ne devait donc pas négliger de conserver son autorité sur un point qui allait devenir d'une grande importance commerciale et militaire, lorsque le percement de l'isthme de Panama serait achevé ; l'annexion s'imposait d'elle-même.

En abdiquant, le roi demanda le maintien des tribunaux tahitiens ainsi que le respect de certaines lois et coutumes nationales.

Aujourd'hui, Pomaré V vit comme un bon bourgeois, dans la gentille petite ville de Papeete et, chaque soir, il va au cercle prendre son absinthe en compagnie des officiers de la place avec lesquels il vit en parfaite amitié.

VI

L'île de Tahiti est située entre 17° 29' 30" et 17° 47' de latitude sud ; et entre 151° 29' 53" et 151° 58' de longitude ouest ; placée à peu près à égale distance de l'Amérique du Sud et des terres Australiennes, elle se trouve une des îles les plus éloignées des continents. Sa superficie totale est de 104,215 hectares ; elle se compose de deux parties inégales, reliées entre elles par l'isthme de **Taravao,** large d'environ 2,200 mètres et dont la plus grande hauteur ne dépasse pas 14 mètres au-dessus du niveau de la mer. Ces deux parties, inégales et bien distinctes, sont Tahiti proprement dite, la grande terre et la presqu'île de Taïarabu ; de formes à peu près circulaires, elles sont couvertes de hautes montagnes dues à un soulèvement volcanique ; ces pics sont les points les plus élevés de l'Océanie. L'**Orehena,** dans Tahiti, atteint une hauteur de 2,237 mètres; son sommet n'a, dit-on, jamais été foulé par un pied humain; puis c'est l'Aoraï, 2,070 mètres; dans le pays, on raconte qu'un Européen, M. Spitz, est parvenu après bien des fatigues à escalader ce pic élevé ; son expédition a duré plus de douze jours ; dans la presqu'île de Taïarabu, le **Niu** atteint 1,330 mètres.

L'île est arrosée par un grand nombre de cours d'eau, dont pas un n'est navigable ; fort paisibles en temps ordinaire, ces rivières et ces ruisseaux grossissent pendant la saison des pluies, pour se transformer en torrents impétueux, entraînant tout sur leur passage et causant ainsi des dégâts considérables.

Dans leurs récits, tous les voyageurs qui ont visité Tahiti, s'accordent pour nous dépeindre cette île comme une terre de printemps éternel, véritable nid de verdures et de fleurs, terre poétique par excellence.

Le rêveur et le poète y trouveront en effet des recoins où la civilisation n'aura pas détruit la grande harmonie de la nature ; en face de l'immense Océan désert, n'ayant pour reposer leurs regards que le ruban argenté des brisants, ils pourront rêver aux pieds des grands arbres qui croissent sur les plages de corail que la mer profonde baigne et caresse de ses eaux azurées.

Partout, sur les collines comme dans les vallées, une flore riche et puissante vient attester la fertilité de ce joyau du Pacifique ; le sol est tapissé d'herbes fines et odorantes qui répandent une senteur exquise. Tout est muet dans la forêt, les oiseaux sont sans voix, seuls le murmure de l'eau et le bruissement des insectes aux couleurs variées troublent ce grand silence.

Le Tahitien est d'un naturel doux et conciliant, il est hospitalier dans l'acception complète du mot ; foncièrement honnête, il a le caractère boudeur, capricieux et fantasque, comme peuvent l'avoir les enfants. Les hommes et les femmes aiment beaucoup les fleurs, toutes les cases ont leur jardin où croissent le gardénia, l'hibiscus, le basilic, et une foule d'autres plantes au parfum délicieux ou au feuillage magnifique. Tous affectionnent les bains nocturnes et bien souvent le soir, au clair de lune, le promeneur rencontre des groupes de jeunes femmes et de jeunes filles qui vont en chantant, le front couronné de fleurs, demander un peu de fraîcheur à l'eau cristalline des bassins naturels qui sont si nombreux dans toutes les parties de l'île.

ILE TAÏTI

FONDERIE GÉNÉRALE à Paris.

Les Tahitiens, comme divertissement, affectionnent tout particulièrement le chant et la danse ; il faut bien convenir que ce sont là leurs seules distractions ; les femmes, surtout, aiment beaucoup à chanter ; parfois dans la journée, elles se réunissent chez l'une d'entre elles, ou près d'un ruisseau, à l'ombre des orangers et là, accroupies en cercles, elles passent des heures entières à chanter des morceaux religieux qu'en langue indigène on nomme *himèné*.

Le soir, c'est mieux encore, les hommes se joignent aux groupes féminins et tous chantent en chœur, à trois et même à quatre parties, des morceaux qui rendus avec justesse, produisent un effet agréable.

S'ils veulent varier leurs distractions, une séance chorégraphique est improvisée ; la danse est dirigée par une groupe de chanteurs, qu'accompagne un tambour marquant la mesure.

Un homme et une femme se détachent du cercle et viennent prendre place au milieu des spectateurs; le couple, animé par les chants et par le tambour, qui accélèrent toujours un peu plus leur mesure, se livre à une série d'exercices qui ne ressemblent en rien à nos danses d'Europe; tous deux se démènent à qui mieux mieux, en se livrant à des balancements de hanches et en prenant des poses voluptueuses, d'un effet à la fois gracieux et lascif; enfin, le tambour s'arrête, et le couple épuisé se retire au milieu des bravos des spectateurs ; puis d'autres amateurs se mettent en place, et ainsi de suite jusqu'à l'heure où le canon annonce la retraite; il est dix heures.

Le costume des Tahitiens se compose principalement du *pareu*, sorte de pièce d'étoffe à ramages, de forme rectangulaire qui, chez les femmes, remplace la jupe et chez les hommes, le pantalon. Le pareu s'enroule vers le bas du corps, en serrant fortement aux hanches; il descend jusqu'à la hauteur des chevilles; par dessus cela, les hommes portent une chemise qui flotte librement, et les femmes mettent une robe, sorte de peignoir sans taille. Tous vont pieds nus; seules, quelques élégantes, chaussent des bottines les jours de grandes fêtes; le costume européen est porté constamment par les riches Tahitiens.

La race tahitienne fait partie de la famille océanienne qui peuple les grandes îles de Polynésie, elle est réellement belle; les hommes sont encore aujourd'hui la reproduction fidèle de ces types splendides que les navigateurs ont admiré lors de la découverte; pour ce qui est des femmes, elles sont toujours ces êtres gracieux n'existant que pour l'insouciance et le plaisir; ennemies du travail, elles vivent au jour le jour, se parant de couronnes de fleurs et chantant de leur voix douce et cadencée des mélopées qui font rêver.

Elles sont belles, les femmes de Tahiti, avec leur longue chevelure d'ébène qu'elles tressent avec la fleur rouge de l'hibiscus, ou bien avec la tige fleurie du *pia*, belle plante jaune à reflets dorés.

Leur démarche est élégante et gracieuse, et leurs costumes aux couleurs éclatantes viennent encore ajouter à cette grâce naturelle qui les caractérise. Bien souvent elles vont tête nue avec leur seule couronne de fleurs pour coiffure; mais s'il leur faut aller au soleil, elles mettent un chapeau léger, de ceux qui sont confectionnés dans le pays avec l'écorce du pia.

Aujourd'hui, les femmes tahitiennes sont d'excellentes mères de famille; leur affection pour leurs enfants va jusqu'à la faiblesse et souvent on voit telle famille qui n'a pas le bonheur d'en avoir, se charger d'élever ceux de leurs voisins, lorsque ceux-ci en ont plusieurs; quelquefois ils vont même jusqu'à les adopter.

Les indigènes habitent des cases qui sont généralement construites en bambous ou avec des branches d'arbres; le tout est entrelacé, puis assujetti solidement au moyen de cordes fines et solides faites de l'écorce de purau ou de la fibre du cocotier. Une porte donne accès dans l'intérieur qui forme une seule pièce sans cloisons ni divisions: c'est là que vivent pêlemêle tous les membres de la famille: n'est-ce pas souvent ainsi dans nos campagnes et ne voyons-nous pas nos familles de métayers habiter une chaumière n'ayant qu'une seule pièce ?

Pas de parquet, mais un sol bien battu, sur lequel sont étendues des nattes, ou simplement une couche nommée *Aréta* dans le pays.

Le mobilier est sommaire : les lits étant d'un usage à peu près général, on en trouve partout ; ils sont faits grossièrement et se composent d'un cadre soutenu par quatre pieds ; sur ce cadre est fixé une sorte de treillis en cordes de fibres de coco, nommées *napes,* destiné à faire sommier et à recevoir des nattes ou des matelas garnis de coton ou de filaments moelleux fournis par le fruit du fromager. Les moustiques étant nombreux à Tahiti, chaque lit est entouré d'une gaze légère formant moustiquaire.

Comme sièges, des bancs en bois plus ou moins bien ouvragés ; tout autour de la pièce, des coffres en bois, des ustensiles de pêche, des vases, des coupes faites avec des noix de coco sciées en deux parties égales, etc.

Ces habitations sont celles des gens du peuple ; les Tahitiens aisés demeurent dans des maisons construites à l'européenne et dont l'intérieur offre un confort et une élégance dignes de remarques. Les immigrants venus des Gambier et de l'archipel de Cook pour être employés comme travailleurs dans les plantations et pêcheurs de nacre, vivent dans des cases élevées sur des piquets solides ; ils ont conservé ce genre de construction employé dans leur pays.

La population de Tahiti est évaluée à 9,850 habitants, dont le huitième environ est Européen. L'élément indigène n'est pas appelé à disparaître, comme pourraient le faire croire les écrits de certains auteurs pessimistes qui parlent de l'importation des vices des Européens comme devant détruire toutes les races océaniennes.

Peu à peu, le sang indigène se mélange au sang européen, et le jour est proche où les deux races seront assimilées pour n'en plus former qu'une seule et cela avec d'autant plus de facilité, qu'elles ont des affinités très grandes qui les poussent l'une vers l'autre.

Il ne faut pas omettre de noter que tous les Tahitiens, sans exception, savent très bien lire et écrire, beaucoup parlent couramment le français. Les missionnaires, je l'ai déjà dit, s'étaient faits législateurs ; comme loi principale, ils avaient établi que la propriété ne pouvait faire l'objet d'aucune transaction ; les ventes, donations et locations n'étaient donc pas admises, même entre indigènes ; aujourd'hui, cette loi qui était vexatoire au premier chef, n'existe plus et il est facile à tout étranger de devenir propriétaire ; le prix de la terre varie de 150 à 250 fr. l'hectare, selon sa situation et sa nature.

Longtemps avant l'annexion, la reine Pomaré avait établi que le code français serait appliqué chaque fois qu'il y aurait à statuer sur des affaires relatives à la propriété du sol; cette ordonnance fut transformée en loi par un vote de la Chambre tahitienne, le 28 mars 1866.

Planche 8.   Cases des immigrants de l'archipel de Cook.

LES COLONIES FRANÇAISES

Le climat des îles de la Société est salubre; le thermomètre ne dépasse jamais 32° aux heures chaudes de la journée, tandis que la nuit, il descend à peine à 15°; il y a peu de différence entre les saisons qui là, comme dans toutes les régions équinoxiales, sont divisées, en saison sèche et saison de pluies; on y jouit d'un printemps perpétuel, la chaleur n'étant jamais excessive, à cause de la brise de mer qui donne une fraîcheur continuelle.

On rencontre encore, près de la mer, des monticules funéraires, sortes de tumulus faits de corail que les années ont blanchis, ce sont les *maraés*, sépultures des grands chefs depuis longtemps disparus et dont le souvenir se perd dans le passé qui précéda le temps de la découverte des groupes de la Polynésie. Quelques-uns parmi ces tombeaux sont ornés de massifs de bois de fer, arbres au feuillage sombre, qui là-bas symbolisent la mort comme le fait le cyprès dans nos nécropoles européennes.

Ces monuments funèbres viennent encore aujourd'hui attester ce que les Tahitiens étaient autrefois, ils évoquent après tant d'années passées, les souvenirs de leur religion, car là, sur ces tumulus, les prêtres faisaient couler le sang humain, offrant en sacrifice les prisonniers de guerre.

Tout cela est passé à jamais ; Tahiti aujourd'hui civilisée regarde mélancoliquement ces pages matérielles de son histoire d'autrefois et ce retour en arrière, toujours de courte durée, se termine par des chants et des danses, avec des fleurs et des couronnes.

VII

Le sol des vallées et celui des districts voisins de l'Océan est extrêmement fertile ; l'épaisse couche de terre végétale qui recouvre le massif volcanique de l'île peut recevoir toutes les cultures et fournir tous les produits des régions tropicales. Plus près des montagnes, en s'avançant dans l'intérieur, on rencontre un sous-sol argileux qui, lui aussi, est susceptible de culture; le sommet des montagnes et les hauts plateaux sont essentiellement calcaires.

La flore tahitienne est d'une grande richesse, le sol produit un nombre infini d'arbres, d'arbustes et de plantes qui croissent çà et là en fourrés inextricables ou en massifs charmants; en première ligne, il faut citer le goyavier, dont la force végétative est si grande qu'il a envahi des districts entiers, étouffant les autres produits végétaux pour se substituer à leur place. Il constitue des forêts épaisses qui couvrent les montagnes jusqu'à une hauteur de 700 mètres ; dans les vallées, il prospère encore mieux, aussi doit-on y porter remède, sous peine de voir l'envahissement gagner les exploitations agricoles. Le cocotier vient partout, l'hibiscus est fort répandu, il en est de même du pendanus; le tamanu et le bois de rose donnent un bois dur excellent; le bancoulier, le sandal, le bois de fer, l'arbre à pain, etc., sont précieux comme bois de construction et d'exploitation; les arbres d'Europe sont bien acclimatés. La canne à sucre, qui est une des plus riches en sucre, est indigène ; les planteurs la cultivent surtout pour fabriquer du rhum, production qui leur offre plus d'avantages que celle du sucre, aussi la colonie est-elle obligée de faire venir d'Amérique et d'Europe une grande partie du sucre qu'elle consomme.

Le cocotier est cultivé sur une vaste échelle, les fruits sont expédiés sous forme d'amande ou de fécule. Dans les plantations, chaque pied est distant de son voisin d'une dizaine de mètres environ, aussi les espaces libres sont-ils utilisés pour la culture du maïs, du tabac, du coton, des ignames, des patates, etc.

Le coton a été introduit en 1860, il est très bien acclimaté, et les nombreuses plantations que comptent la colonie donnent des résultats satisfaisants; de qualité supérieure, ce coton est très estimé sur les marchés d'Europe où il atteint des prix élevés. L'oranger n'est pas indigène, il a été introduit par Cook; il s'est tellement propagé qu'on le rencontre partout et que le promeneur n'a bien souvent qu'à étendre la main pour cueillir autant de fruits mûrs qu'il en désire. Tahiti fait un grand commerce d'oranges, chaque année cette île en expédie à San-Francisco pour plus de 150,000 fr. Les fruits sont emballés avec mille précautions dans des caisses légères faites avec les branches du purau; les côtés et le dessus sont faits en clayonnage, pour permettre à l'air de circuler librement, la conservation des oranges pendant la traversée est ainsi bien plus certaine que si l'emballage était fait de panneaux pleins.

Sur place, il se fait une grande consommation d'oranges, soit sous forme de fruits mangés au naturel, soit encore préparés au sucre et à l'eau-de-vie, soit encore sous forme de boisson.

Les Tahitiens préparent avec le jus de l'orange une boisson fermentée d'un goût exquis, mais extrêmement capiteuse, aussi cette préparation (*ava anani*, vin d'oranges) est-elle sévèrement interdite par l'autorité, parce qu'elle occasionne des excès de toute nature et quelquefois des accidents graves.

Malgré cela, les indigènes en fabriquent en cachette; deux ou trois jours avant la réunion projetée, quelques hommes experts dans la fabrication de l'ava anani, se rendent à la dérobée dans un lieu retiré et presque inaccessible, afin de préparer le doux breuvage; puis, lorsque tout est bien à point, les invités hommes et femmes se rendent au lieu indiqué pour la réunion, en ayant soin de ne pas éveiller l'attention de la police.

La débauche commence pour ne prendre fin que lorsque tout est achevé; mais il arrive bien souvent que la fête est troublée par l'arrivée des agents de police (mutois) qui emmènent les délinquants en prison où ils achèvent de dissiper les vapeurs de leur ivresse.

Plus de 70 hectares de terrain sont plantés en vanilliers; cette culture a pris une grande extension depuis quelques années, les gousses produites par la variété tahitienne sont peut-être un peu moins volumineuses que celles que produit l'Amérique, mais elles sont cependant de bonne qualité.

VIII

Si, mettant de côté les variétés d'animaux domestiques qui ont été introduits à Tahiti, nous ne nous occupons que de ceux qui sont originaires de l'île, nous ne trouverons qu'un seul quadrupède, le cochon polynésien, que les premiers navigateurs y ont trouvé.

Les oiseaux indigènes sont également peu variés, le nombre en est limité à un petit oiseau blanc nommé phaëton qui plane dans les airs à d'effrayantes hauteurs; comme caractère principal, cet oiseau porte à la queue une longue plume blanche et rose qui jadis constituait le principal ornement des chefs du pays.

Planche 9.   La Vanille.

Citons encore le pigeon rupe; la colombe oupa, au magnifique plumage vert; le ruro, sorte de martin-pêcheur qui porte la queue en éventail; le toréa, variété de pluvier et l'otuu, oiseaux qui vivent sur les plages où ils se nourrissent de mollusques.

Toutes les variétés d'animaux domestiques de l'Europe se sont acclimatées avec une grande facilité et maintenant tous y sont communs : chevaux, ânes, mulets, bœufs, moutons, chèvres, porcs, volailles de toutes sortes.

Les animaux dangereux sont peu nombreux, seuls le scorpion et le cent-pieds peuvent inspirer quelques craintes, ils s'introduisent facilement dans les habitations, et si leur piqûre n'est pas mortelle, elle est douloureuse et peut offrir quelques dangers. Les moustiques sont en grand nombre, ainsi que les guêpes.

Les poissons sont nombreux; les ruisseaux et les rivières donnent le nato, sorte de truite d'un goût exquis, des anguilles excellentes, des crevettes estimées; le poisson de mer est abondant et de qualité supérieure.

Les Tahitiens sont des pêcheurs émérites; avec leurs petites pirogues, ils glissent dans les récifs comme s'ils étaient là sur leur élément. A l'avant, l'œil attentif, le pêcheur se tient prêt à frapper le poisson qu'il verra à la clarté de la torche qu'il élève au-dessus de sa tête; la barque est dirigée par un camarade qui manœuvre habilement la pagaie. Ces pêches sont presque toujours productives.

IX

L'industrie peut être considérée comme à peu près nulle; il y a bien quelques usines, mais elles sont d'une importance tout à fait secondaire : trois usines à sucre, deux usines à égrener le coton, trois moulins qui traitent l'amande de coco, un four à chaux qui produit également de la brique, deux brasseries.

Comme je l'ai déjà dit, les producteurs de canne à sucre visent surtout la fabrication du rhum, les sucreries deviennent donc plutôt des distilleries; deux sont établies dans la banlieue de Papeete, une autre dans le district de Mataiea; c'est cette dernière qui est la mieux outillée; les deux autres fonctionnent mal, aussi leurs produits sont-ils de qualité secondaire, ce qui ne les empêche pas d'être d'un prix trop élevé.

Les usines à égrener le coton traitent ce textile à l'état brut; elles séparent les graines des fibres, puis le coton est mis en balles et expédié en Europe ou en Amérique.

Les graines, traitées de la même manière que le Coprah, donnent une sorte d'huile qui est estimée et communément employée en Amérique. La fabrication de la farine de coco se fait à Tahiti depuis peu d'années; cette farine s'obtient en traitant l'amande sèche de la noix, le produit ainsi obtenu est très apprécié par les pâtissiers qui l'emploient avec avantage pour remplacer l'amande ordinaire.

Pendant fort longtemps, Tahiti a consommé de la bière importée d'Amérique; aujourd'hui, deux brasseries ont été établies près de Papeete et la bière qu'elles fournissent à la consommation est de qualité supérieure.

La chaux qui est fournie par la briqueterie de Fautaua est tirée des coraux pris sur les plages, elle est excellente. La brique commence à entrer dans la construction des bâtiments divers qui s'élèvent chaque jour en plus grand nombre dans les différents centres de la colonie. On trouve aujourd'hui parmi les indigènes, un certain nombre de bons charpentiers et quelques maçons de talent; les Tahitiennes excellent dans la fabrication des divers objets tels que tissage de la paille pour chapeaux, ouvrages de couture, repassage, etc.

Si nous passons à la question commerciale, nous trouvons que depuis quelques années le mouvement suit une marche ascendante, il s'accentue; malheureusement, il nous faut constater que les grandes maisons appartiennent à des Allemands, ce sont eux qui tiennent la première place, puis viennent les Américains, les Anglais et enfin la France; il y a également quelques familles chinoises qui elles aussi se livrent au commerce.

Les denrées importées consistent en cognac, rhum, liqueurs diverses, bouchons, articles de Paris, lingerie et bonneterie, étoffes, droguerie, conserves alimentaires, pièces mécaniques, meubles, quincaillerie, vins rouges et blancs, vêtements confectionnés, etc. Nous devons constater que Tahiti est la seule colonie française qui ne soit pas reliée à la métropole par un service direct et régulier de bateaux à vapeur; cet état de chose est certainement défectueux, il sera toujours un obstacle à la grande extension commerciale de la colonie Il devrait être facile d'avoir un petit vapeur spécial, jaugeant 200 tonneaux environ, qui régulièrement irait rejoindre à Nouméa la ligne française de Marseille à la Nouvelle-Calédonie.

Un vapeur anglais met Tahiti en communication fréquente avec les îles Tonga, Samoa et la Nouvelle-Zélande; un autre navire, d'origine américaine, relie Papeete à San-Francisco, avec escale aux îles Marquises. Il y a bien un stationnaire de l'Etat qui tous les cinq mois fait la traversée de Nouméa à Tahiti, mais ce service est tellement incomplet qu'il devient inutile. Des petites goëlettes d'un faible tonnage font le cabotage entre Papeete et les autres archipels formant les Etablissement français de l'Océanie.

Le mouvement de la navigation peut être estimé, en moyenne, à 160 navires à l'entrée et 150 à la sortie, représentant ensemble un tonnage de 20,000 tonneaux à l'entrée et 18,000 tonneaux à la sortie; valeur totale 6,500,000 fr. environ. Une fois la semaine, des courriers partent du chef-lieu parcourant à pied tous les districts de la colonie, pour porter les dépêches locales; des chaloupes font le service postal des autres îles de l'archipel; un autre bâtiment fait une fois par mois la traversée de Papeete à Anaa, la plus importante des Tuamotous. Les courriers d'Europe sont portés par le service de San-Francisco à Papeete, il faut 90 jours pour se rendre de France à Tahiti.

N'oublions pas de mentionner qu'une voiture publique va chaque jour de Papeete à Mataiea, et qu'elle revient également chaque jour au chef-lieu. Ce courrier quotidien fait le service des postes ce qui simplifie un peu le travail des piétons chargés de la distribution des lettres. Des postes télégraphiques ne tarderont pas à être établis dans la colonie, cette installation s'impose, étant donnée son importance.

LES COLONIES FRANÇAISES

X

L'île de Tahiti est divisée en dix-huit districts ou communes; chacun de ces district est administré par un conseil municipal indigène qui fonctionne à l'instar de ceux qui sont à la tête de nos communes françaises. Chaque village chef-lieu de district possède une mairie, une école communale, le temple ou l'église.

Le chef-lieu de la colonie est **Papeete,** petite ville de 3,800 habitants dont la moitié sont français. Vue de la mer, elle se présente comme un nid de verdure : les magnolias, les hibiscus, les orangers, répandent leur ombre jusque sur les eaux de la baie, tandis que ses constructions diverses disparaissent dans les arbres, au milieu de jardins fleuris, l'effet est charmant; seuls, le palais du roi et le clocher de l'église se détachent de l'ensemble, et dominent cet océan de feuilles aux nuances variées qui ondulent au souffle de la brise de mer. Papeete est située dans la partie nord-ouest de l'île, elle a un port vaste et sûr dans lequel on pénètre par trois passes : au nord, celle de Papeete proprement dite, la plus grande et par conséquent la plus fréquentée, dont l'entrée peut avoir 75 mètres d'ouverture; plus à l'ouest, la passe de Tapuna, dont le peu de fond ne donne accès qu'aux petits caboteurs; enfin, à l'est, la passe de Tanoa, sorte de chenal long et tortueux.

La ville est bâtie entre la baie et les premiers contreforts des montagnes de l'intérieur; les maisons partent de la Pointe de Fareute où se trouve l'arsenal maritime, pour s'étendre ensuite sur la plage dont elles suivent les sinuosités. Un quai a été construit sur une grande longueur de cette plage, et comme près de terre l'eau est encore profonde, les navires peuvent s'amarrer directement sur ces quais, ce qui supprime le service des chaloupes.

Les grands magasins sont installés sur la plage et cette partie de la ville est très gracieuse, les maisons sont ombragées par de beaux arbres ; toutes les rues viennent aboutir au quai.

Plantées d'arbres, longeant des jardins garnis de fleurs, elles figurent les allées d'un parc immense et lorsque la chaleur du jour est moins forte, une foule bruyante, aux costumes éclatants s'y promène et jouit de la fraîcheur que procure le voisinage de l'Océan.

Une source magnifique fournit l'eau à toute la ville, conduite à l'aide de tuyaux en fer, elle va jusque sur le quai où le trop-plein s'écoule dans la mer.

Le meilleur endroit pour étudier la population indigène est, sans contredit, la place du marché, mais il faut se lever de bonne heure, car les Tahitiennes sont matinales.

Le marché se tient sous la halle élevée qui a été construite à cet effet ; d'un côté, vous avez d'immenses piles de fruits, des légumes de toutes sortes, du poisson; de l'autre sont les tables sur lesquelles les chinois vendent du thé, du café au lait, du poisson cuit de différentes manières.

Le coup d'œil est assez original, il constitue une des curiosités de la ville ; c'est là qu'on se donne rendez-vous pour se raconter les histoires et les mille futilités qui sont les cancans des petits centres de population. Le public indigène, ressemble assez à un chœur d'opéra, tous sont couronnés de fleurs, ils vont à droite et à gauche, causant, riant, faisant leurs provisions ou offrant leur denrées.

Au dehors, le spectacle est aussi très animé, il y a des vendeurs qui se sont installés sous les arbres pour offrir des fleurs et des fruits. La provision faite, on répond à l'appel des débitants chinois dont les tables se garnissent de consommateurs.

Le dimanche, le service religieux est célébré à dix heures, les indigènes ont grand soin de ne pas manquer cette occasion de montrer leurs costumes de cérémonie, aussi l'auditoire est-il toujours nombreux.

Si quittant Papeete, nous nous dirigeons vers l'Ouest pour faire le tour de l'île et parcourir rapidement les districts de la colonie, nous rencontrons d'abord **Faaa**, où de nombreux hectares de terrain ont été affectés à la culture du Caféier, entreprise qui a donné d'excellents résultats, le cocotier est également cultivé sur une vaste échelle.

Ne traversons pas le district de **Punavia**, sans parler d'un cours d'eau, le **Punaruù**, qui est une des rivières les plus importantes de l'île, elle remonte jusqu'au Diadème, et communique par là avec les vallées de Fautaua et de Papenoo ; la vallée de Pumaruu est fertile, il y a de nombreuses plantations de bananiers et de cocotiers. On ne peut parcourir cette vallée, sans songer qu'en 1845, elle a été le théâtre du combat le plus important et le plus vif que la France ait livré aux indigènes.

Paëa ; ce district est bien arrosé, les vallées sont d'une grande fertilité, aussi rencontre-t-on de nombreuses habitations, charmantes villas qui appartiennent aux riches négociants de Papeete.

Le chef-lieu du district est un joli village qui a l'avantage de posséder une maison d'école de construction américaine, tout a été confectionné à San−Francisco, et les habitants sont fiers de cet édifice, qui n'a qu'un défaut, celui de ne pas être habitable, parce que les salles sont trop petites, mal aérées, de véritables étouffoirs. Paëa est un but de promenade pour les habitants de Papeete qui y viennent le dimanche en partie de plaisir ; il y a là le restaurant Chauvin qui jouit d'une réputation bien méritée.

Papara est en étendue, le plus important des districts tahitiens, c'est aussi le plus peuplé. Toutes les terres susceptibles d'être cultivées sont mises en exploitation. Entre Paëa et Papara, à la pointe de Maraa, il y a une grotte très curieuse, dont l'entrée est à deux pas de la mer ; à l'intérieur, l'eau suinte constamment par des fissures naturelles, formant un petit làc tout bordé de fougères.

Le sol est tapissé de mousses, la voûte est garnie de plantes grimpantes qui retombent jusqu'à la surface de l'eau, comme le ferait la chevelure d'une naïade.

Atimaono est un des districts les plus riches de la colonie ; une exploitation agricole florissante et qui s'occupe spécialement de la culture du coton, a été créée par une compagnie anglaise qui employait des coolies chinois et des immigrants de l'archipel de Cook. L'entreprise a eu un moment de crise, la colonie chinoise ayant fait défaut à l'expiration de son mandat, mais aujourd'hui, tout a repris, une société française s'est substituée à la compagnie anglaise qui avait commencé l'entreprise.

Planche 10.   Pêcheurs Tahitiens (mooréa).

Mataiae a l'avantage de posséder l'excellent port de Papeuriri, village chef-lieu dont les habitants sont d'excellents pêcheurs. Ce district fournit une grande partie des oranges qui sont expédiées à San-Francisco.

A l'extrémité de la magnifique vallée qu'arrose la rivière Vahiria, se trouve le lac du même nom, magnifique nappe d'eau de forme circulaire, présentant près de 800 mètres de diamètre. La situation de ce lac est splendide, placé à 430 mètres au-dessus du niveau de la mer, il est entouré de montagnes abruptes dont le caractère sévère est essentiellement pittoresque. Ce lac, dont la profondeur peut être évaluée à 10 mètres, paraît être contenu dans le cratère d'un volcan éteint ; l'eau y est froide et très limpide.

Papeari ; la partie de ce district qui confine à celui de Mataiae est marécageuse ; puis à mesure que l'on approche de l'isthme, il devient montagneux.

On arrive à **Taravao** par une belle route toute bordée d'orangers; il y a là un fort, point stratégique important qui est à cheval sur l'isthme. Un détachement de dix soldats d'infanterie de marine commandés par un sergent est chargé de sa défense.

Taravao est également le siège d'une Justice de paix dont le ressort s'étend sur toute la presqu'île.

Du fort, on jouit d'un coup d'œil magnifique, on aperçoit le Port-Phaéton, vaste bassin qui pourrait abriter des flottes entières, si son accès n'était pas aussi difficile.

A Taravao il y a des huitres excellentes; on trouve également dans le sable le *Varo*, sorte de crustacé très laid, presque hideux, assez semblable à une énorme chenille ; malgré son aspect repoussant, ce crustacé est un mets délicat et très recherché par les gourmets qui apprécient la délicatesse de sa chair.

Puis nous entrons dans les districts de **Tohaotu**, de **Vairao**, de **Mataoae**, de **Teahupoo**, de **Pueue**, de **Tautira**, ce dernier district récolte une grande quantité d'oranges, le chef-lieu est un des plus grands villages de la presqu'île, il y a un poste de gendarmerie ; nous entrons de nouveau dans l'île proprement dite, où nous trouvons d'abord le district de Hitiaà, très fertile, riche en forêts, aux rivières larges et profondes; le chef-lieu est un centre relativement important où il se construit beaucoup de petites embarcations, les bois des forêts sont estimés comme bois de construction.

Mahuena, offre les mêmes avantages que le district précédent, ce territoire a été le théâtre d'un combat meurtrier livré en 1845.

Puis vient le district de **Tiarei** qui sépare Mahuena du grand district de **Papenoo**, le plus important de la colonie; une rivière assez considérable le traverse, arrosant une vallée large et profonde dont la fertilité offre de grands avantages pour la colonisation. Le tour de l'île va être achevé, voici bientôt Papeete, mais il faut passer à Mahina, village qui se trouve à la pointe de Vénus; c'est un peu à l'ouest, dans le port Matavai, que les premiers navigateurs ont débarqué.

Il y a un phare à la pointe de Vénus, de la plate-forme, on jouit d'une vue magnifique. Près de là, les indigènes montrent au visiteur un vieux tamarinier qui, disent-ils, a été planté par le capitaine Cook; cet arbre s'en va chaque année et bientôt il ne restera plus que le tronc desséché.

Le sol est sablonneux dans ce district, puis il devient meilleur lorsque s'approchant davantage du chef-lieu de la colonie, on parcourt ceux de **Arue** et de **Pare.**

Les environs de Papeete sont charmants, partout des bois d'orangers, des hibiscus en fleurs, des magnolias blancs ou jaunes, des fougères ; partout des sources dont les eaux limpides et cristallines s'écoulent en gazouillant sur un lit de galets, répandant la fraîcheur dans les bosquets de verdure qu'affectionnent les belles Tahitiennes.

Ceux qui ont vécu là-bas, de la vie douce et facile des indigènes, ne peuvent songer aux merveilles de cette île sans demeurer longtemps sous le charme du rêve, et ils sont tentés bien souvent de se demander s'il est bien vrai que ce pays existe ; si ces fleurs, ces fruits, ces paysages, ces belles jeunes femmes, existent bien réellement et si ce n'est pas un pays de fées semblable à ceux que nous entrevoyons dans nos songes d'or. Oui, tout cela est bien vrai, tout cela existe ; Tahiti, sorte de paradis terrestre, n'est point un pays fantastique, c'est simplement une terre privilégiée qui jouit d'un printemps éternel, c'est une corbeille de fleurs perdue dans un cercle de corail blanc. A quelques kilomètres de Papeete, après avoir franchi la rivière de Fautaua, allez voir le tombeau de la reine Pomaré ; c'est une pyramide d'un style simple et sévère qui s'élève au bord de la mer, à une faible distance du chemin. Ce qu'il faut voir et admirer, c'est la vallée de Fautaua, au fond de laquelle serpente la rivière du même nom.

Quel site pittoresque et grandiose ! Le sentier s'en va par la forêt plantée d'orangers, de bouaros, de fougères et d'arbustes variés; pas de bruit, si ce n'est le murmure de l'eau qui glisse dans les herbes aquatiques ou qui bondit sur les roches balsatiques ; les oiseaux sont silencieux.

Puis la vallée se resserre, le chemin qui va toujours en montant de plus en plus traverse plusieurs fois la rivière, et l'œil émerveillé contemple tout en haut de la vallée le magnifique Diadème, gigantesque soulèvement de granit dont le sommet bizarrement découpé en forme de fleurons se dresse à 1,200 mètres au-dessus du niveau de la mer.

Le sentier va toujours en avant, il conduit à une superbe cascade, c'est la Fautaua qui se précipite d'une hauteur de près de 190 mètres, s'élançant du milieu d'un immense bassin en forme d'entonnoir, pour tomber ensuite au fond de la vallée en une avalanche liquide ; puis la rivière reprend son cours vers l'Océan qui l'appelle.

D'autres vallées délicieuses charment également les promeneurs, partout on trouve la fraîcheur alliée à la végétation tropicale.

XI

Mooréa, connue autrefois sous le nom d'Eimeo, fait partie du gouvernement de Tahiti dont elle est séparée par un canal large de 22 kilomètres. D'une superficie de 12,235 hectares elle a une population que le dernier recensement porte à 1450 habitants, de même race et de même origine que les indigènes de la grande île.

Vue de Tahiti, elle est très belle ; les pics qu'elle présente offrent à l'œil des coupes extrêmement bizarres ; le plus important de tous, le Pic de la Lune, est fort curieux; perforé dans sa partie la plus élevée, il représente une vaste ouverture, et la légende raconte que ce trou a été percé par un guerrier d'autrefois, qui, dans un accès d'exaltation, a lancé sa javeline contre le pic altier qui paraissait vouloir le dominer de sa taille imposante.

Les bords de la mer offrent une végétation luxuriante ; ils sont plantés de cocotiers, de bouaros noueux, d'élégants pendanus, d'arbres à pain, de manguiers chargés de fruits ; les rivières sont en grand nombre, elles entretiennent une agréable fraîcheur. Mooréa est la digne sœur de Tahiti.

L'île est divisée en dix districts, et la population indigène se groupe en quatre villages principaux ; il y a également quelques hameaux secondaires.

Papetoai, peut être considéré comme le chef-lieu de l'île ; c'est là que résident les représentants de l'autorité française et les Européens notables de l'île ; c'est également le chef-lieu de la justice de paix de Mooréa.

Afareaitu est un charmant village coquettement bâti sur le bord de la mer, au fond d'une baie sûre ; tout à côté coule un ruisseau limpide bordé de grands arbres et offrant en maints endroits des bassins naturels qui invitent le promeneur à prendre un bain rafraîchissant.

Atimaha est habité principalement par des pêcheurs, ce qui s'explique facilement, étant donné la grande quantité de poissons qui vivent dans la baie. La pêche se fait d'une façon assez rudimentaire : les indigènes se servent d'une longue tresse faite de tiges de cocotiers souples et bien garnies de feuilles; cette corde de verdure est jetée dans la mer et comme elle est chargée avec quelques grosses pierres, elle ne nage pas à la surface de l'eau; les pêcheurs la manœuvrent un peu, puis tirant à eux, ils amènent sur la plage une grande quantité de poissons ; il faut nécessairement qu'ils soient abondants, pour qu'avec de pareils engins la pêche soit aussi fructueuse.

Les autres villages sont moins importants et présentent tous les mêmes caractères, ce sont :

Téavero, Téaharou, Haapiti, Varari, Motou, Maatéa, Paroa, etc. Une route charmante et assez bien entretenue fait le tour de l'île.

La France possède encore les îles **Tetiaora**, groupe distant de 37 kilomètres de la pointe de Vénus, et formé de huit îlots bas et de formation madréporique, qui dépendent du district d'Arue.

La végétation se compose de cocotiers et de pendanus ; l'accès en est assez difficile aux grands navires, seuls les caboteurs peuvent y aborder. Les indigènes s'occupent spécialement de l'élevage des porcs et de celui de la volaille qu'ils viennent vendre à Tahiti.

Meetia. — Cette terre un peu isolée dépend de la chefferie de Tautira dont elle est distante de 120 kilomètres environ ; elle sert de point de relâche aux caboteurs qui font la traversée de Tuamotou à Tahiti; l'accès en est difficile et périlleux.

LES COLONIES FRANÇAISES

Depuis l'époque de l'annexion, l'administration de Tahiti a été un peu modifiée, aujourd'hui cette colonie est régie comme les autres établissements français de l'Océanie, dont elle est demeurée le chef-lieu.

Le gouverneur, chef de l'autorité militaire et de l'autorité civile est assisté d'un conseil privé simplement consultatif. La colonie nomme un conseil général composé de dix-huit membres: dix pour Tahiti et Moorea, dont quatre pour le district de Papeete ; deux pour les îles Marquises, quatre pour les Tuamotous, un pour les îles Gambier, un pour les îles Tubuai et Rapia.

A la tête de l'administration judiciaire, se trouve un chef de service (chef du service judiciaire), puis viennent le tribunal supérieur de Tahiti ; le tribunal de première instance; le tribunal de commerce ; la haute-cour tahitienne, qui règle les différents entre indigènes; et enfin les justices de paix.

La gendarmerie qui est tirée du cadre colonial de cette arme, est sous les ordres d'un lieutenant-commandant ; des policiers indigènes nommés *mutois* prêtent leur concours.

Il y a à Papeete une direction de l'artillerie et une direction du génie ; des détachements d'artillerie de la marine et d'infanterie tiennent garnison au chef-lieu.

A Tahiti nous sommes en présence de deux cultes : le protestantisme qui est la religion de la majorité, et le catholicisme. Vingt-deux villages ont des temples particuliers desservis chacun par un pasteur le plus souvent indigène ; seules les chaires de Papeete à Tahiti et de Papetoai à Mooréa, sont occupés par des Européens. Il y aussi quelques églises indépendantes qui sont subventionnées par les résidents anglais et américains de la colonie; en général, tous les temples sont bien tenus et régulièrement fréquentés.

Le culte catholique est desservi par un curé et un vicaire qui sont attachés à l'église paroissiale de Papeete, beau monument qui ne serait pas déplacé dans une grande ville de France ; plusieurs chapelles ont été établies dans l'île aux frais des missionnaires de la Compagnie de Jésus ; à la tête du clergé des établissements français de l'Océanie il y a un évêque *in partibus*.

Les écoles sont nombreuses, chaque district a la sienne et partout l'enseignement est gratuit et libre pour tous ; la langue française est la seule enseignée.

L'annexion de Tahiti a conduit la France à étendre son autorité sur les autres îles de l'archipel de la Société , le protectorat a donc été établi sur les îles **Huahine, Raiatéa-Tahoa, et Borabora** ; cet état de choses place la France dans une situation pleine de dangers, parce que le gouverneur n'a pas le droit de s'occuper des affaires intérieures du gouvernement de ces îles, il a simplement la responsabilité des relations extérieures, ce qui l'oblige à prendre la défense des pays sur lesquels flotte son pavillon, sans pouvoir les empêcher de commettre des actes devant attirer les représailles des puissances étrangères.

Ces îles sont situées plus au nord de Tahiti, et leur histoire est liée à celle de la grande terre dont elles offrent les mêmes caractères.

Borabora, la plus petite, a sous sa dépendance les îlots Motu-Iti, Mapiha et Tubuaï-Manu; son pic central, la montagne Pahia, atteint à son point culminant la hauteur de 1025 mètres. Vue du large cette île produit un effet des plus pittoresques: sa ceinture de brisants, au lieu d'être alternativement sous-marine et à fleur d'eau, émerge complètement, et comme elle est couverte d'une végétation luxuriante, l'ensemble représente assez exactement un immense bouquet entouré d'une guirlande de verdure.

Le village principal est Faamu, résidence du roi ; c'est le point le plus peuplé de l'île.

Les indigènes des îles Sandwich, prétendent descendre des habitants de Borabora ; un groupe de leurs ancêtres aurait quitté la petite île tahitienne et laissant voguer leurs pirogues en plein Océan ils seraient venus aborder au groupe des Sandwich où s'étant établis, ils auraient fait souche et formé le peuple actuel de la Polynésie du Nord.

Borabora possède une population indigène qui peut être évaluée à 800 habitants ; il y a également quelques familles européennes ; cette île a été découverte par Cook en 1769.

Raiatea-Taoha, groupe situé au Sud de Borabora, à quelques lieues seulement, est considérée comme l'île Sainte, le berceau de la royauté et de la religion. La famille royale de Tahiti descend des premiers chefs de Raiatea.

C'est à **Huahine**, la plus importante du groupe des îles Sous le Vent, que les rois de Tahiti se retiraient, lorsqu'ils étaient obligés d'abandonner leurs Etats par suite d'une révolte de leurs sujets.

XIII
NOUVELLE-CALÉDONIE

Les découvertes faites dans l'Océan Pacifique par le célèbre navigateur Cook avaient attiré l'attention en France comme en Angleterre, sur ces terres nouvelles ; il avait découvert le continent Australien en 1770 et la Nouvelle-Calédonie en 1774. Les Anglais ayant envoyé une expédition pour prendre possession de l'Australie, le roi de France Louis XVI chargea La Pérouse de l'exploration de la Nouvelle-Calédonie.

C'est le 4 septembre 1774 que Cook reconnut la nouvelle terre à laquelle il donna le nom qu'elle porte encore aujourd'hui, en souvenir de l'Ecosse ; peu de jours après, il débarqua dans la baie de Baïaup, au nord de Balade ; l'accueil qu'il reçut fut bienveillant et les naturels conservent encore le souvenir de l'illustre navigateur.

Profitant des dispositions pacifiques des indigènes, il fit plusieurs excursions dans l'intérieur, accompagné du docteur Forster, et ensemble ils firent des découvertes précieuses pour l'histoire naturelle, tout en étudiant plus à fond les mœurs des habitants.

Quittant le havre où il avait jeté l'ancre, Cook continua ses études de découvertes en longeant les côtes ; il reconnut une île à laquelle il donna le nom d'île des Pins, à cause du grand nombre d'arbres d'essence résineuse qu'il y remarqua ; puis il quitta cette terre nouvelle qu'il venait de donner à la science géographique.

C'est peu d'années après cette découverte, que La Pérouse partit pour ce funeste voyage en Océanie dont lui et ses compagnons ne sont jamais revenus ; ses dernières nouvelles ont été envoyées de Botany-Bay ; il devait visiter la Nouvelle-Calédonie et il a certainement dû y passer avant d'aller à Vanikoro où il a disparu ; les renseignements qu'il avait recueillis ont péri avec lui dans le naufrage.

En 1791, par suite d'un décret voté par l'Assemblée Nationale, Louis XVI envoya une expédition à la recherche du grand navigateur dont la France était sans nouvelles depuis trois ans. Elle fut confiée au contre-amiral d'Entrecastreaux qui partit avec deux vaisseaux; le second commandé par le capitaine Huon de Kermadec.

La mission toucha à l'île des Pins , puis, remontant vers le nord en longeant les récifs, elle reconnut une grande partie des côtes. L'ingénieur de l'expédition, Beautemps-Baupré, dressa une carte de l'île ; les premiers renseignements sérieux datent de cette expédition qui comptait également parmi ses membres le naturaliste Labillardière.

D'Entrecastreaux continua ses recherches en visitant les archipels placés à l'Ouest et au Nord de la Nouvelle-Guinée ; il parcourut la mer des Moluques, longea les côtes Ouest et Sud de l'Australie puis il revint à la Nouvelle-Calédonie sans avoir trouvé aucune trace de l'expédition de La Pérouse.

Le contre-amiral continua ses études en suivant la côte Est, puis il aborda lui aussi dans la baie de Balade qui avait déjà reçu les vaisseaux du capitaine Cook. Les indigènes ne se montrèrent pas à lui sous un aspect aussi paisible que celui dépeint par le navigateur anglais ; ils firent preuve de férocité et se montrèrent portés au vol et antropophages insatiables.

Dumont d'Urville s'approcha de l'île en 1827, mais il n'aborda pas ; il se contenta de prendre des relevés et de reconnaître le groupe des Loyalty. En 1840, il revint. Le capitaine Julien de la Ferrière, qui commandait le *Bucéphale*, aborda à Balade le 21 décembre 1843, pour débarquer les premiers missionnaires qui devaient s'aventurer dans le·pays.

Malgré d'horribles scènes de cannibalisme et des périls sans nombre, les hardis missionnaires formèrent le noyau de la mission néo-calédonienne, aujourd'hui si florissante. Parmi eux, se trouvait le père Viard, qui précédemment avait été en mission aux îles Wallis dont il connaissait l'idiome ; cette connaissance fut utile à l'entreprise, en ce sens que quelques tribus parlaient une langue ayant certains rapports avec celle qui se parle aux Wallis.

Le commandant du *Bucéphale*, profitant de sa présence en Nouvelle-Calédonie, fit des études hydrographiques sérieuses, et avant de quitter l'île, il planta le drapeau français au milieu du petit village de la mission, prenant ainsi possession au nom de la France.

Comme toujours, l'Angleterre considéra cet acte avec défiance, elle se plaignit et le pavillon dut être abaissé ; on envoya pour cela la frégate la *Seine*, sous les ordres du commandant Le Comte ; cette expédition échoua, et la frégate se perdit le 3 juillet 1846 dans le havre de Poëbo.

L'équipage fut recueilli par les missionnaires qui malgré les dangers de la situation avaient réussi à se maintenir ; et lorsque le commandant de la *Seine* quitta la Nouvelle-Calédonie, pour revenir en France avec ses officiers et ses hommes, le chef de la mission le suivit pour aller demander aide et protection à sa congrégation.

Pendant l'absence de son chef, la mission fut pillée, le sang coula et c'est après bien des périls et des ennuis, que les derniers survivants purent trouver asile sur la corvette la *Brillante*, commandée par le capitaine du Bouzet.

Sans se décourager, les missionnaires revinrent plus nombreux, pour s'établir cette fois dans l'île des Pins ; pour arriver plus facilement à vaincre les difficultés futures, ils instruisirent d'une façon toute spéciale quelques indigènes qu'ils reconnurent plus intelligents que les autres ; plus tard, ces néophytes leur furent d'un grand secours lorsqu'ils revinrent à Poëbo. Depuis cette époque et grâce à ce moyen, l'œuvre des missionnaires ne fit que prospérer.

En 1851, le commandant d'Harcourt vint mouiller à Balade avec la frégate l'*Alcmène*, il avait mission d'achever la carte hydrographique de cette région. Les travaux étaient faits à bord d'une chaloupe commandée par deux aspirants, MM. Devarenne et de Saint-Phalle; un jour qu'ils étaient éloignés de 40 kilomètres du vaisseau, ils furent assaillis par les indigènes qui massacrèrent les deux officiers et trois matelots; douze hommes seulement purent rejoindre l'*Alcmène*.

Le commandant résolut de venger la mort de ces malheureux tombés victimes de leur devoir ; en conséquence, il envoya une centaine d'hommes sur le lieu du massacre ; la lutte fut vive, un grand nombre d'indigènes furent tués ; leurs cases, leurs plantations, leurs pirogues furent détruites.

Le gouvernement français cherchait une contrée salubre pour créer une colonie pénitentiaire où les condamnés pourraient être établis sur les terres qu'ils mettraient en culture ; sans s'occuper de ce que pourrait dire l'Angleterre, la prise de possession définitive de la Nouvelle-Calédonie fut décidée.

C'est l'amiral Febvrier-Despointes, commandant en chef de la division navale du Pacifique, qui fut chargé de mettre le projet à exécution ; se conformant aux instructions reçues, l'amiral se rendit au port de Balade et le 24 septembre 1853, en présence des officiers de la corvette à vapeur le *Phoque*, il prit possession de la Nouvelle-Calédonie et de ses dépendances au nom de la France. Puis remettant à la voile, il se rendit à l'île des Pins où un mois environ avant lui, un navire anglais était venu pour essayer de planter le drapeau britannique, les naturels avaient fait opposition au débarquement et lorsque l'amiral français parut dans les eaux de l'île il fut bien accueilli, grâce à l'intervention des missionnaires maristes.

De retour à Balade, le commandant français s'occupa de faire construire un fort et des magasins employant à ce travail les matelots du *Phoque* ainsi que ceux du *Catinat* et du *Prony*, qui étaient venus le rejoindre.

Ne pouvant demeurer continuellement à la tête de ce poste en formation, l'amiral Febvrier s'embarqua sur le *Catinat*, laissant le *Prony* qui fut rejoint quelques jours après par la *Constantine*, corvette venue des mers de la Chine.

Le commandement de la colonie fut confié au capitaine Tardy de Montravel, cet officier, prenant sa tâche à cœur, s'occupa activement des intérêts qui lui étaient confiés ; il réussit à faire reconnaître la souveraineté de la France par les chefs des tribus importantes.

Pendant ses tournées d'exploration, il choisit la baie de Nouméa, pour y fonder Port-de-France village qui devint le chef-lieu de la colonie sous le nom de Nouméa.

Lorsque la guerre fut déclarée à la Russie, le commandant Montravel dût quitter la Nouvelle-

Calédonie pour se rendre dans les mers de la Chine avec sa corvette, la *Constantine* ; un nouveau gouverneur fut nommé : le capitaine de vaisseau du Bouzet, qui vint avec l'*Aventure*; il arriva à Nouméa en 1855, où il s'occupa sans retard de la construction des magasins nécessaires à l'installation de la petite garnison qu'il avait sous ses ordres.

Il fit ensuite une excursion à Balade et à Pouébo, mais au retour, sa frégate se perdit sur les récifs de l'île des Pins (28 avril 1855); recueillis par les missionnaires établis dans cette île, les naufragés ne manquèrent de rien et purent gagner Nouméa sans avoir souffert de leur accident.

Le capitaine du Bouzet dut se rendre à Tahiti, cette île dépendant de son commandement ; en partant, il laissa la direction de la colonie au commandant Testard, de l'infanterie de marine.

C'est de cette époque que datent les premières concessions faites soit à des colons, soit aux missionnaires; plusieurs Européens s'établirent aux environs du chef-lieu et les maristes obtinrent la propriété de plus de 5.000 hectares de terrain situés dans la baie de Boulari, à charge par eux d'y établir un village.

En 1856, le capitaine de frégate Lebris vint à Port-de-France avec la corvette la *Bayonnaise*; prenant avec lui le gouverneur de l'île, il fit le tour de la colonie dont il reconnut la plus grande partie des récifs qui lui font comme une ceinture.

Les ressources de la Nouvellle-Calédonie commençaient à être connues et appréciées ; de nombreux colons se présentèrent; un essai fait au-dessus du Mont-d'Or paraissait devoir réussir, lorsque les colons furent attaqués par les indigènes et obligés de chercher un refuge à Port-de-France.

Jusqu'à cette époque, les naturels avaient montré une assez grande bienveillance; puis tout à coup les hostilités commencèrent et plusieurs massacres furent commis aussi bien sur les indigènes chrétiens que sur les Européens.

Dans le pays, on se souvient encore d'un drame épouvantable qui a eu pour théâtre la station créée par M. Bérard, sous-commissaire de la marine, qui, séduit par les avantages que paraissaient offrir les plaines qu'arrose la rivière de Boulari, avait donné sa démission pour se faire colon.

Il vivait là, avec sa fille et une dizaine de travailleurs européens. Un jour qu'ils étaient au travail, les colons furent attaqués à l'improviste par les guerriers de la tribu voisine; trois ou quatre européens furent tués sur-le-champ, les autres purent se réfugier dans une habitation, où après s'être fortifiés tant bien que mal ils se préparèrent à soutenir l'attaque et à vendre chèrement leur vie. Ayant à leur disposition quelques bouteilles en verre, ils les brisèrent pour répandre les morceaux sur le sol, espérant ainsi retarder la marche des assaillants qui se blesseraient en marchant sur ses fragments tranchants.

La lutte fut vive, acharnée, mais quelle résistance opposer à un pareil nombre d'adversaires? tous les colons furent tués et la station mise au pillage. Trois personnes seulement échappèrent au massacre, c'étaient Mlle Bérard qui, le matin, était partie pour Port-de-France, et deux hommes dont un accompagnait la jeune fille de son maître; l'autre, au lieu de suivre ses compagnons dans la case où ils s'étaient retranchés, avait préféré se glisser dans un buisson épais, d'où, inaperçu, il avait assisté frémissant au massacre de ses camarades, massacre qu'il était impuissant à empêcher

Le chef de la tribu fut pris quelques mois plus tard et exécuté; sa tête fut envoyée à Brest dans un vase plein d'alcool.

Ces différents massacres commencèrent les hostilités ; des excursions en armes durent être organisées, et en maintes circonstances on réussit à mettre en fuite les tribus hostiles.

En même temps que les tribus voisines de Port-de-France s'insurgeaient, celles de la côte devenaient hostiles ; les postes établis dans cette partie de l'île se trouvèrent menacés, il fallait faire acte d'énergie. Après une expédition bien conduite, Buarate, le chef du mouvement fut pris et emmené à Tahiti où il fut interné pendant plusieurs années ; il ne revint en Nouvelle-Calédonie que lorsqu'il se fut franchement soumis et qu'il fut possible de croire à ses protestations de dévouement.

Le commandent du Bouzet, avant de rentrer définitivement en France revint passer quelques mois à la Nouvelle-Calédonie dont il était toujours le gouverneur en titre.

Lorsque vint pour lui le moment du départ, il fit ses adieux à la garnison du chef-lieu et aux colons du district de Nouméa réunis pour cette circonstance.

Il termina son discours par les paroles suivantes, qui montrent les progrès faits en peu de temps par tous ceux qui là-bas représentaient la patrie :

« Aujourd'hui, les indigènes comprennent qu'ils ont intérêt à vivre en paix avec nous qui sommes venus pour leur porter non la guerre, mais les bienfaits de notre civilisation et de notre religion.

» Les crimes commis ont été châtiés ; les meurtriers qui nous ont échappé tremblent dans leurs retraites que jadis ils croyaient inaccessibles, la sécurité règne partout où nous avons établi des relations avec les indigènes.

» Grâce à votre travail les tentes et les cases primitives ont été remplacées par des constructions solides ; vous avez élevé des magasins, construit des ateliers, des blockhaus ; le pays commence à être percé de routes qui se dirigent dans tous les sens ; vous avez creusé des puits, construit des quais et des débarcadères, tracé des rues et préparé l'édification d'une ville nouvelle et régulière, grâce à vous, la France aura dans ces mers lointaines, une colonie prospère et riche »

Le successeur du commandant du Bouzet fut le capitaine de vaisseau Saisset qui arriva à Port-de-France, le 26 mai 1859

Ses prédécesseurs avaient suivi les côtes à bord du stationnaire de la colonie, changeant de système, il décida de visiter l'intérieur en se faisant accompagner par une colonne composée de soldats d'infanterie de marine et de troupes de débarquement.

Il visita ainsi tous les points importants de la colonie, passant à Boulari, où il fit faire des fouilles qui amenèrent la découverte d'un faible gisement de houille, pour ensuite aller au villages d'Ounia et de Yaté, où il arriva sans être attendu.

Le stationnaire le *Styx* avait fait le tour de l'île, le commandant s'y embarqua et se fit conduire à Kanala, district que commandait autrefois le chef Buarate déporté à Tahiti. La prise de leur chef principal n'avait pas calmé l'ardeur belliqueuse des Canaques qui vivaient toujours sur un pied d'hostilité, obéissant pour le moment à quelques chenapans de race européenne venus là on ne sait comment.

Le commandant Saisset marcha contre eux et en moins de dix jours il parvint à les anéantir, s'emparant de trois des meneurs blancs qui furent passés par les armes, comme ayant été pris en rébellion, les armes à la main. L'œuvre de pacification terminée, la colonne reprit son mouvement d'exploration, quittant Kanala pour se rendre sur la côte Ouest où le stationnaire les ayant précédés, ils purent s'embarquer à **Ouaraï** pour revenir à Port-de-France.

Cette expédition fit beaucoup pour la pacification du pays et comme preuve de son effet, il est bon de citer ce berger basque qui, quelques semaines plus tard, fit avec son troupeau le trajet de Kanala à Ouaraï pour revenir ensuite jusqu'à Nouméa ; les indigènes ne cherchèrent pas à lui nuire, bien au contraire, ils l'accompagnèrent bien souvent pour lui servir de guides.

C'est pendant cette année de 1859 que le poste de Balade fut abandonné et que le village de Napoléonville fut créé au fond de la baie de Kanala ; un service postal fait par des indigènes fut établi entre Nouméa et le nouvel établissement qui prospéra rapidement.

Le 14 janvier 1860, la Nouvelle-Calédonie fut déclarée colonie et séparée du gouvernement des Etablissements français de l'Océanie, dont elle dépendait depuis la prise de possession ; le premier gouverneur en titre qu'elle reçut fut le capitaine de vaisseau Guillain.

A partir de cette époque l'influence française ne fit que s'accroître, malgré les nombreuses tentatives de soulèvement des indigènes, tentatives qui furent constamment réprimées. En 1864, les îles Loyalty furent occupées militairement et après quelques escarmouches, les indigènes de ce groupe firent leur soumission, ce qui permit au commandant spécial que le gouverneur avait délégué sur ce point des possessions françaises de s'occuper de divers travaux, tels que constructions de casernes, magasins, habitations pour les officiers ; puis des routes furent tracées et mises en exploitation.

Le gouvernement français fit le nécessaire pour attirer des colons, en concédant aux familles qui voulaient émigrer ces terres, des vivres, des outils ; ces émigrants ont fait souche dans le pays et aujourd'hui, grâce à son climat et à sa situation exceptionnelle, la Nouvelle-Calédonie est une des meilleures colonies de la France.

XIV

La Nouvelle-Calédonie fait partie du groupe océanien connu sous le nom de Mélanésie ; l'une des terres les plus importantes de l'Océan Pacifique, elle est située sous les tropiques s'étendant du Sud-Ouest au Nord-Ouest entre les 20° 10' et 22° 26' de latitude Sud et entre

NOUVELLE CALÉDONIE

ET

ILES LOYALTY

FONDERIE GÉNÉRALE à Paris.

(Planche 11)

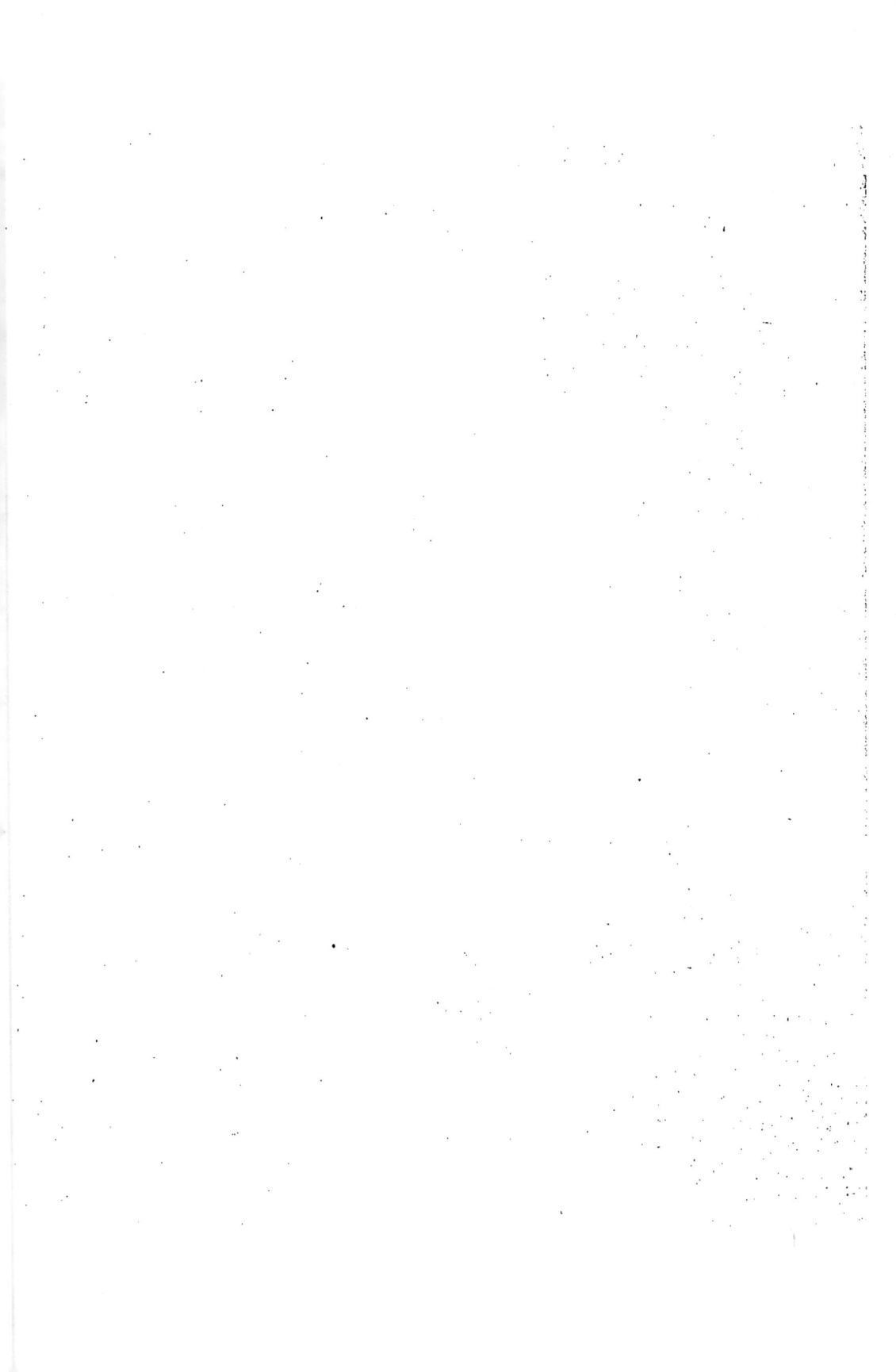

les 161° 35' et 164° 25 de longitude Est; elle élève au-dessus des eaux de l'Océan une longue bande de terre de soixante-seize lieues de longueur sur une largeur d'environ treize lieues. Cette faible largeur permet aux brises de la mer de circuler librement et de répandre partout la fraîcheur.

Comme les autres îles dont il a été question dans les chapitres précédents la Nouvelle-Calédonie est entourée par une ceinture de récifs madréporiques qui laissent entre eux et la terre un canal assez large pour que la navigation y soit possible. Loin de lui nuire, cette ligne de récifs lui forme comme une immense jetée naturelle qui la préserve des lames et des gros temps du large.

Cette digue de corail n'est pas continue; çà et là elle est coupée de passes ou canaux plus ou moins droits, correspondant généralement avec l'embouchure d'une rivière; c'est par là eue les navires pénètrent dans cette sorte de mer circulaire, véritable lac tranquille qui règne autour de l'île.

Vue de la mer, la Nouvelle-Calédonie se présente aux regards sous l'aspect d'un entassement de montagnes, s'élevant parfois jusqu'à 1600 mètres; c'est un soulèvement volcanique formant une succession de chaînes de montagnes, de chaînons et de pics parfois isolés. La chaîne principale se dirige obliquement comme l'île elle-même du sud-est au nord-ouest, mais en se tenant toutefois beaucoup plus vers la côte Est que vers celle de l'Ouest. Dans la région du nord, cette chaîne se divise en deux chaînons dont l'un va vers le Nord-Est, tandis que l'autre vient finir à l'extrémité Nord-Ouest.

Dans le sud, il y a également un certain nombre de ramifications secondaires qui partent de la chaîne principale pour venir se terminer près des côtes.

L'aspect de ces montagnes est variable suivant que les roches qui les composent appartiennent à telle ou telle formation géologique.

Les roches dites serpentineuses éruptives sont recouvertes d'une maigre couche d'argile rouge peu propre à la végétation; les arbustes qui croissent dans ces terrains bouleversés sont chétifs, les feuilles qu'ils portent peu nombreuses et constamment étiolées; les sites sont désolés, à demi-morts.

Si nous entrons dans les parties de l'île formées de collines peu élevées, aux pentes douces, aux croupes arrondies, nous serons aux *lignes de faîte*. Ici, sous l'épaisse couche d'humus qui forme le sol, nous trouverons des roches schisteuses, des massifs calcaires.

Au lieu de la désolation constatée précédemment, nous verrons les herbages immenses, des vallées bien arrosées par de nombreux ruisseaux sur les rives desquels se dressent des arbres élevés et d'essences diverses.

Le pic le plus élevé est le piton de Panie, qui atteint une hauteur de 1642 mètres; puis viennent le mont Humboldt, 1610 mètres; le pic Saint-Vincent, 1545 mètres; le pic Table, 1245 mètres; le pic Homédié-Boua, 1205 mètres; le pic Kaona, 1177 mètres; le pic de Pouëbo, 900 mètres; le Mont-d'Or, qui forme sur la côte ouest une limite digne de remarque. Au nord commencent les plaines et les vallées fertiles, tandis que la base du versant sud est le commencement d'une région tourmentée, abrupte et stérile en maints endroits; les chaînons d'origine éruptive qui partent ce de ce point viennent jusqu'à la mer où ils se terminent à pic sans qu'il y ait place pour la plus petite bande de terre fertile et cultivable.

Il y a encore une quantité de pics secondaires qu'il serait trop long d'énumérer ici.

Des rivières et des cascades nombreuses arrosent le pays; tous ces cours d'eaux coulent perpendiculairement à la chaîne centrale excepté toutefois le Diahot, le plus important, qui se rend à la mer par une belle vallée, entre deux rangées de hautes montagnes, coulant parallèlement à l'axe de l'île.

Ce fleuve, qui est le seul cours d'eau digne de ce nom, prend sa source dans la montagne de Toâ, à peu de distance de Hyenguène; dans son cours supérieur, il coule parmi les rochers, bondissant en cascades magnifiques; puis il s'étale au milieu d'une délicieuse vallée qui va toujours en s'élargissant, vallée bien protégée des vents et arrosée encore par un grand nombre de petits ruisseaux, affluents du grand fleuve.

Son parcours peut être évalué à près de 100 kilomètres, dont 50 au moins sont navigables; à son embouchure il n'a pas moins de 1,100 mètres de largeur. Parmi les autres cours d'eau, quelques-uns méritent d'être cités; ce sont : la rivière de Houehiahomé qui traverse une vallée riche en gisements aurifères; la rivière de Pouëbo, celle de Tipindié, de Tiané, de Kanala, de Yaté, de Boulari, de Dumbéa, etc.

Les havres, les ports et les rades sont nombreux sur toutes les côtes, beaucoup sont de bons mouillages, quelques-uns n'offrent aucune sécurité aux navires. Lorsque nous passerons en revue les centres de population, nous aurons l'occasion de citer les principaux ports de la Colonie.

Avant d'aller plus loin, je tiens à donner quelques renseignements sur les eaux thermales de la baie du Sud qui sont situées sur la rive gauche, près de l'embouchure de la rivière Nécoutcho. Ces eaux, dont la température est de 33° centigrades, contiennent une forte proportion de bi-carbonate de magnésie qui, au contact de l'air, laisse déposer du carbonate de magnésie, perdant ainsi une grande partie de son acide carbonique. En s'écoulant, ces eaux font un dépôt des sels qu'elles contiennent, couvrant de carbonate de magnésie la petite colline sur le flanc de laquelle elles jaillissent et serpentent avant de se réunir à la rivière.

Malgré qu'elle soit située sous les tropiques, la salubrité du climat de la Nouvelle-Calénonie est indiscutable; les chaleurs n'y sont jamais excessives, et la température varie entre 25 et 35° dans la saison chaude, c'est-à-dire de novembre en mars, et de 15 à 25° dans la saison fraîche, d'avril en octobre. La brise de mer tempère les ardeurs de l'été et la pluie est assez fréquente pendant toute l'année. Les ouragans, eux aussi sont fréquents; mais il est bon d'ajouter qu'ils sont moins violents et causent moins de dégâts matériels que ceux qui règnent aux Antilles. Ils sont toujours annoncés par un temps incertain; l'horizon se couvre de vapeurs noires qu'illuminent parfois des éclairs éblouissants qui se tordent dans le ciel sombre comme des serpents de feu; l'atmosphère est lourde et étouffante et la voix puissante du tonnerre vient donner sa note lugubre à ce sombre drame de la nature,

LES COLONIES FRANÇAISES

Puis, la pluie tombe en nappes immenses, avec un bruit assez semblable à celui que produit la chute d'une cascade tombant d'une hauteur prodigieuse, sur un lit de rochers. Quelquefois, ces ouragans prennent le caractère d'un cyclone ; il faut assujetir les toitures à l'aide de câbles ou de chaînes fortement attachés au sol, sous peine de voir la tourmente emporter les maisons.

XV

Les Néo-Calédoniens, que nous nommons Canaques, sont fortement constitués ; plus noirs que les Polynésiens, ils le sont cependant moins que les nègres ; leur peau tire un peu sur la nuance chocolat. L'ensemble de leurs traits est peu agréable ; ils ont les pommettes saillantes, le nez épaté, les yeux noirs, au regard dur et farouche ; leur barbe est peu fournie, aussi n'aiment-ils pas à la laisser pousser.

Les femmes, qu'on appelle *popinées*, sont généralement laides ; leur chevelure est courte et crépue, souvent elles la blanchissent en la mouillant fréquemment avec un lait de chaux préparé spécialement pour cet usage. Les plus rudes travaux sont leur partage, aussi, par suite des fatigues et des privations qu'elles endurent, sont-elles flétries de bonne heure.

La race canaque est une race belliqueuse, aussi les Néo-Calédoniens sont-ils fiers, irritables et violents ; il reconnaissent la supériorité du blanc, mais ils sont longs à se plier sous son autorité : les nombreuses révoltes et les fréquents massacres qui ont ensanglanté la colonie en sont la preuve.

Pouvons-nous utiliser les Canaques comme travailleurs ? Cette question a été posée aussitôt après la prise de possession ; au lieu d'être résolue, elle a été commentée, discutée ; les uns, et ils étaient nombreux, ont prétendu que les Néo-Calédoniens ne pouvaient être pris au sérieux comme travailleurs, d'autres, et ceux-là étaient les chercheurs, les gens sensés et raisonnants, ont soutenu au contraire que les Canaques peuvent produire autant et même plus que le nègre parce qu'ils appartiennent à une race qui paraît supérieure.

Si la race Néo-Calédonienne a des défauts, elle a des qualités qui lui permettent de suivre dans la voie du progrès ceux qui veulent se charger de l'instruire et de la guider.

Aujourd'hui, ces sauvages si méprisés au début de l'occupation, sont employés comme pêcheurs, marins, courriers, laboureurs, bucherons, etc., ce sont eux qui entretiennent en partie le marché de Nouméa de volailles, de porcs, de légumes divers.

Un colon, lorsqu'il a besoin de vingt travailleurs indigènes, en engage vingt-cinq ; il est d'usage d'agir ainsi, parce que ceux qui sont pris en supplément deviennent les pourvoyeurs de la petite troupe, ils vont à la pêche et sont chargés de cultiver un coin de champ qui produira des patates, des ignames et des bananes.

Le costume des indigènes se compose d'un simple morceau d'étoffe, le *manou*, qu'ils portent attachés autour des reins ; c'est plutôt un ornement qu'un vêtement, quelquefois, ils vont complètement nus, à moins qu'ils ne prennent une branche garnie de feuilles pour tenir lieu de la classique feuille de vigne.

Depuis qu'ils sont en contact avec les Européens, les Canaques ont adopté une partie de nos vêtements ; on en rencontre, qui vêtus d'un pantalon, vont le reste du corps nu ; d'autres se contentent de porter un gilet ou une vieille redingote, sans pantalon ; quelquefois, leur coquetterie est satisfaite par la possession d'un simple chapeau haut de forme qu'ils portent crânement, sans s'inquiéter de l'état de nudité dans lequel se trouve le reste de leur corps. Il leur arrive souvent d'ajouter à ce costume plus que sommaire une paire de jarretières et des bretelles dont les attaches sont fixées à une corde passée autour du corps comme le serait une ceinture. Leurs bras et leurs jambes sont surchargés de bracelets faits de coquillages ou de verroterie ; au cou, ils portent des colliers. Les élégants se percent les oreilles pour y suspendre des breloques fort lourdes qui de loin, par leur balancement continuel, ressemblent assez au battant d'une sonnette.

A Nouméa, les femmes sont vêtues d'un peignoir aux couleurs vives et aux dessins bizarres et variés, taillé sur le modèle de ceux portés par les gentilles tahitiennes ; celles qui habitent au sein de leurs tribus, portent autour des reins une ceinture frangée de vingt centimètres de long ; c'est le tapa, qui est fait avec la fibre du bananier puis teint grossièrement au moyen de sucs d'herbes. Dans leur chevelure courte et crêpue, elles passent un peigne taillé dans une tige de bambou. Comme les hommes, elles aiment à fumer, aussi leur pipe et leur sac à tabac ne quittent-ils jamais leur ceinture ; quelqu'unes lorsqu'elles ne fument pas, mettent leur pipe dans un trou percé à cette intention dans le lobe de l'oreille gauche.

L'alimentation des indigènes est peu variée ; il se nourrissent principalement de produits végétaux, tels que patates, ignames, taros, bananes, papayes, cocos, canne à sucre, etc ; les tribus qui habitent le bord de la mer ajoutent à cela des poissons et des coquillages, et depuis que les Européens ont acclimaté les animaux domestiques, on voit dans les villages des volailles et des porcs.

Durant le jour, les Calédoniens ne font qu'un repas sérieux composé presque toujours de quelques ignames, d'une banane, de l'amande d'un coco et de quelques tiges de canne à sucre, le tout arrosé d'un peu de *gin* ou de *brandy*, liquides malheureusement trop communs dans la colonie. Le soir, lorsque les pêcheurs reviennent avec la provision de poissons, le partage se fait entre tous. Chaque famille fait cuire la part qui lui revient et le repas se prend en commun ; puis on cause auprès du feu, jusqu'à une heure avancée de la nuit.

Les Canaques sont imaginatifs, ils ont le culte et le don de la parole ; leurs discours sont clairs et compréhensibles et le plus éloquent est souvent le plus influent parmi eux. Si le chef est jeune et ami du plaisir, on se réunit dans la grande case pour danser et se divertir au son d'une musique primitive.

Quelques auteurs ont avancé que les Calédoniens étaient géophages et qu'ils mangeaient beaucoup de terre, en étant très friand. Il est bon de rétablir les choses comme elles doivent l'être ; la vérité est que près de Balade, il y a une nature de terrain de couleur verdâtre à base de silicate de magnésie que les habitants prennent comme remède dans certain cas de maladie.

Cette terre, qu'ils nomment *pagoute*, est fade ; sous la dent, elle se transforme en une poussière fine et douce qui n'a rien de désagréable.

Je l'ai déjà dit, ce sont les femmes qui sont chargées des travaux pénibles ; elles vont aux champs ; dans les voyages, elles portent les fardeaux et les provisions pendant que les hommes marchent en avant avec leurs armes pour tout fardeau. Ce sont elles qui vont sur la plage à la recherche des coquillages et des mollusques qui entrent pour une grande part dans l'alimentation de la famille ; elles ne peuvent pas approcher des hommes, sinon en rampant. Ne demandez jamais à un Canaque des nouvelles de sa mère, de sa femme et de sa sœur ; des questions de ce genre sont impolies et ont pour effet d'offenser ceux auxquels elles sont adressées. Une femme qui revient seule des champs ou de la pêche doit fuir loin du sentier si elle voit venir un homme, serait-il de sa famille. Malgré cela, les popinées ne sont pas maltraitées par le mari.

Les habitations des Néo-Calédoniens sont des cases dont la construction rappelle un peu celle de nos ruches d'abeilles ; de forme conique, elles sont faites de piquets en bois venant se relier au sommet d'un poteau central ; la toiture est formée de branches entrelacées qui soutiennent une couverture de paille ; tout en haut est ménagée une petite ouverture qui sert d'échappement pour la fumée ; le feu se fait au milieu de la hutte sur un foyer en pierres grossièrement établi. Une seule ouverture basse et d'un accès difficile sert d'entrée à ces cases qui intérieurement sont doublées avec l'écorce lisse et imperméable du niaoulis.

Il est rare que la femme habite la même case que son mari ; lorsque arrive l'heure de dormir, les hommes se réunissent par groupes pour se reposer sous le même toit ; de leur côté, les femmes en font autant. Les époux se rencontrent seulement dans la brousse où ils se donnent rendez-vous, loin du village, sous le seul regard du dieu de leurs amours.

Les villages canaques sont presque toujours établis sur les bords d'un cours d'eau, au milieu de bosquets de cocotiers et de bananiers ; aucune clôture ni enceinte n'en défend les abords. Au centre du village, s'élève une case plus grande que les autres, c'est celle du chef ; elle sert pour les fêtes, c'est en quelque sorte la maison commune ; son sommet qui dépasse de beaucoup celui des autres cases, se termine par un buste hideux peint en rouge, en blanc et en noir ; les chefs possèdent une case semblable dans tous les villages qui reconnaissent leur autorité.

A l'intérieur de leurs habitations, les Canaques installent les ustensiles divers qui constituent leur fortune mobilière ; ce sont des poteries en terre, des marmites, des calebasses, des bouteilles, quelques caisses ou encore une vieille malle qui contient quelques oripeaux. Les armes sont suspendues à une cheville en bois placée à hauteur de la main ; ils ont conservé le casse-tête en bois qu'ils manœuvrent avec une grande habileté, la sagaïe, la fronde, les javelines ; leurs haches primitives sont remplacées par des petites hachettes ou tomahawk en acier, arme terrible qui, dans leurs mains, ne manque jamais le but, aussi est-elle pour eux l'objet de soins constants ; de peur que la rouille ne vienne en abîmer le tranchant, ils l'entourent avec des vieux chiffons.

Tous ont des outils de charpentier qui leur servent à travailler le bois et à creuser leurs pirogues.

Chose curieuse et digne de remarque, malgré leur communauté d'origine, les habitants de la Nouvelle-Calédonie, n'ont pas une langue unique ; chaque tribu a son idiome particulier, et bien souvent, deux tribus voisines se comprennent difficilement ; depuis l'occupation française, les canaques se sont fait une langue mélangée de français, d'anglais et de canaque que tous comprennent facilement.

Amis des jeux et de la danse, tout est pour eux une occasion de réjouissances ; leurs fêtes ont toujours un caractère guerrier ce qui s'explique par leurs mœurs belliqueuses. La mort d'un chef, la naissance du fils d'un chef important, donnent prétexte à des réunions spéciales nommées *piloupilou*. Ils s'avancent en longue file, nus, tatoués et peints, brandissant en cadence leurs armes redoutables ; arrivés sur la place du village, ils se maintiennent en ligne, attendant le signal qui va être donné par les musiciens qui viennent de s'asseoir à une faible distance du groupe des guerriers. Aux premières notes lancées par les artistes du village, la troupe se remet en mouvement; tous trépignent en cadence en se livrant aux contorsions les plus grotesques et en faisant des grimaces effrayantes.

Un des guerriers apparaît ensuite, il sort du buisson voisin pour se mêler à la danse, revêtu du masque calédonien, gigantesque tête en bois ornée de cheveux humains qui lui font une perruque énorme ; son corps est orné d'un filet garni de plumes d'oiseaux teintes de couleurs variées.

La rentrée des récoltes, l'accomplissement d'un marché et d'autres circonstances heureuses de la vie sont autant d'occasions de fêtes et de réjouissances.

N'ayant pas de caractères d'écriture pour consigner sur les livres leurs légendes et leurs annales, ils gravent sur des bambous, au moyen de desseins plus ou moins grossiers les faits qui les intéressent le plus

Les missionnaires catholiques ont fait de nombreux prosélytes parmi les Canaques ; mais il y a encore plusieurs tribus qui ont conservé leur antique religion. Ils croient à une vie future, aussi honorent-ils leurs morts auxquels ils font des funérailles magnifiques ; ils doivent se rendre au-dessous de la terre, dans un pays ou la pêche et la chasse seront abondantes, où ils vivront heureux au milieu de femmes toujours jeunes, belles et caressantes.

Dans le Paradis canaque, les vieillards deviennent jeunes, les enfants deviennent des hommes ; les danses sont continuelles et sans fatigues, les légendes racontées sont toujours nouvelles. Parfois, disent-ils, les esprits des morts reviennent la nuit sur la terre pour tourmenter les ennemis qu'ils ont eus pendant leur vie ; aussi ne sortent-ils jamais lorsque la nuit est noire ; comme tous les peuples enfants, ils croient aux sortilèges et aux êtres surnaturels.

Ils ont des génies qui s'occupent de la pêche, de la guerre, de la vie humaine ; généralement ils sont mauvais et leurs maléfices ne peuvent être évités qu'avec des présents et des sacrifices qui sont offerts avant de commencer une pêche, une guerre ou une fête.

Le lieu choisi pour les sacrifices est toujours le sommet d'une montagne ; et c'est dans la partie la plus sauvage et la plus abrupte que les vivres et les présents sont déposés.

Les prêtres encouragent ces croyances ; intermédiaires naturels entre les mortels et les dieux, ils bénéficient de la frayeur inspirée par les esprits qu'eux seuls peuvent voir et conjurer pour obtenir du beau temps, une récolte abondante, une bonne pêche. Les présents qu'ils reçoivent sont nombreux, et si la conjuration produit l'effet contraire, le sorcier n'est pas embarrassé : « vous demandez du beau temps, leur dit-il, les génies ont envoyé de la pluie parce que nos ennemis avaient besoin de ce temps-là, aussi, pour l'obtenir, ont-ils offert des présents plus beaux que les vôtres, tout est à recommencer », et des offrandes nouvelles viennent s'ajouter à celles reçues précédemment.

Certains poissons ne doivent pas être pêchés parce que ce sont des génies malfaisants qui se vengeraient si on les mangeait, aussi les rejettent–ils à la mer s'ils en prennent dans leurs filets, il est probable que les poissons ainsi frappés d'interdiction appartiennent à la variété des poissons vénéneux dont j'ai parlé dans mon article sur les îles Tuamotous.

Une banane double mangée par une femme enceinte lui fera mettre au monde deux enfants jumeaux.

La circoncision est pratiquée, ils observent le Tabou.

Je ne puis nommer cette coutume bizarre sans m'y arrêter un instant. Le *Tabou*, commun aux peuples de race polynésienne et qui s'est trouvé également en vigueur chez nos Canaques de la Nouvelle-Calédonie, a pour effet immédiat d'interdire toute relation, tout commerce, tout usage avec la personne ou la chose tabouée, quiconque porterait une main sacrilège sur ce qui vient d'être déclaré tabou, serait puni de mort.

Le tabou est une arme terrible entre les mains des chefs et des prêtres qui en usent plus ou moins fréquemment selon qu'ils ont intérêt à le faire. Lorsque le tabou est prononcé contre un membre de la tribu, il est pour ainsi dire mis en quarantaine, nul ne l'approche, certains aliments lui sont interdits. Une rivière peut être tabou, si le chef s'apercevait que le poisson est susceptible de disparaître ; l'interdiction dure jusqu'au jour où il est reconnu que le repeuplement s'est fait dans des conditions satisfaisantes ; une maison peut être tabou, en un mot, tout peut être frappé d'interdiction et cela au bon plaisir du chef ou du prêtre le plus influent.

XVI

La race canaque se meurt, elle va disparaître, les causes du dépeuplement sont multiples : la dissémination des villages, la condition malheureuse des femmes, l'abus du tabac et celui des spiritueux, la mauvaise alimentation, les maladies telles que la phtisie pulmonaire, etc. La disparition de cette race est à regretter malgré ce qu'en disent certains auteurs qui n'aiment pas le Canaque parce qu'il est antropophage et cruel. N'ayant qu'une nourriture végétale, ce peuple est devenu antropophage lorsqu'il a senti le besoin de fortifier son corps par une nourriture azotée.

L'antropophagie est une maladie des peuples enfants, maladie engendrée par la misère et à laquelle succombent seuls les peuplades les moins favorisées. Remarquez que les Cannibales ne mangent que leurs ennemis et que jamais, dans aucun cas, ils ne tueront un des leurs pour assouvir leur faim.

J'ai dit qu'une grande partie des décès était occasionnée par la phtisie, maladie qui chez les Canaques commence toujours par une bronchite mal soignée, Durant la saison des pluies, un gros rhume s'empare d'eux; lorsque le malaise devient trop grand, ils se ceignent fortement les reins et s'enferment dans leur case où ils font un grand feu dont la fumée ne tarde pas à les suffoquer. Le mal s'aggrave avec une rapidité effrayante : plus d'appétit, toux continuelle ; le corps devient maigre, la peau prend des teintes plus terreuses, elle se ride.

Dans une situation semblable, il faudrait des soins tout spéciaux, soins qui leur font presque toujours défaut.

Le médecin de la tribu, vieux sorcier ignorant, vient voir le malade qu'il fait étendre sur un lit de feuilles sèches ; le mal paraissant résider entièrement dans la poitrine, il fait frictionner le malade avec énergie, ce qui a pour effet de le fatiguer et de le mettre en sueur ; cette torture achevée, le sorcier pratique des saignées abondantes qui ont pour effet d'affaiblir encore plus le patient auquel il fait ensuite avaler une grande quantité d'eau dans laquelle certaines plantes ont été bouillies.

Avec un pareil traitement, la maladie est de courte durée : fatigué par la friction qui est un supplice véritable, épuisé par la saignée, noyé par l'eau absorbée, le malheureux Canaque passe de vie à trépas après quatre ou cinq jours de maladie.

Il arrive encore aujourd'hui que, lorsque un malade est reconnu perdu, on l'achève pour lui épargner les souffrances de l'agonie.

Le tabac et les spiritueux entrent pour une grande part dans la décadence de la race calédonienne ; l'enfant court à peine qu'il commence à fumer un mauvais tabac, mal préparé et mélangé à une foule de produits malsains ; les spiritueux qui leur sont offerts et qu'ils consomment en grande quantité sont des produits falsifiés qui mettent le feu dans le corps du malheureux qui les avale en faisant d'horribles grimaces.

A celà il faut encore ajouter le costume européen que l'indigène est obligé d'endosser s'il vient habiter les centres populeux de la colonie. Vêtus, ces malheureux transpirent beaucoup, ce qu'ils ne font pas, lorsque dans la *brousse* ils vont nus ; cette transpiration s'arrête quelquefois instantanément pas suite des courants d'airs qui sont fréquents et pernicieux en Calédonie.

Les vêtements européens peuvent avoir d'autres inconvénients : vous habillez un indigène, aussi longtemps que son vêtement est portable il le garde ; lorsqu'il tombe en loques, s'il n'a pas un vêtement pareil pour le remplacer, il devra aller nu : ce changement doit nécessairement amener des accidents qui ont toujours une issue fatale pour le malheureux indigène.

LES COLONIES FRANÇAISES

Le chiffre de la population indigène a considérablement décru, elle n'est plus aujourd'hui que de 23.000 individus vivant par groupes de 150 ou 200 personnes, dans un grand nombre de villages. A ce chiffre il faut ajouter 5.000 colons, 3.000 hommes de troupes et environ 12.000 déportés, il y a également quelques asiatiques et une centaine de nègres africains qui se trouvent là on ne sait comment.

Parmi la population coloniale, il y a beaucoup de jeunes métis qui sont élevés dans les écoles françaises, les préjugés de castes n'existant pas dans la colonie, ces jeunes gens font d'excellents mariages et ces unions produisent des résultats satisfaisants : les enfants qu'ils donnent à la colonie sont robustes et intelligents, la race ainsi obtenue étonnera le monde par sa force, sa vitalité et ses moyens d'action.

XVII

Le sol de la Nouvellle-Calédonie est en général très fertile, il convient à toutes les cultures; mais comme toutes les terres vierges, il a besoin d'être travaillé avant la mise en culture. Les Indigènes ont encore aujourd'hui des moyens très primitifs de remuer la terre : ils grattent légèrement le sol avec un pieu durci au feu; un pareil système doit naturellement donner des résultats négatifs. L'arrivée des colons européens a fait progresser l'agriculture et le jour est proche où la Nouvelle-Calédonie sera une véritable colonie de production.

Les mœurs australiennes ont quelque peu déteint en Nouvelle-Calédonie; cela se conçoit étant donné le voisinage des deux pays et les relations continuelles qui existent entre eux.

Le mot *station* est usité pour désigner un établissement agricole; la maison principale est ordinairement une solide construction en bois, à l'abri des coups de vent et des ouragans ; la toiture qui se prolonge tout le tour, forme une vérandah qui maintient la fraîcheur dans les pièces vastes et aérées de l'intérieur. Les employés ont tous un logement spécial, propre et bien aménagé.

Chose digne de remarque, tous les travailleurs blancs, les *buschmen*, aiment la lecture; c'est leur principale distraction, leur unique ressource pour combattre l'ennui. Chaque station possède presque toujours une petite bibliothèque dont les volumes sont lus et relus bien des fois.

Voulez-vous connaître d'une façon sommaire l'emploi de la journée d'un colon calédonien?

A six heures, le matin, le thé est servi avec du biscuit ou une galette de maïs; il y a également sur la table, du café et du lait.

A dix heures, déjeuner plus substantiel composé de biscuit ou de pain, de bœuf salé, de patates, de riz, le tout arrosé de thé ou d'une boisson quelconque.

A deux heures nouveau repas; à six heures souper. Avec un pareil ordinaire, les hommes sont robustes, ils supportent bien la fatigue.

Le prix des terrains varie suivant la situation de la concession donnée : à Nouméa, le voisinage de la ville a donné une plus-value considérable aux terrains urbains qui valent aujourd'hui plus de 200 francs l'are.

Dans l'intérieur, l'Etat cède aux colons les terrains au prix de 24 francs l'hectare, payables en douze annuités : 50 centimes par hectare et par an pendant trois années; puis 1 franc; puis 2.50 ; puis enfin 4 francs. En présence de pareils avantages, on se demande comment nos cultivateurs nécessiteux se laissent entraîner à aller au Chili, à Buenos-Ayres ou au Brésil, où ils sont conduits par la lecture des brochures plus ou moins véridiques répandues par ces gouvernements. Combien y demeurent ? Combien reviennent désabusés et découragés ?

La France, dans ses colonies, offre à ses enfants des conditions tout aussi avantageuses que celles qui peuvent leur être faites par l'étranger et ils ont au moins la satisfaction de vivre encore sous les lois de leur pays.

Un arrêté promulgué le 27 mai 1883, fait mieux encore et, cette fois, il s'adresse aux [plus nécessiteux :

Tout émigrant a droit à une concession gratuite de 4 hectares, de terres cultivables, 20 hectares de pâturages et 10 ares de terrain dans le village voisin. La famille sera conduite à la colonie gratuitement et, à son arrivée, elle sera dirigée sur sa concession où elle recevra des vivres pour six mois, une paire de bœufs, des animaux de basse-cour, les outils et les semences nécessaires. Comme compensation, le gouvernement lui demande de mettre sa concession en bon état de culture et d'y résider au moins six années; ce laps de temps écoulé, le concessionnaire devient propriétaire.

Les mêmes avantages sont faits aux militaires, marins ou agents retraités qui en font la demande. En outre de cela, tout enfant né dans l'intérieur de la colonie reçoit deux hectares de terres à cultures dont le père a la jouissance jusqu'à la majorité du titulaire, époque où celui-ci doit exploiter et habiter sa concession pendant cinq ans. Tout artisan non cultivateur reçoit un lot de vingt ares dans un village.

Les vallées et les côteaux de la Nouvelle-Calédonie renferment des pâturages excellents qui conviennent pour l'élevage et la nourriture du bétail quel qu'il soit ; ici, comme en Australie, le manque de bras a été cause que l'agriculture est demeurée stationnaire et qu'elle a été précédée par l'élevage ; la location des terres à pâturages est de 1.50 par hectare et par an et il faut 3 hectares par tête de bétail.

On n'a pas comme en Europe à se préoccuper des approvisionnements pour l'hiver ; les troupeaux sont, toute l'année, en liberté. Pourtant près de la station, il y a un enclos nommé paddock, c'est là que sont parqués les chevaux de selle que l'on monte ordinairement et les bœufs de travail ; le gros du troupeau erre dans les immenses pâturages composant le reste de la propriété ; c'est le run, nom également importé d'Australie.

Les frais de bergers sont presque nuls ; un bœuf revient à peine à 4.50 l'an; au bout de quatre ans, il est bon à être conduit à la boucherie où il sera toujours payé de 300 à 350 francs.

Une fois par an, on rassemble le troupeau pour en faire le recensement et choisir les bêtes destinées à être vendues; à cet effet, on convoque plusieurs cavaliers émérites. Les animaux sont poussés en avant et le cercle des traqueurs se resserre de plus en plus, jusqu'au moment où le bétail ainsi poursuivi finit par entrer dans une vaste enceinte faite au moyen de gros fils

Planche 12.   Troupeaux dans la *brousse*.

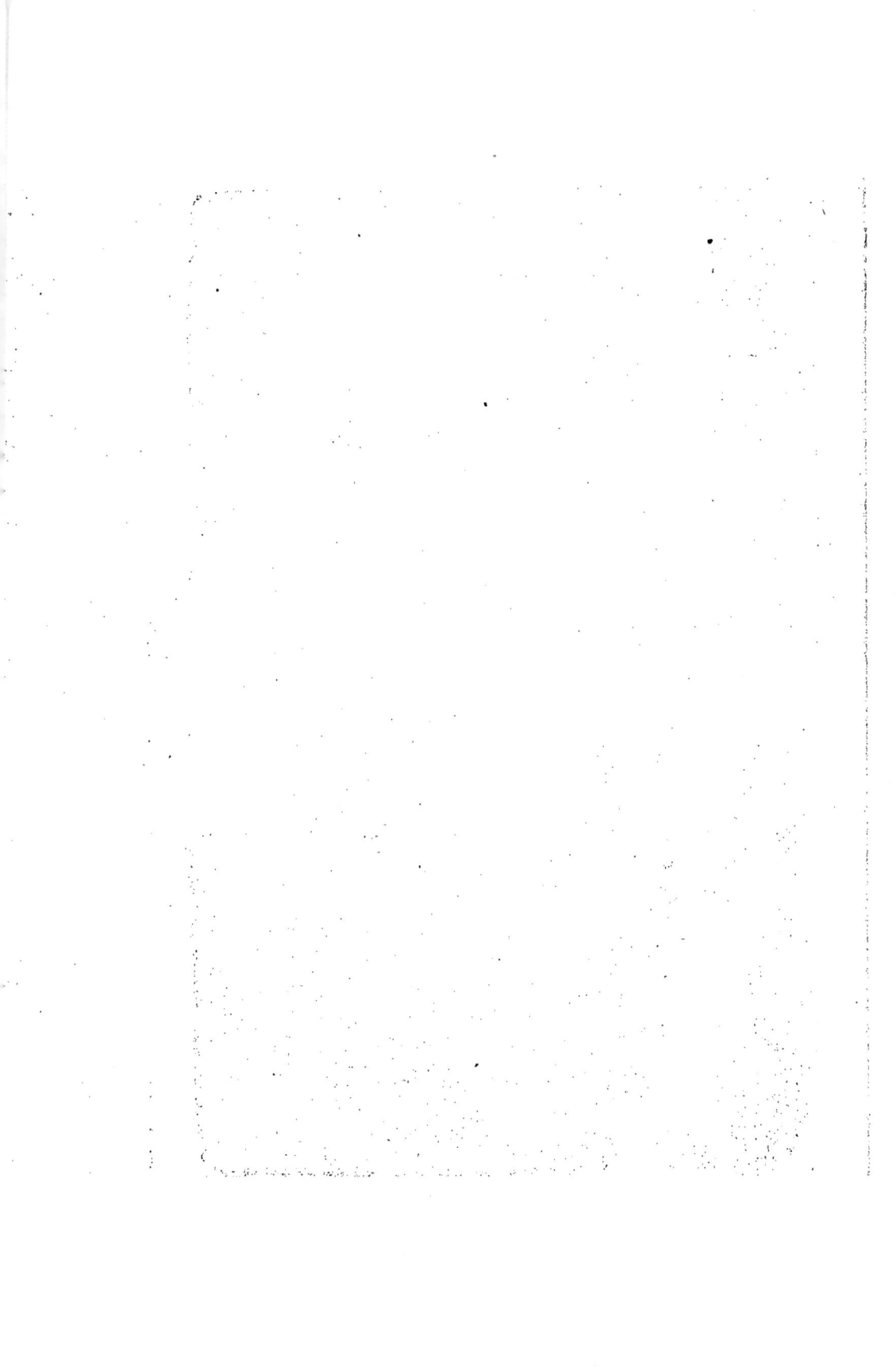

de fer qui ont été préalablement tendus et assujettis aux arbres de la *brousse;* une ouverture de plusieurs mètres de largeur a été ménagée pour donner accès au troupeau et, lorsque tout est entré dans cet enclos, l'issue est fermée; il est alors facile de choisir les animaux que l'on destine à la vente; après les avoir marqués on les fait passer dans une autre enceinte et le reste du troupeau remis dans la brousse paîtra encore en liberté jusqu'au rabattage prochain.

Les premiers bœufs ont été importés d'Australie en 1859, au nombre de 1,000 environ; on en compte aujourd'hui plus de 80,000; d'ailleurs, il est admis qu'un troupeau décuple en huit années.

Les moutons prospèrent également; leur laine est au moins égale comme qualité à celle que l'Australie expédie en Europe. Depuis quelques années, les bergers se sont aperçus que leurs moutons avaient à redouter une mauvaise herbe qui, en s'introduisant dans la toison, devient un obstacle à leur croissance. Le gouvernement colonial s'est inquiété avec juste raison de cet inconvénient fort grave, aussi des travaux ont-ils été entrepris pour débarrasser les pâturages de cette herbe parasite.

Les chevaux sont nombreux, ils viennent d'Australie, et la race ainsi importée fournira au pays des bêtes d'une réelle valeur. Pendant son séjour à Nouméa, comme gouverneur de la colonie, l'amiral Courbet a décrété que les troupes de la Nouvelle-Calédonie, gendarmerie et artillerie, prendraient leurs chevaux parmi ceux élevés chez les colons; cette ordonnance a rendu service au pays en encourageant les éleveurs.

Comme partout en Océanie, la faune est pauvre en Nouvelle-Calédonie; nous n'avons certainement pas à regretter l'absence de reptiles, de fauves et autres animaux malfaisants, mais on aimerait cependant à voir dans un pays plus d'animaux indigènes.

Aujourd'hui, grâce aux Européens, la Nouvelle-Calédonie possède tous nos animaux domestiques, bœufs, chevaux, ânes, moutons, chèvres, porcs, volailles de toutes sortes, etc. Si nous passons en revue le règne animal indigène, nous ne trouvons qu'un seul mammifère, la Roussette, et un certain nombre de variétés d'oiseaux peu nombreux et ne chantant pas. Le Vampire ou Roussette est un animal dont le corps peut avoir vingt-cinq centimètres de longueur; il est caractérisé par les signes suivants : tête grosse terminée par un museau pointu, dents bien tranchantes, oreilles courtes recouvertes de longs poils; les yeux sont noirs, vifs et intelligents, le corps est couvert d'une fourrure de couleur fauve et noire; les ailes, fort curieuses, sont formées de petits os qui se ramifient sous une membrane noire, comme le feraient les doigts d'une main, elles sont terminées par des griffes puissantes qui permettent à l'animal de s'accrocher partout où cela lui plait. Cet animal aime à vivre dans les montagnes, à l'ombre des grands bois, où il se nourrit de graines et de fruits; il ne déteste pas le sang des animaux.

La femelle ne produit qu'un seul petit à la fois, elle le porte fort longtemps collé sur son ventre, ce qui fait que lorsqu'il est déjà fort, son poids ralentit le vol de la mère qu'il est facile de tuer à coups de pierre.

A la saison des amours, aux approches de la nuit, le mâle et la femelle se poursuivent en décrivant des cercles fantastiques et en poussant à chaque instant des cris aigus et discordants.

LES COLONIES FRANÇAISES

Ces animaux font beaucoup de dégâts; à la saison des fruits, ils sortent en troupes nombreuses des bois où ils se tiennent cachés pour se répandre dans les plantations et dévaster les arbres; rien ne leur échappe, tout leur est bon : le fruit du cocotier, les bananes, le fruit du niaoulis, etc. Comme tous les animaux qui se nourrissent de fruits et de végétaux, la Roussette est bonne à manger; sa chair, qui a le goût du lapin, constitue un excellent manger pour les Canaques qui en sont friands; fort peu d'Européens se décident à en goûter, l'ensemble de l'animal étant un peu repoussant.

Les indigènes utilisent le poil du Vampire pour tresser les cordons agrémentés de glands et de pompons qui servent de parures aux femmes. Ce travail est long et délicat, aussi les cordons en poil de Roussette atteignent-ils un prix fort élevé. Avant de les porter, les Néo-Calédoniennes les teignent en rouge en les faisant bouillir dans un bain préparé avec la la racine d'une *morinda* très abondante dans le pays.

Depuis quelques années, on a importé d'Europe des cerfs et des lièvres qui ont fort bien réussi; il pourrait même se faire qu'un jour la colonie eut à déplorer l'introduction de ces animaux; nous savons que l'Australie est envahie à l'heure qu'il est par des millions de lapins qui dévastent les pâturages et cela au grand désespoir des *squatters* qui cherchent par tous les moyens possibles à arrêter l'envahissement de ces rongeurs.

Parmi les oiseaux indigènes il est bon de citer :

Le *Kagou*, variété spéciale à la Nouvelle-Calédonie comme le Kiwi l'est à la Nouvelle-Zélande.

Le Kagou est ainsi nommé à cause de son cri (*Ka-gou, Ka-gou*); sa robe est gris cendré et roux; sa tête est surmontée d'une belle huppe blanchâtre; il a le bec long, pointu et fort, d'une couleur franchement rouge; ses yeux, également rouges, ont une grande prunelle noire, ils sont limpides et expressifs. Il est beau, lorsqu'il déploie ses ailes, formant ainsi un magnifique éventail où se groupent de longues plumes blanches, grises et fauves, pointillées de taches rondes dont le centre se trouve au point d'attache, sur l'aile. Un duvet long et soyeux, légèrement ondulé, garnit la queue, le dessous des ailes et du ventre; ce duvet, assez semblable à celui du Casoar d'Australie, est noir grisâtre.

Le Kagou peut avoir trente-cinq centimètres de hauteur; son corps, à peu près gros comme celui d'une poule, est supporté par des jambes longues, nerveuses, terminées par des pattes armées d'ongles très fort; jambes et pattes ont une nuance rouge. Chez la femelle, le plumage est moins beau, la huppe est plus faible, le corps plus petit que chez le mâle; elle pond deux œufs semblables aux œufs de nos poules qu'elle cache avec le plus grand soin, aussi est-il presque impossible de s'en procurer. Le mâle a un grand attachement pour sa compagne.

L'estomac du Kagou est semblable à celui de l'Autruche, il digère facilement les aliments les plus durs. Vivant ordinairement par couples, ces oiseaux affectionnent les terrains frais qui bordent les torrents dans lesquels ils aiment à se baigner. Ils vivent d'insectes qu'ils savent trouver en remuant avec leurs pattes puissantes les pierres et les fragments de rochers qui les abritent Dans la forêt vierge, ils fouillent avec leur bec le terrain chargé d'humus qui contient toujours des milliers d'insectes et des vermisseaux; s'ils rencontrent un vieux tronc vermoulu, ils l'attaquent pour y chercher les larves qui s'y sont réfugiées, et bientôt le cadavre du géant des forêts tombe en lambeaux sous les coups répétés de leurs becs puissants.

Le Kagou peut s'apprivoiser, mais dans la Colonie on a le tort de ne pas mettre à profit ses qualités; il serait pourtant utile dans les habitations où il détruirait les cancrelats qui les infestent; malgré son utilité, il est chassé par les Indigènes et aussi par les Européens.

Le pigeon Notou, le *Carpophage Goliath* des naturalistes, est très abondant dans les forêts, c'est le plus gros gibier de l'île. Comme tous les pigeons, le Notou se nourrit de graines, de semences, de baies, d'insectes, de sel gemme, rarement de fruits; il se tient dans les forêts épaisses qui longent les cours d'eau et les ruisseaux, jusqu'à un niveau très élevé au-dessus de la mer. Son cri est sourd, il ressemble plutôt au mugissement du bœuf qu'au roucoulement du pigeon.

Le nid du Notou est fait sans art, c'est un entrelacement de petites branches enduit de boue et tapissé à l'intérieur avec de la mousse et des herbes fines. La femelle y dépose ordinairement deux œufs qu'elle couve alternativement avec le mâle; les petits sont nourris pendant un peu plus d'un mois, puis ils prennent leur liberté pour vivre eux aussi à leur guise dans la grande forêt.

Les Canaques chassent le Notou d'une façon curieuse : à cet effet, ils établissent une série de nœuds coulants sur un arbre à graines où il est prouvé que quelques-uns de ces oiseaux viennent se poser pour manger; ces nœuds sont assez grands pour embrasser la branche et laisser malgré cela un arc sous lequel le Notou peut passer sans être effrayé. Ce nœud, pour qu'il conserve sa position cintrée, est soutenu par une liane fine et facilement cassable; l'extrémité du nœud coulant retombe presque jusqu'à terre à la portée de la main du chasseur. Celui-ci, à la tombée du jour, se place au pied de l'arbre, et là, imitant le cri du Notou, il attire quelques-uns de ces oiseaux qui se hâtent d'accourir à l'appel. Ne voyant rien, les pigeons se promènent sur la branche qui a été choisie parmi les plus découvertes, et au moment où ils se présentent sous les nœuds, le Canaque tire ses ficelles et les oiseaux se trouvent collés à l'arbre où il n'y a plus qu'à les aller prendre. Cette chasse est toujours fructueuse et il est rare que le chasseur ne prenne en quelques instants un certain nombre de Notous.

Je citerai encore le Dago, qui lui aussi est une sorte de gros pigeon dont la chair est fort estimée; la Tourterelle verte, la Caille des colons, plusieurs variétés de Canards sauvages, une magnifique Grue blanche qui vit sur les bords des cours d'eau où elle détruit des insectes aquatiques, des mollusques et des larves en grande quantité.

Il y a également une assez grande variété de petits oiseaux aux plumages variés, mais tous sont sans voix.

Les insectes sont nombreux, il faut en convenir; mais à part le scorpion, le cent-pieds et une variété d'araignée, qui seuls sont nuisibles, les autres sont plus incommodants que dangereux.

Tout le monde connaît, au moins de nom, le scorpion, animal qui présente un corps allongé et formé de segments distincts; l'abdomen, intimement uni au tronc dans toute sa largeur, présente à sa partie inférieure deux appendices mobiles assez semblables à un peigne et dont l'usage n'est pas bien défini.

Les sorpions ont huit pattes : leurs palpes sont développées et se terminent par une serre en forme de main ; les mandibules sont en pince. Leur nourriture se compose de crabes, de charançons, de cloportes et d'une foule d'insectes qu'ils saisissent avec leurs pinces, pour les frapper ensuite avec leur dard avant de les faire passer entre les mandibules et leurs mâchoires. Lorsqu'ils sont effrayés, ces animaux agitent violemment leur queue qu'ils recourbent pour en frapper leur ennemi; leur venin est d'autant plus fort qu'ils sont plus âgés et qu'ils habitent plus près des tropiques.

Sur les bords de la mer on rencontre le serpent de mer qui est inoffensif ; il y a également plusieurs variétés de crabes dont les plus gros sont armés de pinces assez puissantes pour ouvrir une noix de coco

Les poissons sont nombreux et la pêche est presque la seule industrie des Calédoniens; elle se fait au moyen d'hameçons, de lances fourchues, d'arcs.

Les huîtres perlières qui se pêchent dans les eaux de la Nouvelle-Calédonie sont de petite dimension et peu abondantes; les nautiles sont en plus grand nombre; la nacre qui compose leurs cloisons intérieure est l'objet d'un commerce assez important ; on rencontre également deux variétés de tortue que les indigènes pêchent pour les vendre aux Européens qui en sont très friands.

La Nouvelle-Calédonie possède sur ses récifs une autre source de richesse, c'est l'holothurie comestible, appelée également trépang ou biche de mer. Le trépang appartient à l'ordre des holothurides, dont il constitue la deuxième section; c'est un être modeste assez semblable à ces gros vers disgracieux que nous voyons quelquefois; sa longueur est variable, on en voit parfois qui ont un mètre de long.

Les signes caractéristiques de ce genre sont : un corps de forme subprismatique, muni de suçoirs épars situés sur le ventre, une bouche subnifère qui comporte deux ouvertures, bouche et anus entourés d'appendices bucaux peu développés.

Les holoturies comprennent un nombre infini de variétés, dont les caractères principaux varient fort peu. Le trépang calédonien est une longue masse charnue longue de quinze à vingt centimètres et se présentant sous la forme d'un cylindre épais de trois ou quatre centimètres environ.

Sa pêche exige une grande adresse et beaucoup de patience, puis il faut en conserver le produit. Les holothuries sont jetées encore vivantes dans une chaudière d'eau de mer chauffée à plus de 100 degrés; à l'aide d'un bâton on remue fréquemment jusqu'à ce que le moment soit reconnu propice pour prendre chaque animal et achever la préparation en ouvrant le trépang dans le sens de la longueur pour le vider et lui mettre dans l'intérieur deux bâtons placés en croix destinés à l'empêcher de se contracter et de se refermer.

Ainsi préparés, les trépangs sont mis sur des claies et séchés à l'aide d'un feu doux qui doit agir lentement et sans carboniser les holoturies, pour ne pas amoindrir leur valeur.

On évalue à plus de 100,000 fr. le chiffre des exportations du trépang qui est très recherché par les peuples orientaux polygames qui lui attribuent des propriétés aphrodisiaques énergiques et efficaces. Lorsque l'opération du dressage est achevée, on divise les trépangs en cinq catégories, en se basant sur la taille et la couleur. A Nouméa, la première qualité vaut de 2,000 à 2,100 fr. la tonne, la qualité ordinaire atteint encore le prix de 1,200 fr. En Chine, ces prix sont presque doublés; en moyenne, chaque trépang vaut 20 centimes; un homme peut en ramasser pour 100 fr. par jour.

Le lamantin, par la forme extérieure de son corps, son organisation intérieure, ses mœurs, tient le milieu entre les mammifères terrestres et les cétacés. Vivant de végétaux, il ne s'éloigne jamais du rivage, se tenant de préférence à l'embouchure des fleuves qu'il remonte quelquefois; c'est là qu'on le rencontre en troupes nombreuses. Le lamantin a un corps de forme oblongue assez semblable à une outre qui serait terminée par une queue en éventail; la tête est grosse, avec des yeux petits, un museau charnu dont la lèvre supérieure est échancrée; la femelle porte sur la poitrine deux mamelles qui pendant la gestation sont proéminentes comme les seins d'une jolie femme; les nageoires portent à leurs extrémités des rames ayant une certaine ressemblance avec des mains humaines.

Dans les contrées où ils n'ont pas eu à se dérober aux attaques de l'homme, ils sont d'une grande confiance, ne fuyant pas lorsqu'ils sont attaqués. Leur attachement mutuel est extrême; on a vu des jeunes suivre constamment le cadavre de leur mère pendant qu'il était entraîné sur le rivage.

Le lamantin est un animal inoffensif comme le phoque, sa chair est bonne à manger.

Le dugon, au contraire, est un cétacé dangereux, il porte deux défenses à sa mâchoire supérieure.

Le requin est également à redouter, il se montre jusque dans la baie de Nouméa où il est bon de prendre des précautions lorsqu'on veut se baigner.

XVIII

J'ai donné précédemment la valeur des terrains bons à être mis en culture; ceux qui sont cultivés ont sur ceux-là une plus-value considérable, ils se vendent de 500 à 800 fr. l'hectare, selon leur situation.

Tous les légumes d'Europe sont susceptibles d'être cultivés en Nouvelle-Calédonie où ils donnent toujours deux récoltes chaque année : choux, haricots, navets, carottes, tomates, salades, pommes de terre, pois, etc.; les fruits viennent là comme dans les pays d'origine; le maïs qui remplace le blé est florissant, il donne pour le moins deux récoltes par an.

Les produits indigènes sont : l'igname, le taro, la patate douce, la canne à sucre, la banane, la noix de coco, etc.

Le café a été acclimaté dans l'île, sa qualité est supérieure et son rendement a paru aussi avantageux qu'il peut l'être dans les îles de la Sonde, Java, Sumatra. Sur le marché de Nouméa, il se vend 2 fr. le kilogramme; comme elle n'est jamais attaquée par les sauterelles, cette plante est une des principales productions du pays. Un hectare peut recevoir 2,500 pieds qui produiront au bout de quelques années une moyenne de 700 kilogrammes de café.

LES COLONIES FRANÇAISES

La canne à sucre est une culture lucrative qui se répand chaque jour davantage ; le tabac n'est pas négligé, le gouvernement colonial en encourage la culture; la luzerne et les plantes fourragères donnent jusqu'à huit coupes par an.

N'oublions pas l'ananas, qui est appelé à jouer un grand rôle dans l'agriculture de la Nouvelle-Calédonie; un hectare doit donner là-bas assez de fruits pour obtenir 750 litres d'une eau-de-vie excellente à 62 degrés qui, sur place, vaut au minimun 1 franc le litre. Le manioc a été introduit, il en est de même de la vanille, des oranges, des citrons, etc; produits dont j'ai parlé longuement dans mon étude sur la Guyane Indépendante, étude où je renvoie le lecteur qui voudrait de plus amples renseignements sur ces produits précieux.

Les jardins et les parterres, les serres et les habitations de l'Europe se sont enrichies de plantes ornementales qui viennent de la Nouvelle-Calédonie, donnant lieu en Belgique, en France, en Allemagne, à un commerce important. Ce sont les aralias, les dracœnas, les cycladées, les yuccas, etc., plantes qui font l'ornement des forêts calédoniennes où elles croissent à l'état sauvage.

La Nouvelle-Calédonie a des forêts immenses peuplées d'arbres magnifiques; toutefois, les arbres de grande dimension sont rares, surtout dans les districts cultivés et leur position sur les montagnes en rend l'exploitation difficile.

Parmi les arbres indigènes les plus répandus, il est bon de citer : le Kaori, bel arbre de la famille des *dammaras*, qui acquiert dans les montagnes des proportions vraiment gigantesques; il s'élance en une colonne droite et sans ramures jusqu'à une hauteur de 35 mètres, pour étaler ensuite une tête magnifique; sa grosseur est à peu près régulière, on lui donne un mètre de diamètre. Le Kaori secrète une résine excellente que le commerce commence à employer, il est surtout exploité dans la baie du Sud.

Le Niaouli, est l'arbre caractéristique de la Nouvelle-Calédonie, comme l'eucalyptus est celui de l'Australie. Ses feuilles dégagent une forte odeur aromatique à laquelle on attribue en partie la salubrité du pays; en infusion, elles remplacent le thé; dans les sauces, elles sont utilisées pour remplacer le laurier de cuisine.

Cet arbre est bien le plus commun de la Nouvelle-Calédonie, on le rencontre partout, dans tous les terrains. Son bois d'un brun rougeâtre est très durable et a beaucoup d'élasticité, on peut en tirer un grand parti pour certains ouvrages de sculpture et d'ébenisterie; ses courbures naturelles le font rechercher surtout pour le charronnage et la construction des navires. Ses feuilles odoriférantes fournissent l'essence de niaouli ou huile de cajeput qui est employée en parfumerie; la médecine utilise également cette huile pour traiter les rhumatismes et les maladies de la vessie.

Son écorce blanchâtre qui lui a valu son nom scientifique : *Molucalencadendron*, est employée depuis longtemps par les Canaques pour couvrir leurs maisons; cette écorce le préserve du feu.

L'*Araucaria intermedia* est une variété de pins qui à cause de leur hauteur, de leur diamètre et de leur tronc lisse et sans aucun nœuds a pu remplacer dans la colonie le sapin du nord. Au sujet de cet arbre, Cook s'exprime ainsi :

« En aucune île de l'Océan Pacifique, à l'exception toutefois de la Nouvelle-Zélande, un navire ne peut mieux se fournir de mâts et de vergues.

(Planche 13)   La Forêt Néo-Calénodienne.

« La découverte de cette terre est précieuse à ce sujet; le bois du Pin Collonnaire, *Araucaria intermedia,* est blanc, dur, léger, d'un grain extrêmement serré; la térébenthine qui suinte de l'écorce, forme, épaissie par le soleil, comme un revêtement de résine autour du tronc et des racines. Il a des branches plus courtes et plus frêles que les pins d'Europe, en sorte que les nœuds d'attache sont presque imperceptibles lorsqu'on travaille cet arbre. La couronne terminale qu'il porte lui donne, surtout de loin, un aspect singulier qui fait ressembler une forêt de ces arbres, à une agglomération de colonnes de balsates. »

Citons encore diverses espèces de *damaras;* le *bancoulier*, dont le bois est poreux et léger, il donne l'huile de Camari; l'*acacia spirosbis*, au bois très dur, mais malgré cela facile à travailler; le *bokburnia primata* donne un bois fortement coloré ou jaune, seulement il a un grand défaut, il est difficile à travailler et il se fendille au soleil; le *houp* est un bois incorruptible servant à faire des pirogues et des poteaux pour les cases, le *rhusatra, arbre à goudron*, secrète un suc gras et épais qui engendre des plaies douloureuses lorsqu'on le débite à l'état vert sans prendre des précautions; l'*arbre à pain* est commun, il donne des fruits estimés; le *tamanu*, le *casuarina nodiflora* (bois de fer), le *bois de rose*, l'*ébène blanc*, le *bambou*, le *chêne tigré* et une foule d'autres variétés propres à tous les usages abondent.

Le *nani* est un arbrisseau dont les feuilles, lorsqu'elles sont cuites, ont un goût fin et agréable qui se rapproche du choux potager; l'*hibiscus tiliacens* fournit une écorce comestible estimée.

Les exploitations de bois indigènes sont peu nombreuses; la colonie consomme près de 4,000 mètres cubes de bois, elle en reçoit d'Australie et d'Amérique pour plus de 400,000 fr. lorsqu'elle pourrait débiter dans ses forêts plus que sa consommation.

Il existe cependant, outre les chantiers de l'Etat de la baie du Sud, une scierie hydraulique à Saint-Louis et une scierie à vapeur à Humbo, toutes deux sont placées au milieu des centres de production.

En 1862, sur la demande du Conseil colonial, une ferme-modèle a été créée à 10 kilomètres de Nouméa, au lieu dit Yahoué. Elle est placée sous la direction d'un ingénieur agricole et est surtout destinée à fournir les arbres, arbustes et plantes dont l'acclimatation est reconnue utile à la colonie.

XIX

Les richesses minérales de la Nouvelle-Calédonie sont encore imparfaitement connues; mais après certains travaux géologiques importants qui ont été faits, il est permis d'avancer que le sol de la colonie est riche en mines de toutes sortes. Les principaux minerais exploités sont le cuivre, le nickel, l'or, l'antimoine, le cobalt, le chrome, le fer; il y a également des pierres à bâtir, de la houille, des pierres lithographiques, etc.

Parmi les métaux, le plus abondant est sans contredit le fer; on le rencontre communément à l'état de carbonate et d'oxyde hydraté; ou bien encore en poudre noire ou sous une forme granulée.

Le gisement de cuivre le plus important est célui qui, partant de Balade, s'étend jusqu'au Diahot; son rendement est de 34 pour 100; d'autres affleurements de ce minerai ont été trouvés sur différents points de l'île, notamment dans la baie de Saint-Vincent où on reconnu des amas de carbonate de cuivre.

L'or a été exploité à Nauguine et à Galarino; mais les résultats n'ont pas été satisfaisants. Malgré cela, les recherches sont poursuivies et tout donne lieu d'espérer que, bien menées, les entreprises futures donneront un rendement des plus rémunérateurs, et que l'or sera une des principales sources de prospérité de la Nouvelle-Calédonie.

Le nickel, dont les applications industrielles deviennent chaque jour plus nombreuses est très abondant. Les terrains miniers d'une seule société couvrent plus de 4 000 hectares, répartis dans les districts de Kanala, Houaïlou et Thio. Des hauts-fourneaux pour la fonte du minerai ont été construits à Nouméa, ils produisent par jour près de 5 000 kilogrammes de fonte de nickel sans soufre, à 70 pour cent; ces fontes, lorsqu'elles sont affinées dans l'usine de la compagnie, sont livrées à 6 francs le kilogramme, au lieu de 40 francs, ancien prix.

L'antimoine est de qualité supérieure, son abondance en rend l'extraction facile. Comme usage, il est utilisé pour la fonte des caractères d'imprimerie et aussi pour la thérapeutie; des hauts-fourneaux ont été installés à Nakety.

Le cobalt se récolte en abondance sur le littoral sud de l'île où son exploitation est très facile; il sert pour la teinture en bleu de l'émail et des porcelaines.

Le chrome, que l'on rencontre souvent allié au fer est surtout exploité au pied des monts d'Or. C'est un produit très intéressant, en ce sens que le chromate et le bi-chromate de potasse sont très employés en teinture; le chromate de plomb sert également comme substance colorante. Depuis quelques années, le chrome est utilisé en Angleterre et en Allemagne pour le tannage des peaux. Les frais d'extraction du chrome ne sont pas très élevés, on le compte à 12 francs la tonne, rendue sur le bord de la mer.

Les gisements de houille sont à couches très irrégulières; ceci joint au peu d'importance de la consommation et au bas prix des charbons d'Australie, constitue autant de causes de la non exploitation des mines de houilles.

L'industrie céramique trouvera en Nouvelle-Calédonie des matériaux excellents; en effet, il y a, en abondance, des argiles fines, du kaolin, de la terre anglaise, etc. La pierre à bâtir et le spath se rencontrent partout; il en est de même du marbre, des jades, des serpentines, des ardoises.

Les coraux qui forment la ceinture madréporique de l'île donnent une chaux excellente.

Les industries des Néo-Calédoniens sont nulles; ils se contentent de construire leurs pirogues, d'aller à la pêche dans la mer intérieure qui se trouve fermée par la ligne des récifs et de fabriquer quelques filets, des frondes, des armes en bois ou en pierres, des étoffes grossières et quelques ustensiles sommaires. Il y aurait pourtant beaucoup à faire et les installations qui s'imposent sont certainement nombreuses : tanneries, féculeries, distilleries, ateliers pour travailler le bois, la pierre, etc. Malgré cela, le commerce est assez actif, il est vrai qu'il devrait et pourrait l'être davantage. Les ports de la colonie ont été déclarés ports francs, c'est-à-dire que les navires, qu'ils soient français ou étrangers, n'ont à payer que les droits de pilotage, les importations et les exportations n'étant soumises à aucuns droits de douane. De telles conventions ne peuvent qu'être favorables au développement de la Nouvelle-Calédonie qui, certainement, verra bientôt son importance s'accroître de plus en plus.

Les importations qui viennent principalement de France et surtout d'Australie se composent de bœufs, de moutons, de chevaux, farines, légumes secs d'espèces diverses, sucre, café, spiritueux, bières anglaises et françaises, charbon, objets manufacturés. Les exportations consistent en produits reçus de France et de l'étranger et réexpédiées ensuite dans les autres établissements français de l'Océanie, et en produits du pays expédiés en France et à l'étranger.

La colonie reçoit chaque année pour plus de 12 millions de marchandises, pendant qu'elle en expédie à peine pour 1 million. Il entre dans le port de Nouméa près de 150 navires par an; on estime qu'ils jaugent ensemble 40,000 tonneaux environ. Le commerce d'échange entre le chef-lieu et les autres points de l'île est estimé à 5 millions de francs.

Une Chambre de commerce, une Chambre consultative d'agriculture fonctionnent à Nouméa, ainsi que divers comités agricoles, industriels et commerciaux.

On réclame à Nouméa un bassin de carénage et des ateliers de réparations pour les navires; cela se conçoit, puisque chaque année les bâtiments de guerre vont se réparer à Sydney, portant ainsi à l'étranger plusieurs centaines de mille francs qui seraient les bien venus dans la colonie. Cette installation s'impose, si on veut que Nouméa demeure la tête de ligne des paquebots français subventionnés.

Tous les vingt-huit jours, un grand paquebot des Messageries Maritimes quitte le port de Marseille à destination de Nouméa, avec escales à Port-Saïd, Suez, Aden, Mahe des Seychelles, La Réunion, Maurice, Adélaïde, Melbourne et Sydney; la traversée réglementaire doit s'accomplir en cinquante-deux jours. Un stationnaire de la même Compagnie fait un service régulier et mensuel entre Nouméa et Sydney; enfin, deux fois par mois, un paquebot appartenant à l'*Australesian Steam Navigation C°* fait le voyage des îles Fidji en touchant à Nouméa. Si à cela nous ajoutons les transports à voiles de l'Etat qui viennent deux ou trois fois l'an à Nouméa, et les voiliers du commerce, on comprendra que malgré son éloignement la Nouvelle-Calédonie n'est pas mal partagée sous le rapport des communications avec toutes les parties du monde.

Un service de paquebots à vapeur relie entre eux tous les points de la colonie, parcourant deux fois par mois l'itinéraire suivant : Nouméa, la Baie du Sud, Ckepenéhé (Lifou), Kanala, Oubatche, Pam, Gatope, Bourail, Ouraïl, Bouraké (Saint-Vincent), puis retour au chef-lieu.

A l'intérieur, les voies de communication sont peu nombreuses; ce n'est guère qu'autour de Nouméa qu'on trouve de véritables routes; la plus fréquentée conduit au Pont des Français, à 8 kilomètres de la ville. Ailleurs, ce sont des tronçons de routes en construction, puis des sentiers qui s'en vont par monts et par vaux.

Un réseau télégraphique et postal comprenant une trentaine de bureaux met en communication, avec Nouméa, tous les points importants de l'île. L'Australie est reliée à l'Europe par une ligne télégraphique sous-marine, on pose en ce moment un cable sous-marin qui ira de Brisbane, capitale du Queensland, à Nouméa, qui se trouvera ainsi en communication avec le monde entier, circonstance heureuse pour ses intérêts commerciaux.

La Nouvelle-Calédonie est divisée en cinq arrondissements : le premier a pour chef-lieu Nouméa; le deuxième a pour chef-lieu Kanala; le troisième a pour chef-lieu Houaïlou; le quatrième a pour chef-lieu Touho; le cinquième a pour chef-lieu Ouégoa.

XX

Le premier arrondissement comprend en outre quelques îles secondaires dont il sera parlé dans un autre article, ce sont : le groupe Loyalty, l'île des Pins, l'île Ouen, l'île Nou.

Nouméa, d'abord nommée *Port-de-France,* chef-lieu de la colonie, est une ville en formation qui ressemble tout à la fois à un camp, à un bourg et à une agglomération de nomades. Ceux qui viennent en Nouvelle-Calédonie à bord des batiments de la Compagnie des Messageries et qui ont suivi avec attention les escales du continent australien, ne peuvent se défendre d'un sentiment pénible en voyant le chef-lieu de notre colonie si petit, si triste, si on le met en parallèle avec les grandes cités de l'Australie, aux édifices somptueux, aux vastes artères où circule une foule affairée. Ici, une côte nue, un sol aride; là-bas des parcs et des promenades plantés d'arbres, des faubourgs populeux qui se prolongent bien loin dans une campagne riche et cultivée.

La population de Nouméa est de 4,020 habitants libres, dont 3,580 français, auxquels il faut ajouter une garnison nombreuse, ce qui porte le chiffre des habitants à 6,980.

Construite à l'extrémité d'une presqu'île, la ville offre à la marine un port vaste et sûr accessible par deux passes, celles de Boulari et de Dumbéa et protégé par la presqu'île Ducos, l'île Nou, l'île aux Lapins, etc. Autrefois, elle était séparée de la rade et de ses faubourgs par un massif de collines; tout a été enlevé et les matériaux ont servi à faire les quais et à remblayer les marais du voisinage.

Nouméa est une ville bien percée; quelques-unes de ses rues sont bordées de belles maisons construites en pierres, en briques ou en bois; il ne reste presque plus rien des anciennes constructions faites au début de l'occupation, avec des planches disparates et des débris de caisses d'emballage.

Parmi les monuments, citons l'hôtel du gouverneur, les casernes, le sémaphore, les magasins de la flotte, l'église métropolitaine, etc.; à 1,600 mètres de la ville, la direction de l'artillerie a établi une batterie qui commande la rade, les passes et la baie des Anglais.

Nouméa possède plusieurs écoles laïques et congréganistes, un hôpital militaire, un hôpital civil, une banque, deux cercles, plusieurs imprimeries, divers journaux : le *Moniteur de la Nouvelle-Calédonie,* l'*Avenir,* le *Néo-Calédonien,* l'*Indépendant de la Nouvelle-Calédonie,* l'*Echo de la France,* le *Bulletin officiel de la Transportation,* le *Bulletin officiel de la Nouvelle-Calédonie.*

Depuis 1874 la ville est dotée d'un conseil municipal; c'est de cette époque que date pour elle l'ère des améliorations : création des boulevards, élargissement des rues qui maintenant sont bordées de trottoirs, construction des quais, des canaux, d'égoûts, éclairage au gaz, etc.

L'emplacement de Nouméa a été choisi uniquement à cause de son port et de sa magnifique rade, on ne s'explique pas autrement pourquoi le commandant Tardy de Montravel y a construit le chef-lieu de la colonie; c'est un des points les plus déshérités de l'île ne possédant ni rivière, ni source, ce qui obligea pendant fort longtemps les habitants à recueillir l'eau de pluie dans des citernes.

Aujourd'hui, des travaux considérables ont été faits pour amener d'une distance de plus de 12 kilomètres l'eau potable nécessaire à la ville; à cet effet, on a capté un ruisseau qui passe au Port-des-Français.

Planche 14.   Régions montagneuses de l'intérieur (Nouvelle-Calédonie).

LES COLONIES FRANÇAISES

Dans le premier arrondissement, nous trouvons encore : Conception, Saint-Louis, villages reliés à Nouméa par une route qui traverse la rivière des *Français* sur un beau pont en pierres, à peu de distance de la ferme—modèle de *Yahoué.* Ces deux villages, distants de Nouméa de 12 kilomètres environ, ont été fondés par les missionnaires qui ont ouvert des écoles pour les enfants indigènes qui sont là au. nombre d'une centaine, dans chacune des deux écoles. Ces enfants sont logés, nourris, entretenus et instruits; les missionnaires les occupent pendant plusieurs heures par jour à des travaux utiles pour lesquels ils reçoivent un petit salaire, ce qui les encouragent, tout en leur faisant apprécier la valeur de l'argent. A leur sortie des établissements, ils reçoivent un trousseau : aux garçons, on donne des outils tels que haches, couteaux, instruments aratoires; les filles reçoivent une batterie de cuisine, des ciseaux, du fil, des aiguilles, etc.

Chacun de ces villages a une population qui peut être évaluée à 250 ou 300 habitants, blancs, métis ou indigènes. Il y a une usine à sucre et des scieries mécaniques.

Le **Pont-des-Français** tire son nom du ruisseau près duquel il est bâti; c'est un petit village qui est relié à Nouméa par la route déjà citée. Cette voie de communication permet aux habitants qui se sont fixés dans ce village de porter leurs produits au chef-lieu.

Dumbéa, à 18 kilomètres de Nouméa, est un grand centre de culture; il y a une usine à sucre et deux hôtels. C'est entre le Pont-des-Français et Dumbéa qu'est située l'une des premières stations de la colonie : Koutio-Koneta.

Païta, village distant de Nouméa de 29 kilomètres, bureau de poste, divers négociants.

Saint-Vincent, 42 kilomètres de Nouméa, dans une belle situation, au milieu de magnifiques herbages.

Presqu'île **Ducos,** sur la presqu'île du même nom, à 14 kilomètres de Nouméa; il y a un pénitencier agricole.

Mont-d'Or, est un village bâti près de la belle montagne du même nom, à 89 kilomètres de Nouméa, dans une plaine légèrement inclinée jusqu'à la mer et riche en pâturages; de nombreux cours d'eau formant de belles cascades sillonnent et arrosent cette contrée qui nourrit aujourd'hui des troupeaux nombreux. C'est là qu'on trouve en quantité la magnagna, plante bien connue dans la colonie et qui est l'indice d'une bonne qualité de sol. C'est une légumineuse qui rampe à terre comme une liane, les chevaux en sont très friands; la racine atteint parfois la grosseur d'une betterave, les indigènes la consomment après l'avoir mise sous la cendre pour la faire cuire.

Yaté est une ancienne mission où, en 1864, on a tenté un essai de phalanstère. Vingt émigrants obtinrent une concession de 300 hectares; le gouvernement fit l'avance de bétail, de poules, de semences, d'outils et d'ustensiles aratoires. La direction de la Société fut confiée à un président assisté d'un conseil élu. Tout devait être mis en commun, mais il arriva bientôt que chacun voulut travailler pour son propre compte et les sociétaires durent se séparer pleins de défiance et de haine les uns contre les autres, faisant une liquidation désastreuse pour tous. La colonie comprenait un papetier, un mécanicien, deux forgerons, deux ferblantiers, deux mineurs, un maçon, un couvreur, un maréchal, un boulanger et des agriculteurs; deux femmes étaient là qui avaient voulu suivre la fortune de leurs maris.

En remontant la rivière de Yaté on rencontre à une quizaine de kilomètres du village, un site magnifique; c'est la *plaine des Lacs* à 400 mètres d'altitude. Elle est formée par l'évasement des montagnes qui encadrent le bassin de la rivière.

Le sol argileux de cette contrée, conserve les eaux qui s'écoulent lentement en formant des étangs aux eaux bleues et profondes.

Unia, sur la côte sud-est est situé dans un site aride et tourmenté; sa principale richesse consiste en mines de fer dont le minerai contient une proportion de chrome de près de 200 pour 100, qui à la fusion passe dans la fonte et dans les autres produits, fer et acier.

Tout le monde sait que l'acier qui contient du chrome, atteint une dureté extrême, tout en conservant sa malléabilité.

Baie du Sud, petit village sur la baie du même nom; nommée également baie de Prony, pittoresque comme un grand lac et entourée de hautes montagnes bien boisées.

C'est là que l'on rencontre les plus beaux arbres de la colonie, une exploitation vient d'être établie, on y emploie des condamnés.

La baie est riche en huîtres d'excellente qualité.

Deuxième arrondissement :

Kanala, chef-lieu du deuxième arrondissement, sur la côte Est dans la baie du même nom, est en train de devenir une petite ville. C'est un poste militaire important, il y a une brigade de gendarmerie, un bureau de poste, une école, une église, un conseil municipal ; le chef de l'arrondissement est logé dans un petit hôtel très confortable; il y a également un médecin et plusieurs négociants importants.

La baie de Kanala est un long canal qui s'élargit à l'entrée pour former un vaste port; une belle rivière vient s'y jeter, après avoir arrosé des plaines vastes et fertiles qui aujourd'hui sont bien cultivées; on y compte de nombreuses caféries.

Les environs sont riches en nickel, antimoine, cobalt, chrome.

A peu de distance de la ville, on a établi un camp de condamnés.

Thio est un grand centre de nickel; c'est là que se trouve la principale exploitation de la la société française " Le NICKEL ", qui emploie dans cette mine, 200 blancs et 50 indigènes; les blancs sont des condamnés libérés qui sont sous la surveillance de la police; ce sont souvent de mauvais ouvriers.

Un peu plus loin, on rencontre la baie de Nakety, au fond de laquelle s'étend une magnifique plaine mise en culture et renommée par sa production d'ananas et de café.

Là aussi il y a des mines de nickel et d'antimoine; une route carossable relie Nakety à Kanala.

Bouloupari, à 78 kilomètres de Nouméa, est un centre d'élevage; il y a un médecin et plusieurs hôtels.

La Foa, à 174 kilomètres de Nouméa, possède un certain nombre de plantations qui sont exploitées par des déportés concessionnaires; il y a plusieurs négociants; un médecin, des hôtels.

Moindou, à 152 kilomètres de Nouméa, est essentiellement peuplé d'hommes libres, tous colons, travailleurs et aisés.

Kua-Meré, mines de cobalt, nickel, chrome.

Troisième arrondissement :

Houaïlou, chef-lieu du troisième arrondissement, sur la côte Est; quelques colons libres se livrent à la culture du café, du manioc, du tabac, maïs, etc. Un chemin bordé de cocotiers, conduit à un fort où sont casernés une cinquantaine de soldats de l'infanterie de marine. A citer : les mines du Bel-Air, et autres mines de nickel.

Il ne faut pas oublier de mentionner dans les environs, les jolies vallées de la *Tchamba* et de la *Poueribouen* qui sont arrosées par des cascades fort curieuses.

A peu de distance, il y a le fort de Moëo, bâti dans une belle situation, sur le bord de la rivière Oua; ce fort commande plusieurs villages canaques qui sont établis à ses pieds.

Bouraïl, centre important de la colonie est une station d'élevage; 900 condamnés concessionnaires s'y livrent à la grande culture. C'est à Bouraïl qu'est ce fameux couvent où sont surveillées les détenues, jusqu'au jour où ayant achevé leur peine, elles sont mariées, après leur consentement, avec les forçats libérés qui viennent les demander en mariage.

Pouembout est un simple village canaque qui, par sa magnifique situation au milieu d'une vallée fertile, est appelé à un grand développement.

Quatrième arrondissement :

Touho, chef-lieu du quatrième arrondissement, sur la côte Est est le port principal de cette région. C'est une localité d'une faible importance au point de vue de la colonisation; les indigènes y sont nombreux.

Hienguene a un mouillage petit, mais sûr; deux rivières viennent se jeter dans la baie; l'une d'elle forme une sorte de petit promontoire sur lequel on a établi un blockhaus qui commande la rade. Hienguene était autrefois le centre d'une tribu importante, qui, pendant fort longtemps, a résisté aux troupes françaises; son chef, Bouarate demeurera célèbre dans les annales de la résistance. Aujourd'hui encore, Hienguene est un des villages les plus considérables de l'île, il compte beaucoup d'habitants indigènes qui se livrent à la culture du cocotier pour fabriquer le copra avec les fruits qu'ils amassent.

Un peu avant d'arriver dans le port on remarque une masse imposante de rochers qui surgissent du sein de la mer; ce sont les *Tours de Notre-Dame*, ainsi nommées à cause de leur ressemblance avec une église flanquée de ses tours carrées.

Tao, sur la côte Est, est célèbre par ses nombreuses cascades qui jaillissent avec force, en produisant un bruit sourd assez semblable à un mugissement; la plus belle, celle de Tao, est gracieusement encadrée dans un fouillis de verdure; elle se précipite dans la mer par trois chutes successives.

Koné sur la côte Ouest, est encore sans importance, mais sa splendide vallée est appelée à un grand avenir agricole.

Wagap a été le théâtre d'un drame sanglant en 1862 : les missionnaires qui s'y étaient établis furent attaqués par les indigènes; la garnison de Kanala avertie à temps, vint au secours de la mission et les assaillants furent culbutés, laissant de nombreux prisonniers entre les mains de la compagnie de secours qui elle-même fut soutenue par la frégate la *Gazelle*.

Aujourd'hui, la mission est occupée par le Trappistes qui y ont fondé un établissement agricole florissant; ils cultivent le maïs, le riz, les haricots, le café; ils ont un troupeau de

LES COLONIES FRANÇAISES

moutons qui leur donne d'excellents résultats. Les environs sont riches en mines d'ardoise et en gisements de nickel.

Panié est un village sans importance, situé dans une plaine vaste et fertile, il a un port qui n'offre aucun abri aux navires d'un fort tonnage, c'est ce qui fait qu'il est peu fréquenté. C'est là que commence une chaîne de rochers abruptes qui atteignent 800 mètres; on a essayé d'y faire un sentier en corniche; il y a des gisements d'or.

Cinquième arrondissement :

Ouegoà, chef-lieu du cinquième arrondissement n'est encore qu'un pénitencier agricole d'une importance secondaire, il y a cependant un agent des mines envoyé là, à cause de l'importante mine de cuivre de la Balade, une des plus riches de la colonie.

Balade est surtout célèbre parce que c'est là que sont débarqués les premiers Français et que la prise de possession de l'île fut officiellement proclamée en 1854. Aujourd'hui, l'ancien poste militaire est abandonné, il abrite quelques familles de colons. Balade a dû être délaissé parce que son port n'offre aucune sécurité aux navires. Nous sommes là en plein pays minier, et un jour viendra où tous les gisements qui sont dans ce riche territoire seront mis en exploitation.

Au Sud du village, s'étend une vallée riche et fertile, qui pourrait contenir plusieurs exploitations agricoles.

Un voyageur, M. Garnier, qui a visité la colonie en 1863, cite un fait curieux à propos de la tribu indigène qui habite Balade. Cette tribu, dit-il, compte une centaine d'individus, et chose étrange, pas une jeune fille. Presque tous les nouveaux-nés sont des garçons et les quelques jeunes gens qu'il y a sont voués à un célibat certain à moins toutefois qu'ils ne se décident à aller prendre des femmes dans une tribu voisine.

La plus belle vallée de l'île, celle du Diahot, où vit la tribu d'Arama, est peu éloignée de Balade; de ce village on s'y rend en franchissant une chaîne de montagnes. Cette vallée bien protégée des vents et parfaitement arrosée, est d'une grande fertilité; de nombreux indigènes y sont établis et depuis quelques années les colons y ont fait leur apparition.

Pouëbo, malgré son port petit et peu sûr, est encore un des points les plus favorisés de la Nouvelle-Calédonie; le village est construit au milieu d'une plaine vaste et fertile, bien arrosée par plusieurs ruisseaux; de nouveaux colons viennent s'y fixer chaque année à cause de l'abondance du cocotier.

Il y a une mission catholique tenue par les maristes, qui date de 1843, dix ans avant la prise de possession. Les missionnaires ont eu des commencements difficiles, leur sang a coulé fréquemment; aujourd'hui, ils y ont la plus belle station missionnaire de la colonie; leur église, dont la belle façade blanche s'aperçoit de fort loin, est bien la plus importante et la plus riche de l'île.

Leur établissement agricole est prospère, on y admire leurs magnifiques troupeaux et leurs vastes plantations où ils cultivent à la fois le cocotier, le riz, le maïs, le tabac, la canne à sucre, le café, l'ananas, les légumes.

Comme dans leurs autres établissements, les pères Maristes ont ouvert une école dans le village de Pouëbo, une centaine d'enfants indigènes sont instruits sous la direction d'un frère pour la section des garçons, pendant qu'une religieuse s'occupe des fillettes auxquelles elle apprend à coudre, à lire, à écrire... et à prier.

Le pays est riche, aussi demande-t-on pourquoi la population indigène de cette tribu y décroît chaque année de plus en plus; la mortalité y est effrayante : en 1856 on comptait à Pouëbo 1.600 individus, c'est à peine si aujourd'hui on y trouve le tiers de cette population.

Des gisements aurifères ont été découverts à peu distance du village; depuis cette époque, on y a établi un poste militaire : un brigadier et quatre gendarmes.

Oubatche est une localité peu importante, les environs sont assez pittoresques; c'est un centre d'élevage. Le commandant supérieur des forces militaires des 4ᵉ et 5ᵉ arrondissements a sa résidence au fort qui commande la région. Citons encore **Mauguine,** et ses gisements aurifères; **Pam,** qui est le port de la vallée du Diahot.

XXI

Un grand nombre d'îles secondaires se rattachent aux divers arrondissements de la Nouvelle-Calédonie; les principales sont les suivantes :

L'île **Ouen,** séparée de la grande terre par un canal profond; le canal Woodin large de 2 kilomètres. L'ensemble de l'île, à l'exception d'une petite lisière plantée de cocotiers, présente un sol ferrugineux très accidenté et stérile en bien des endroits. Elle est habitée par une centaine de Canaques qui sont tous marins et pêcheurs; leur occupation est la pêche et la préparation de l'holoturie. Une mission catholique est établie sur le bord de la mer, au milieu des cocotiers.

A la sortie du canal, on rencontre l'îlot Montravel, couvert de pins magnifiques, véritable gerbe de verdure, de l'effet le plus gracieux.

En face de l'entrée du canal Woodin, près de la passe Boulari, en dedans de la ceinture de récifs, se trouve l'îlot Amédée, station des pilotes. Un phare de premier ordre y a été contruit, son feu est visible à plus de vingt kilomètres. La tour du phare est en fer, peinte en blanc; elle repose sur un îlot bas et sablonneux, couvert de palétuviers.

L'île **Nou** ou du Bouzet, située en face de Nouméa, est exclusivement occupée par la déportation. Sa largeur moyenne est d'un kilomètre, pour une longueur qui peut varier entre 5 et 6 kilomètres; elle est riche en bois et possède deux sources intarissables qui donnent une eau excellente; des défrichements considérables ont été entrepris.

Les bâtiments du pénitencier sont très importants : l'atelier de mécanique qui est mis en mouvement par une forte machine à vapeur de 50 chevaux, comprend une forge importante, une fonderie, une scierie, des ateliers de charpenterie, menuiserie, charronnage; tous les travaux qui sont exécutés là sont d'une grande importance et bien dirigés; les condamnés qui y sont employés travaillent en silence sous la direction de contre-maîtres.

Plus loin est le camp, qui sert de logement aux cinq classes de déportés; puis c'est la prison pour les mauvaises têtes; des condamnés cultivateurs, sont occupés dans les défrichements.

La ferme du Nord, sert de refuge aux libérés sans travail; le camp Est, qui peut recevoir un millier d'hommes sert à loger les condamnés qui chaque matin vont à Nouméa pour être employés aux corvées de la ville.

Il y a un hôpital parfaitement installé, rien n'y manque : magnifique vue sur la mer, jardin anglais bien planté de beaux arbres, etc.; on y compte 340 lits.

Avant d'entrer en rade de Nouméa, on trouve l'îlot Freycinet qui paraît être un prolongement de la presqu'île Ducos dont il n'est séparé que par un chenal large de 600 mètres. L'îlot Freycinet sert de lazaret, le personnel se compose d'un médecin, d'un employé des postes et télégraphes, d'un gardien et du fournisseur des vivres; il y a en plus de ces quelques personnes un certain nombre de domestiques indigènes. L'îlot est de formation madréporique, le rocher est recouvert d'une légère couche de terre, suffisante pour la croissance des arbres et des arbustes qui en font toute la végétation.

Ile des Pins. — L'île des Pins, est située à 14 milles au sud de la Nouvelle-Calédonie. de forme madréporique, elle affecte la forme d'un cercle irrégulier de 19 kilomètres de diamètre. La zone du littoral seule est fertile, les forêts gagnent un peu sur l'intérieur; les prairies du littoral sont étroites, mais bien arrosées.

La côte ouest, principalement, est susceptible de recevoir toutes les cultures. Le centre de l'île est un immense plateau ferrugineux, dominé au sud par le pic Nga, dont le sommet haut de 266 mètres, s'aperçoit de fort loin.

Autrefois, l'île des Pins était habitée par une tribu de guerriers sanguinaires et anthropophages ; ils faisaient des invasions fréquentes sur la grande île, où après avoir tué les hommes ils emmenaient les femmes en captivité ; les cadavres de leurs ennemis étaient emportés avec soin pour fournir aux festins de toute la tribu.

C'était un séjour de luxure, les jeunes filles allaient complètement nues, se livrant à la débauche la plus éhontée, et n'accordant leurs faveurs qu'aux guerriers qui avaient immolé le plus grand nombre d'ennemis. Aujourd'hui, ces mœurs ont subi de grands changements, après bien des périls et des difficultés, les missionnaires sont arrivés à modifier complètement le caractère des indigènes ; de féroces et débauchés qu'ils étaient, ils sont devenus doux et chrétiens, leur reine donne l'exemple, qui est suivi par tous ses sujets.

Près de la mission catholique, sont les écoles, les enfants indigènes y apprennent le français, et lorsqu'ils quittent l'école, ils savent lire et écrire ; les garçons sont instruits dans la culture, les jeunes filles apprennent la couture.

L'île des Pins compte 600 indigènes, tous marins et pêcheurs ; elle sert de résidence aux condamnés à la déportation simple dont un certain nombre ont obtenu des concessions ; les autres sont logés dans les bâtiments du pénitencier, au sud du pic Nga, près du mouillage d'Uro.

Iles LOYALTY. — Le plus important des groupes dépendant de la Nouvelle-Calédonie est sans contredit le groupe des îles Loyalty qui se trouve à 110 kilomètres à l'Est de la grande terre, s'étendant du Sud-Est au Nord-Ouest, entre 20° 10' et 21° 40' de latitude sud et entre 163° 50' et 165° 50' de longitude est. Il compose de trois îles principales, Lifou, Maré, Ouvea, et de quelques îlots de moindre importance.

Ces îles, qui avaient échappé aux regards pourtant si clairvoyants de James Cook, ont été aperçues pour la première fois, en 1793, par d'Entrecasteaux qui ne s'y arrêta pas, se bornant simplement à en signaler la présence, il était loin de se douter de leur importance. En 1827,

Planche 15.   Iles des Pins (le Pénitencier)

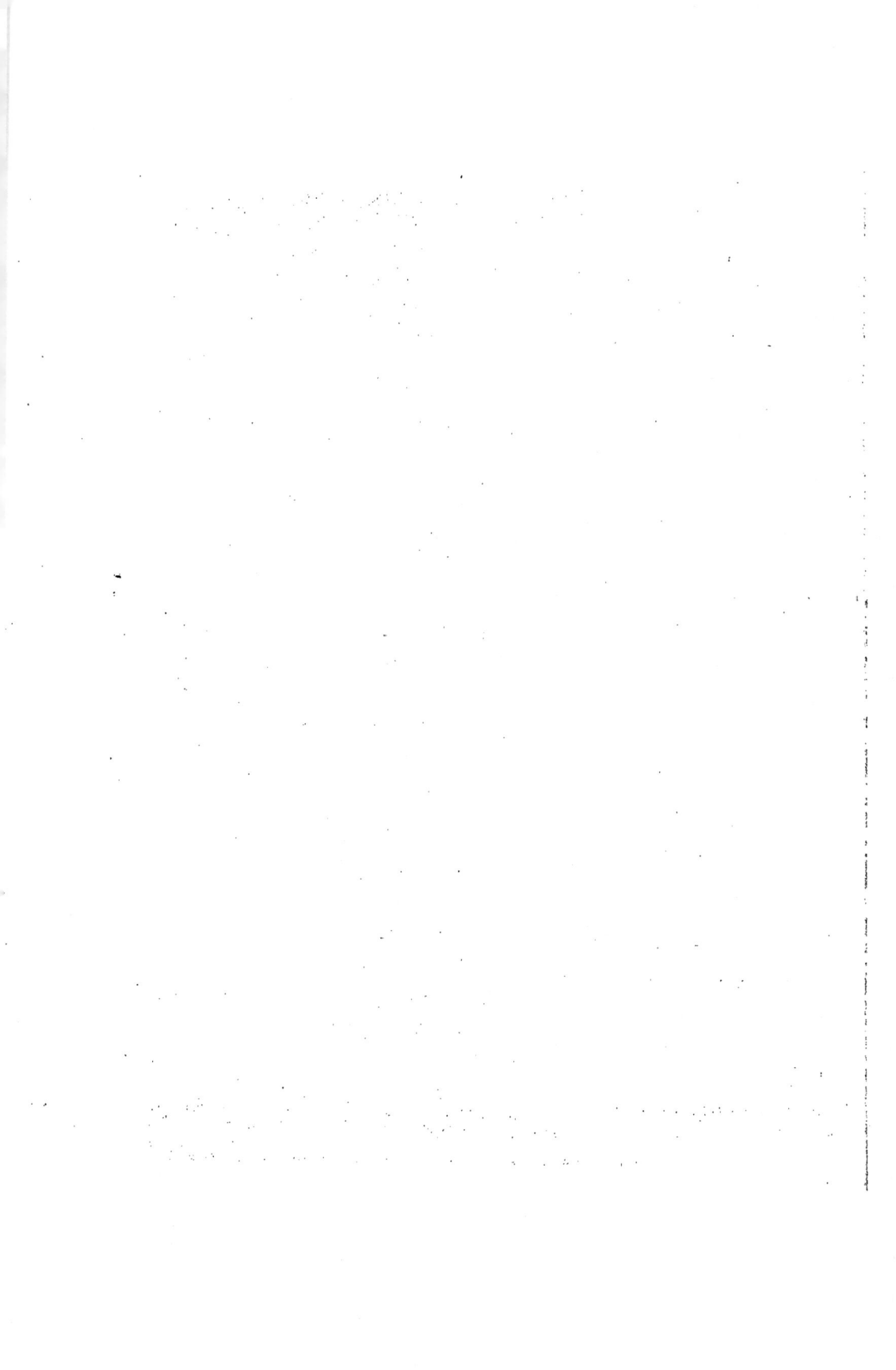

Dumont d'Urville les reconnut de nouveau et les explora et lorsque la France planta son pavillon sur la terre Néo-Calédonienne, il prit également possession de ce groupe.

Vues de la mer, les Loyalty se présentent comme une suite de plateaux isolés s'élevant très peu au-dessus du niveau de la mer, partout le rivage est escarpé et les eaux profondes ; malgré cette situation singulière, il y a quelques bons mouillages.

La plus importante du groupe est Lifou, dont la superficie est de 180.000 hectares, avec une population de 9.000 habitants : 7.200 sont protestants, 1.800 sont rattachés à l'église romaine. Le sol est un carbonate de chaux souvent mélangé de sable calcaire, et s'étageant en trois ou quatre terrasses pour former un plateau d'une altitude de 70 mètres.

Contrairement à ce qui se produit dans les autres îles de l'Océanie, il n'y a pas de plage à Lifou, mais un pourtour nu et stérile formé par une succession de rochers ; l'intérieur est fertile, le sol est couvert de végétations diverses offrant des bois d'essences variées.

La couche d'humus est faible, malgré cela les cultures sont prospères : le coton et le tabac y viennent bien ; le cocotier atteint des proportions magnifiques et ses fruits sont d'une grande ressource pour les habitants qui en boivent le lait, n'ayant guère que cela pour se désaltérer, car il est utile de mentionner que l'eau potable fait presque complètement défaut ; les habitants en sont réduits à recueillir l'eau des pluies dans des sortes de cuvettes ou citernes qu'ils creusent dans le roc.

Un jardin d'essai créé en 1864, a donné d'excellents résultats, grâce à lui, on trouve dans l'archipel, des orangers, des arbres fruitiers, de la vigne, toutes nos variétés de légumes, etc. Autrefois, le bois de sandal était commun, mais il a presque complètement disparu ; on ne le rencontre plus qu'à l'état d'arbrisseau, il est ainsi inutilisable. L'administration coloniale s'est inquiétée de cette situation, et des mesures ont été prises pour redonner à cette essence précieuse la vitalité qui lui fait défaut.

La population de Lifou est divisée en trois tribus : au Nord, celle d'Ouette ; au centre, celle de Gadja ; celle de Leuci. L'île est bien percée de routes qui mettent les différents villages en communications les uns avec les autres.

Le village principal est Képénehé, chef-lieu du groupe au fond de la baie du Sandal dont le mouillage sûr offre une eau d'une telle limpidité qu'à une profondeur de 20 mètres on distingue parfaitement les couches inférieures formées de coraux affectant les formes et les couleurs les plus gracieuses. Les navires qui pénètrent dans cette baie magnifique, doublent le morne pittoresque de Yacho, sur le faîte duquel on a construit une chapelle.

Les flancs de la falaise sont tourmentés et creusés de nombreuses grottes où les herbes marines croissent dans les fissures les plus humides.

C'est à Képénehé que réside le représentant du gouvernement français qui porte le titre de résident et dépend du gouverneur de la Nouvelle-Calédonie ; il y a un bureau de poste, une caserne, un hôpital, des magasins militaires, une église protestante, une mission catholique. Cette dernière est établie à 2 kilomètres du village, on s'y rend en suivant une belle route plantée de cocotiers ; tout au près, au milieu de la forêt, il y a une grotte fort curieuse, taillée en forme d'entonnoir ; on y descend par un sentier abrupt tracé en spirale. Les parois sont garnies de lianes qui retombent en cascades de verdure jusqu'au fond du gouffre du sein duquel s'élancent des arbres qui semblent aller fièrement à la conquête de l'air et de la lumière.

Les autres villages de Lifou sont Ouate, Iacho, Ouneuse, Nassato, Donaoulou, Gadja, etc.

L'île **Maré** est un peu moins grande que Lifou, sa superficie n'est que de 98.600 hectares et sa population est évaluée à 5.000 habitants, se classant en protestants 3.900 et en catholiques 1.100. La constitution du sol ne diffère en rien de sa voisine; l'eau potable y fait également défaut. La population vit dans plusieurs villages : Tenne, sur la baie du Nord, mouillage n'offrant aucune sécurité aux gros navires; Lota, dans le Sud, Padaoa, Manoume, Neché, sur la côte Ouest.

Il y a à Maré un délégué du résident et un agent de police. Les écoles sont bien suivies par les jeunes indigènes.

Ouvéa, est une île étroite formant une bande légèrement convexe du côté de l'Est; sa longueur est de 42 kilomètres, tandis qu'elle n'a que 5 kilomètres dans sa plus grande largeur. Le sol essentiellement calcaire, offre partout des forêts verdoyantes composées d'arbres d'essences variées.

Là aussi, le cocotier est l'arbre le plus répandu, c'est le grand nourricier des habitants; on y remarque également le bananier, le papayer, le bois de rose, etc Les cultures sont moins nombreuses que dans les deux autres îles sœurs.

Ouvéa est divisée en deux grandes tribus donnant ensemble une population de 2,245 habitants : 1,050 protestants, 1,250 catholiques; au Nord, c'est la tribu des Ouaneki, au Sud la tribu de Fadiaoué.

Les villages principaux sont : Ouenegné, village principal, bâti au centre de l'île; le village catholique de Saint-Joseph, fondé par les missionnaires au fond de la baie du Nord-Ouest, ils y ont bâti une église vaste et bien décorée; cette situation a été bien choisie, c'est le meilleur mouillage de l'île. Citons Ouéis, village situé à la pointe Nord-Ouest; Fadiaoué, sur la côte Ouest, etc.

Les ilots secondaires qui se rattachent au groupe de Loyalty sont : les îles *Beaupré* où vivent quelques familles de la tribu des Ouaneki; l'île *Mouli*, au Sud d'Ouvéa, avec 300 habitants; Tika, entre Lifou et Maré, 150 habitants.

Les Canaques des Loyalty appartiennent à la même race que les indigènes de la Nouvelle-Calédonie, mais ils sont plus intelligents et plus actifs; le type est également plus beau, et il n'est pas rare de trouver parmi eux des hommes bien faits et des femmes relativement belles; ce sont d'excellents marins et de bons travailleurs. Les habitants d'Ouvéa sont alliés par des mariages avec ceux d'Hienguène, et ces unions ont donné d'excellents résultats. L'île de Maré a été la plus longtemps rebelle à la civilisation, c'est là que le cannibalisme était le plus invétéré. Avant de clore la longue liste des îles se rattachant à la Nouvelle-Calédonie, je dois citer encore :

Iles **Belep**, au Nord de la Nouvelle-Calédonie, groupe composé des îlots Poot et Art. Ce sont des terres hautes, d'une fertilité médiocre, mais bien arrosées par des ruisseaux limpides. L'île Poot, la plus grande, a 15 kilomètres de long sur 5 de large; elle est riche en mines diverses. Les habitants de ce petit groupe sont catholiques, et leur nombre s'est augmenté de 350 condamnés libérés.

Iles **Huon**, plus au Nord, groupe composé des îles Huon, Surprise, Fabre et Lebeizour; ce sont surtout des îles à guano; les tortues y sont abondantes.

Iles **Chesterfield,** groupe situé à 500 milles au Nord-Ouest de la grande île, est possession française depuis 1878.

Les oiseaux, les tortues et les poissons y sont extrêmement abondants, mais sa principale richesse consiste dans ses gisements de guano qui sont considérables.

Pour terminer, je mentionnerai : **Paoba, Tanlou, Iandé, Iénégeban, Néba, Poum,** toutes habitées et fertiles; **Vao, Ienga, Iengou, Ouao, Nani,** îles désertes; les îles **Mathieu, Parseval, Ducos, Hugon,** etc.

XXII

Depuis le 14 janvier 1860, la Nouvelle-Calédonie a été érigée en colonie distincte et par ce fait séparée des établissements français de l'Océanie auxquels elle était rattachée depuis la prise de possession.

Actuellement, la colonie est administrée par un gouverneur, assisté d'un *Conseil colonial* ainsi composé : le gouverneur, président; puis viennent ensuite le directeur de l'intérieur, le commandant militaire, le secrétaire colonial, les chefs des services de l'artillerie, du génie et de la santé, le chef du service judiciaire, l'inspecteur des services administratifs et financiers, le directeur de l'administration pénitentiaire, deux conseillers titulaires et six habitants notables de la colonie ayant voix consultative lorsqu'il s'agit de discuter les intérêts de la colonie.

Le gouverneur est autorisé à faire tous les règlements et arrêtés nécessaires à la marche du service administratif, comme à l'intérêt du bon ordre et de la sûreté de la colonie. Sous ses ordres, un ordonnateur nommé par le gouvernement français est chargé de l'administration de la marine, des troupes, du trésor et de la justice, ainsi que de tous les travaux de la Colonie.

Un conseil général élu a été accordé à la Nouvelle-Calédonie en 1885, il se compose de quatre membres pour la première circonscription, trois membres pour la seconde, deux membres pour la troisième, deux membres pour la quatrième, deux membres pour la cinquième, deux membres pour la sixième, soit en tout quinze membres. La Colonie est représentée en France par un délégué au Conseil supérieur des Colonies.

La justice est organisée comme en France, elle est sous la direction du procureur de la République de Nouméa qui prend également le titre de chef du service judiciaire; un substitut lui est adjoint.

Il y a à Nouméa un tribunal supérieur composé d'un président et de trois membres ; ce tribunal fait fonction de Cours d'appel et de Cours d'assises; il y a en outre de cela un tribunal de première instance.

Des juges de paix sont établis pour les arrondissements, à Bourail, Ouégoa et Lifou. Le tribunal de commerce de Nouméa est composé du président du tribunal de 1re instance, *président*, et de dix membres assesseurs.

L'instruction n'a pas été négligée là plus qu'ailleurs; actuellement l'administration y consacre plus de cent mille francs et partout des écoles ont été ouvertes où sont reçus indistinctement les enfants des européens et les jeunes indigènes. Le collège de Nouméa est florissant, il comprend cinq professeurs et l'administration coloniale lui accorde cinq bourses. Il y a deux orphelinats bien organisés, un pour les filles, un pour les garçons; une École des Arts métiers fonctionne sous les auspices de l'administration de l'artillerie qui s'occupe également de l'Ecole des apprentis mineurs, école utile dans un pays minier comme l'est la Nouvelle-Calédonie.

Le nombre des écoles est de cinquante, comprenant 1163 garçons et 1080 filles : total 2243 élèves, dont 1090 indigènes et métis.

La religion catholique est la plus répandue dans la colonie; elle est placée sous la juridiction d'un évêque *in partibus*, qui porte le titre de préfet apostolique. Seuls, le curé de Nouméa et son vicaire et un autre prêtre de la 1re circonscription sont reconnus par le gouvernement, tous les autres membres du clergé néo-calédonien sont entretenus par la mission, qui a établi des postes : à la Conception, St-Louis, un aumônier à la presqu'île Ducos, un autre à l'île Nou, au Couvent du Bourail, à Païta, Kanala, Keketi, Tao, Wagap, Pouëbo, Hienguène, Boudé, île Belep, île des Pins, île Ouen, Lifou, Mare, Ouvéa, etc.

Les protestants sont nombreux aux îles Loyalty où il y a plusieurs temples desservis par des pasteurs; Nouméa a également son église reformée.

La colonie est divisée en cinq circonscriptions militaires : celle de Nouméa, qui comprend la partie sud de l'île; celle de l'Est dont le commandant réside à Kanala; celle du Nord-Est, chef-lieu Wagap; celle du Nord-Ouest, qui comprend toutes les régions situées entre la baie de Néoué et l'île Konié, elle a son centre à Gatope; la dernière circonscription a pour chef-lieu Kenépehé dans l'île Lifou.

Les troupes sont tirées de l'infanterie et de l'artillerie de marine, de la gendarmerie coloniale et du cadre des surveillants des pénitenciers.

Les troupes de la marine sont placées sous les ordres d'un commissaire de la marine ordonnateur.

XXIII

La présence des condamnés aux travaux forcés et des récidivistes endurcis fait de la Nouvelle-Calédonie une colonie qui sort de l'ordinaire. C'est en mai 1864, qu'en vertu d'un décret, le premier convoi de condamnés est arrivé à Nouméa : la France suit à leur égard le système inauguré par l'Angleterre, en les transportant sur une terre lointaine pour faire des essais de moralisation bien souvent stériles.

Plusieurs fois par an des transports de l'Etat amènent à Nouméa les individus que la justice de la mère-patrie a flétris d'une condamnation à la déportation.

Le pénitencier principal est à l'île Nou; c'est là que les nouveaux venus sont tout d'abord internés pour ensuite être classés par catégories selon les notes de conduite qu'ils obtiennent. Les condamnés de la première classe ont la faculté d'aller travailler chez les négociants et dans les plantations lorsque les colons les demandent; quelquefois même, si l'administration a devant elle des sujets moins pervers que d'autres, elle leur facilite l'obtention d'une concession sur un territoire spécialement réservé à cet effet. La deuxième et la troisième classe fournissent des hommes qui sont employés aux travaux de l'Etat : constructions de routes, travail des mines, défrichements et mise en culture de terrains incultes qui plus tard seront confiés à des hommes libres.

Ces deux catégories de condamnés travaillent en groupes séparés, et le soir, chaque escouade rentre au camp volant qui lui est destiné; une surveillance de tous les instants est exercée par des gardiens appartenant à l'administration pénitentiaire. Ces camps ou ateliers sont très utilisés à la colonie, c'est une chose savamment comprise; à mesure que les travaux entrepris sont achevés, ils sont levés et transportés plus loin dans l'intérieur, on en trouve un peu partout et les condamnés qui les composent se trouvent transformés malgré eux en pionniers du défrichement et du progrès.

La quatrième section, celle des nouveaux venus et des incorrigibles, ne quitte pas le pénitencier principal de l'île Nou. Beaucoup parmi les condamnés ne peuvent plus quitter la colonie; sont dans ce cas, tous ceux qui ont un minimum de huit années de travaux forcés. Lorsque ces malheureux arrivent au terme de leur condamnation, ils forment la catégorie des libérés. Leur dette payée à la société qui les a condamnés et rejetés de son sein, l'Etat ne peut les abandonner à eux-mêmes, ce serait les ramener de nouveau au crime et cela sans le moindre effort. C'est alors que le gouvernement a eu l'idée de marier ceux qui ne le sont pas, espérant que l'idée de la famille les maintiendra dans une voie meilleure. Pour cela, un appel est fait aux détenues dont la conduite n'a pas été très mauvaise; le libéré fait sa demande, et si elle est agréée, le mariage se fait et les nouveaux époux obtiennent une concession qui appartiendra à leurs enfants aussi longtemps que ceux-ci voudront la conserver.

Que peut-il résulter de pareilles unions ? Cette question est très délicate, et pour la résoudre, il faudrait une plume plus autorisée que la mienne en la matière. Ce que je puis dire, pour l'avoir lu dans une relation sur la Nouvelle-Calédonie parue dans un de nos grands journaux de province, c'est que bien souvent on est en présence de libérés peu intéressants et que les essais si souvent tentés pour les réhabiliter n'amènent que des désillusions.

Tel directeur du pénitencier qui avait accordé sa confiance à un libéré paraissant revenu à de bons sentiments, s'est vu payé d'ingratitude et le crime est entré dans sa maison.

Ce fonctionnaire avait une jeune fille charmante; un jour, le forçat libéré qui avait la confiance du maître, se précipita sur elle, et la malheureuse enfant allait succomber dans la lutte et devenir victime de la violence de ce misérable, lorsque ses cris sont enfin entendus par son frère qui accourt à son appel. Se voyant surpris, le forçat s'empara d'un revolver qui était là, à sa portée, et le braquant sur le fils de son maître, il fit feu et étendit mourant à ses pieds le malheureux jeune homme qui était venu au secours de sa sœur.

La jeune fille se voyant de nouveau sans défenseur, perdit connaissance et on se demande ce qui serait advenu d'elle si le coup de revolver n'avait attiré le directeur du pénitencier ainsi que quelques gardiens. Après une lutte qui fut vive, le meurtrier fut garrotté et reconduit au pénitencier d'où il n'est plus sorti.

Autre chose encore : le plus grand nombre des mariages faits entre condamnés donnent des résultats désastreux à tous les points de vue. Le mari, qui est souvent un paresseux endurci, obligera sa femme à se livrer à la prostitution pour le nourrir et lui procurer le moyen de satisfaire sa paresse et son penchant pour l'ivrognerie; souteneur il était en France, souteneur il sera en Nouvelle-Calédonie; pendant ce temps, sa concession demeurera inculte, à moins pourtant qu'il ne prenne à son service un émigrant libre et honnête qui deviendra le domestique, l'engagé d'un forçat libéré.

Un grand nombre, parmi les filles condamnées, en sont arrivées à ne plus vouloir se marier dans de telles conditions, préférant disent-elles, faire la vie pour leur propre compte, plutôt que se prostituer pour entretenir la paresse et l'ivrognerie d'un homme qui souvent finira par les rouer de coups.

Les libérés ont été groupés dans la plaine de Bourail, formant ainsi une commune de condamnés; des écoles ont été ouvertes pour l'instruction des enfants qui sont tenus d'y aller depuis l'âge de 5 ans, jusqu'à 12 ans; chaque soir les instituteurs font des conférences d'adultes, et une bibliothèque aussi variée qu'instructive est à la disposition des libérés.

Là tout va pour le mieux, mais Bourail n'est pas toute la colonie et le nombre des libérés va toujours s'augmentant; ils ne peuvent se grouper tous sur le même point, on doit les répandre dans tous les districts, et un jour viendra où leur nombre égalera celui de la population libre. (??)

Le sort des condamnés est entre leurs mains; partout où ils sont employés, ils sont rétribués; ils jouissent d'une liberté relative, la surveillance ne s'exerce sur eux que pour les empêcher de s'évader; mais malheureusement, tout condamné se croit avoir un droit indéniable à la paresse et malgré tout ce que l'administration fait pour eux, il sera difficile d'empêcher les effets de la paresse et de la dépravation de se produire dans un groupe de prisonniers oisifs.

Je ne veux pas dire par là que tous sont réfractaires au travail et que pas un ne soit susceptible d'un retour vers le bien; beaucoup parmi ceux qui sont mariés et qui ont laissé en France femme et enfants, font venir leur famille, que l'Etat se charge de faire voyager à ses rais, en les considérant comme des émigrants libres.

Ce sera là le véritable noyau de la future colonie; ces enfants nés en France, souvent muris par le malheur, feront, il faut l'espérer, d'excellents travailleurs et c'est d'eux que naîtra une colonie prospère comme tous en France voudraient voir la Nouvelle-Calédonie.

La présence d'un grand nombre d'individus purgeant une condamnation peut paraître dangereuse et faire craindre pour la sécurité des colons libres; il n'en est rien. Les évasions sont pour ainsi dire impossibles, et seraient-elles tentées avec succès, que les évadés seraient vite repris par la police indigène composée de jeunes Canaques fort au courant des ruses susceptibles d'être employées et connaissant parfaitement le pays. Le fugitif est traqué dans la brousse comme pourrait l'être une bête fauve et bientôt il est pris, fatigué et souffrant la faim; une fois rentré au pénitencier, il voit sa peine augmentée de dix ans et une surveillance plus active est exercée auprès de lui.

La Pie de Paradis.

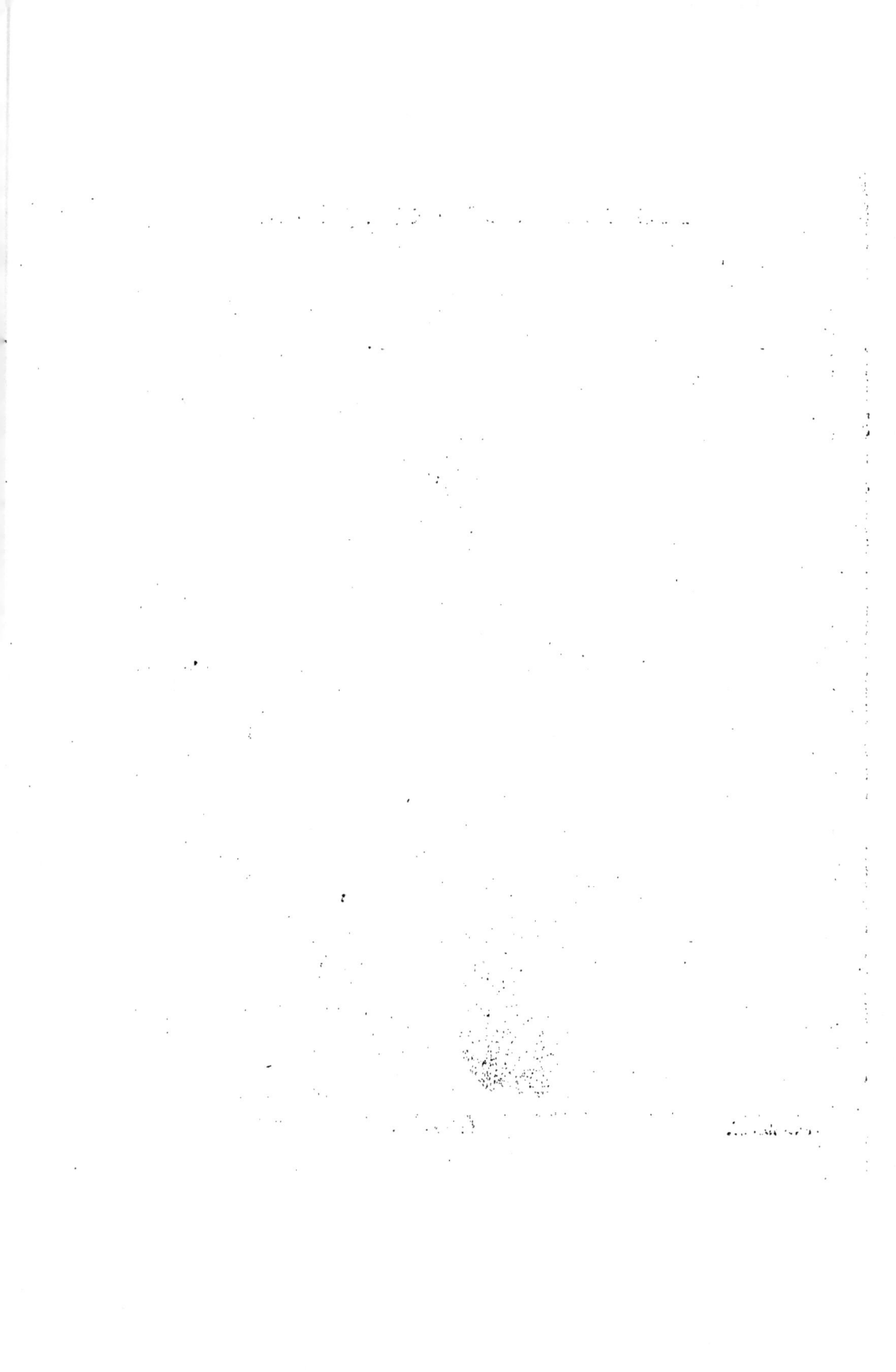

LES COLONIES FRANÇAISES

Une étude approfondie de la Nouvelle-Calédonie amène quiconque est un peu au courant des questions coloniales à prédire à cette colonie un avenir prospère. Elle a tout pour elle, richesse minérale et richesse agricole; tous les produits du sol sont susceptibles d'y être cultivés avec succès. Qu'un ouvrier travailleur et honnête aille là-bas, il est certain d'y gagner de l'argent; un cultivateur peut s'y rendre sans crainte, la terre ne lui fera pas défaut, elle ne demande qu'un peu de main-d'œuvre pour produire et enrichir son maître. Allez où flotte le drapeau de votre pays, n'écoutez pas les appels trompeurs des Etats du Sud-Amérique qui trop souvent, hélas! ne tiennent pas leurs promesses; beaucoup de paysans crédules s'embarquent à la légère pour ces pays lointains et la désillusion est prompte à se manifester à leurs yeux; quel retour après un départ plein d'espérance!

XXIV

LES NOUVELLES-HÉBRIDES

Il est impossible de s'entretenir de la Nouvelle-Calédonie et de ses dépendances sans dire un mot de l'archipel des Nouvelles-Hébrides que la France a le devoir d'annexer pour empêcher qu'une autre nation n'y plante son pavillon, barrant ainsi la route de Nouméa à Tahiti et à Panama.

Un commencement d'annexion a eu lieu, mais l'Angleterre, sur les instances pressantes de ses colonies australiennes, s'en est émue, et à la suite d'une convention mutuelle, la France et la Grande-Bretagne ont pris l'engagement de respecter la neutralité de ce groupe qui viendrait compléter l'ensemble des possessions françaises.

Les colons de Nouméa ont si bien compris l'importance que peut avoir pour eux l'archipel des Nouvelles-Hébrides, qu'en 1882 il s'est créé une Société au capital de 500,000 fr. qui est devenue propriétaire, dans les îles principales du groupe, de plus de 400,000 hectares de terrains sur lesquels elle a déjà installé des colons. L'archipel des Nouvelles-Hébrides a été découvert en 1606 par Quiros qui n'aperçut que l'île du Nord, à laquelle il donna le nom de *Australia del Esperitu Santo;* en 1768, Bougainville vint dans ses parages et il reconnut les îles voisines, donnant à l'archipel le nom de Grandes Cyclades. Six ans plus tard, Cook acheva la reconnaissance de ces îles auxquelles il imposa le nom de Nouvelles-Hébrides, lequel lui est resté jusqu'à nos jours.

Les équipages des navires de Cook firent dans les baies de ces îles des pêches miraculeuses; le naturaliste Forster remarqua que les forêts produisaient une foule de plantes étrangères aux autres îles; tout semblait promettre une flore immense, produite par des îles fertiles.

Les Nouvelles-Hébrides étaient retombées dans l'oubli, lorsque vers 1840, des navires à la recherche du bois de sandal vinrent y aborder. Leur récolte fut magnifique, mais en gens peu scrupuleux, ils trompèrent les indigènes qu'ils poursuivirent jusque dans les forêts pour en emmener un certain nombre en captivité.

Lors de la prise de possession de la Nouvelle-Calédonie, le capitaine anglais Paddon qui s'était établi à l'île Nou, envoyait des chaloupes aux Hébrides, pour trafiquer avec les indigènes.

Les Français ont continué à avoir les relations avec ces îles voisines distantes de Nouméa, de 600 kilomètres environ. c'est-à-dire à un jour et demi de navigation à vapeur.

La Société qui s'est fondée à Nouméa, et qui a pris le nom de Société Française des Nouvelles-Hébrides, a réuni entre ses mains la totalité du commerce d'échange qui se fait avec l'archipel; tous les achats de terrains qu'elle a effectués sont parfaitement en règle et chaque année elle y installe des colons qui ne peuvent que prospérer sur ces îles dont le sol est d'une grande fertilité et où l'élevage donnera des résultats magnifiques.

Un service régulier de bateaux à vapeur relie Nouméa et les îles principales du groupe, il fait le service postal et les colons se trouvent ainsi en communication constante avec le reste du monde.

Le jour où la France rompra son engagement de neutralité, elle aura des terres importantes à céder à ses libérés, dont le nombre augmente chaque année dans de grandes proportions.

Les îles principales sont :

Annatom, découverte par Cook en 1774, revue par d'Entrecasteaux en 1793 et reconnue par d'Urville en 1827. C'est une île montagneuse, avec une bande littorale très étroite, surtout dans la partie Nord. Cette bande est fertile et couverte de cocotiers, de bananiers, et d'une variété d'arbres à l'écorce blanche que Dumont-d'Urville a supposé être le niaoulis de la Nouvelle-Calédonie. Cette île a dix milles de l'Est à l'Ouest, sur une largeur de six milles.

Sandwich, dont la superficie est évaluée à 80 kilomètres carrés, passe pour la plus belle du groupe ; moins grande que la précédente, elle est d'une grande fertilité et couverte de forêts luxuriantes. Des essais de canne à sucre ont donné des résultats dépassant toute attente; les colons envoyés là par la Compagnie cultivent leurs concessions avec intelligence, tous les champs sont entourés de haies faites d'ananas dont les fruits sont utilisés de diverses manières. Le café qui est récolté dans cette île est de qualité excellente, aussi les colons s'occupent-ils activement de la création de vastes champs de caféiers. Les principaux mouillages de l'île sont Port-Villa, où sont construits les vastes magasins de la Compagnie ; une route bien tenue conduit aux plantations, dont la plus importante est Franceville, qui appartient à un planteur venu de la Réunion.

Dans la baie, est l'îlot Vila, sur lequel vit une tribu d'indigènes de deux cents individus environ. Ces naturels habitent l'îlot Villa, où ils sont cantonnés comme dans une forteresse, et chaque jour ils vont sur la grande terre pour s'occuper de leurs plantations d'ignames et de patates qui forment d'une façon à peu près exclusive, la base de leur nourriture.

De l'établissement français, leur village ne parait pas, perdu qu'il est au milieu de la végétation : un sentier qui va sous bois y conduit, et bientôt, on est en présence de misérables cabanes de forme rectangulaire, avec toiture inclinée. Au milieu du village, il y a une vaste place libre qui contient une douzaine de troncs d'arbres de dimensions inégales.

Ces arbres sont couverts de cannelures et d'arabesques, le tout colorié avec des sucs végétaux ; tout en haut, il y a une sculpture qui représente une tête grimaçante d'un aspect à la fois hideux et grotesque ; ces sortes de colonnes servent dans les grandes occasions pour les rondes infernales du pilou-pilou.

Un autre mouillage est celui de **Port-Havannah**, où les navires trouvent en abondance, de l'eau douce et du bois.

LES COLONIES FRANÇAISES

La compagnie a fondé un poste sur cette baie et c'est à quelques kilomètres de ce poste qu'est établie la mission anglaise protestante. Les villages environnants sont sous la domination des missionnaires qui ont réussi à faire sortir les indigènes de leur apathie ordinaire ; les plantations sont mieux tenues, les cases sont plus confortables.

La baie de Havannah est fermée au Nord-Ouest, par deux îlots madréporiques qui ne laissent entre eux qu'une passe étroite ; ce sont les îlots Déception et Protection.

Apée ou **Api,** découverte par Cook en 1774 est une île beaucoup plus élevée que la précédente elle est dominée par une chaîne de montagnes formant trois pics distincts dont le plus élevé atteint 900 mètres d'altitude. Une végétation luxuriante couvre l'île depuis le bord de la mer jusqu'aux sommets les plus élevés, s'étageant dans toutes les directions et offrant à l'œil du navigateur les effets les plus charmants.

Les mouillages sont difficiles, il faut avoir soin d'éviter les coraux sous-marins qui pourraient rendre le débarquement dangereux. C'est une île encore peu visitée, sa réputation est mauvaise ; les habitants sont réputés sanguinaires et il est bon de prendre certaines précautions pour descendre à terre.

Les cases sont encore plus rudimentaires qu'à Port-Vila, cela tient certainement à ce que aucun Européen n'habite l'île et que les habitants sont encore à l'état sauvage le plus complet.

Saint-Esprit, découverte par Quiros en 1606 est une île fort étendue, ayant 22 lieues du Nord-Ouest au Sud-Est, sur une largeur moyenne de 10 à 12 lieues. Visitée par Cook, sa végétation offrit à Forster l'aspect le plus riche et le plus varié.

Mallicolo fut également découverte par Quiros, c'est une île grande et fertile; dont les terres, d'une hauteur moyenne partent d'une chaîne centrale, pour venir se terminer en pente douce jusque sur le bord de la mer. La compagnie française des Nouvelles-Hébrides dont il a déjà été parlé est possesseur de cet île où elle a installé plusieurs familles de colons.

Les autres îles de l'archipel sont : Erronan ; Immox ; Tanna ; Koro-Mango ; Herichenbrook; Montagu ; Paoni ; St-Barthelemy ; l'île des Lepreux ; Ambrym ; et quelques autres. On peut y rattacher également le groupe de Banks, découvert par Bligh en 1789, dans un voyage qu'il faisait, se rendant des îles Tonga à Timor. C'est un groupe de quatre îles hautes et fertiles qui paraissent peuplées.

Le sol des Nouvelles-Hébrides est d'une extrême fertilité, ses productions naturelles sont à peu près les mêmes que celles de la Nouvelle-Calédonie, mais le climat y est moins favorable pour les Européens que dans cette dernière île; cela tient sans doute à l'humidité du sol qui est en même temps la principale cause de la force de la végétation.

La faune est peu variée, on y trouve cependant, mais ils sont fort rares, quelques oiseaux du paradis qui paraissent venir de la Nouvelle-Guinée, mais je l'ai dit, ils sont d'une grande rareté, ce qui fait croire qu'ils sont là par extraordinaire. Les indigènes appartiennent à la race noire mélanésienne, ils sont laids et féroces; dans leurs rapports avec les blancs, ils usent de fourberie; sur plusieurs points, ils sont anthropophages. Chaque île a son idiome particulier, c'est une véritable tour de Babel.

FIN DE LA PREMIÈRE PARTIE

LA FRANCE EN ASIE

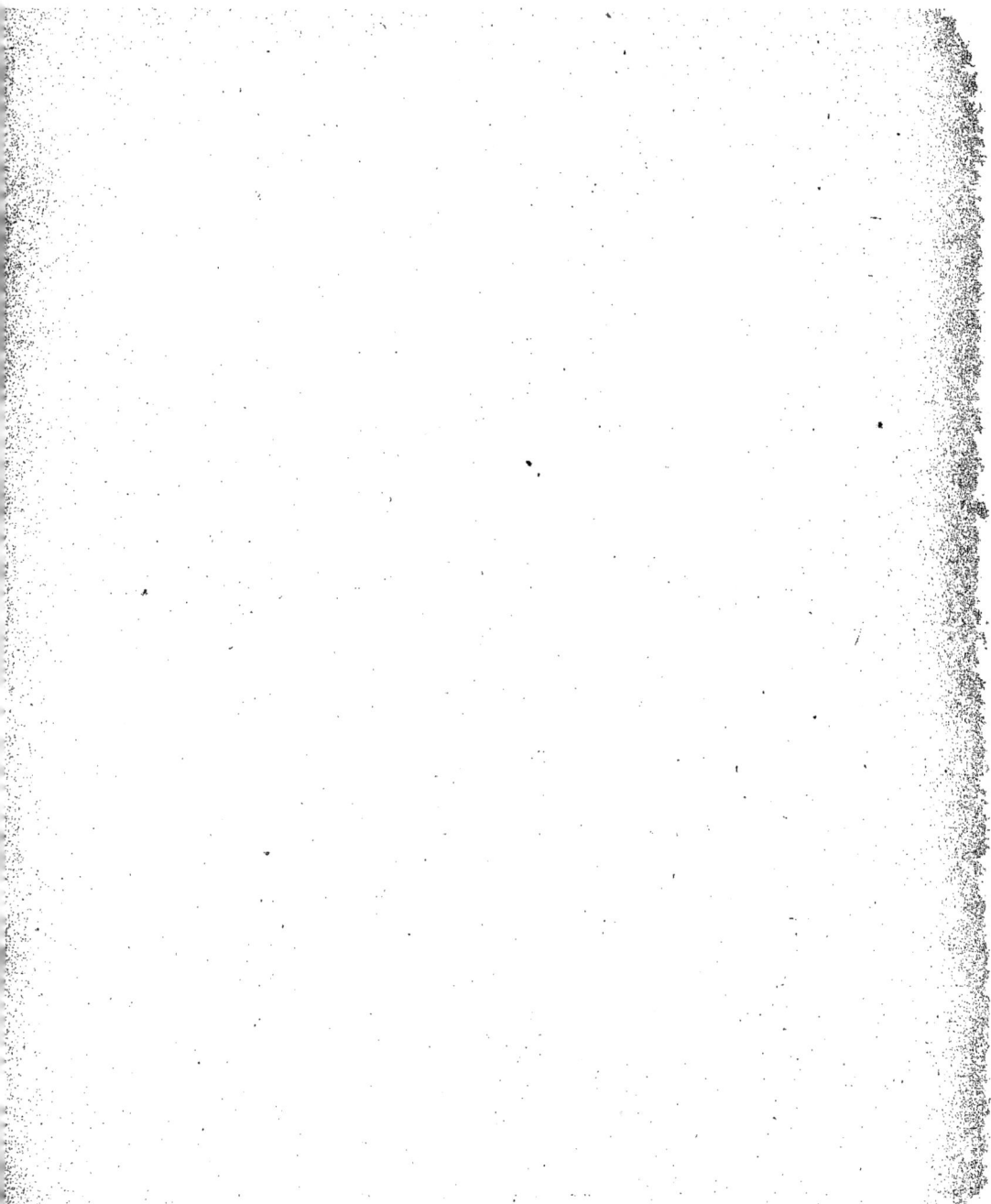

LES COLONIES FRANÇAISES

DEUXIÈME PARTIE

I

LA FRANCE EN ASIE

Quittant l'Océanie, dirigeons-nous vers l'Asie, le plus grand continent de l'Ancien Monde, berceau du genre humain et foyer de nos plus anciens souvenirs historiques.

Pendant plusieurs siècles, l'Europe n'avait de regards et de convoitise que pour ces contrées magnifiques, pays des temples grandioses et des pagodes merveilleuses ; pays du soleil et des jungles où vivent côte à côte l'éléphant symbole de l'intelligence et de la force, et le tigre au manteau royal, symbole de l'audace et de la férocité.

Les races qui peuplent l'Asie appartiennent à des familles diverses et là, comme dans notre Europe, il a surgi des hommes d'élite, natures guerrières, qui ont eu leur moment de gloire et leurs heures de triomphe, marchant de conquête en conquête et substituant leur dynastie à à celle déjà régnante jusqu'au jour où un autre conquérant reprenant leur œuvre ne vienne à son tour détruire les fruits de tant de batailles livrées et de sang répandu.

Quant à la civilisation, ce qui caractérise l'Asie, c'est la prépondérance des peuples civilisés sur les peuplades nomades ; toutes les nations de cette partie du monde qui grâce à leur civilisation ont eu leurs jours de gloire, sont placées au même degré de l'échelle du progrès. Nous trouvons une grande analogie dans leurs lois d'Etat, dans leur organisation de la famille, dans leur éducation, leurs sciences, leurs industries, leur commerce.

Ici vous trouvez des esclaves, là vous êtes en présence de castes bien établies; chez tous, les grands sont fiers et arrogants, les classes inférieures sont humbles et soumises.

La France, autrefois prépondérante en Asie, a vu sa force et son autorité s'en aller peu à peu jusqu'aux jour où il ne lui est plus resté que quelques points isolés et disséminés sur la côte de ce vaste empire des Indes dont elle a tenu un instant les destinées dans ses mains.

Son autorité s'accroît maintenant de plus en plus ; des contrées nouvelles s'ouvrent à son commerce et le jour est proche où ses colonies asiatiques pourront rivaliser en importance et en richesse avec les colonies que l'empire britannique possède dans la grande péninsule indoustanique.

Je vais passer en revue et étudier les pays ou flotte le drapeau français, qu'ils soient colonies ou simplement protectorats : Etablissement français de l'Inde ; Cochinchine française ; Empire d'Annam ; royaume du Cambodge.

LES COLONIES FRANÇAISES

II

ETABLISSEMENTS FRANÇAIS DE L'INDE

Comme la plupart des nations européennes, la France a été attirée vers l'Inde, où elle jeta les fondements d'un grand empire : la première expédition date de 1603 ; l'initiative en est due à un groupe de négociants de Rouen qui, l'année suivante, obtinrent du roi Henri IV le monopole du commerce dans ces contrées lointaines. Les titulaires de cette première Compagnie des Indes étaient des négociants ignorants et cupides; leur expédition échoua, ainsi que plusieurs autres entreprises dans la suite.

D'échecs en échecs, nous arrivons jusqu'en 1664, époque à laquelle Colbert reconstitua la Compagnie sur des bases plus larges et plus sensées; un privilège de 90 ans, une exemption de taxe, une avance de 4 millions par an, somme considérable pour l'époque, devaient assurer sa durée et sa prospérité. La nouvelle Compagnie française des Indes se trouva sur le même pied que les compagnies rivales fondées par les Anglais, les Hollandais et les Portugais.

Mais là, comme toujours, lorsque des nobles et des marchands se trouvaient en présence, la désunion ne devait pas tarder à se produire; une députation fut envoyée en Perse, elle comprenait deux gentilshommes et trois négociants, représentants de la Compagnie. Les gentilshommes, se prévalant de leurs titres nobiliaires, voulurent que leurs avis fissent loi au détriment des idées des marchands qui prétendaient avec juste raison qu'étant négociants, ils étaient les plus aptes à diriger une ambassade essentiellement commerçante. L'Indoustan obéissait alors au Grand-Mogol, le puissant Aureng-Zeb, qui consentait bien à recevoir des trafiquants, mais qui ne voulait pas voir les Européens jouer un autre rôle. En 1668, la Compagnie reprit un peu de prospérité, grâce à l'activité et à l'énergie de son directeur, François Caron, qui débuta en créant un comptoir à Surate où le Grand-Mogol lui donna droit d'installation.

La ville de Surate ne paraissant pas devoir lui offrir les ressources qu'il en attendait, le directeur, grâce au concours de la flotte française commandée par un amiral du nom de Lahaye, s'empara de la baie de Trinquemalé, point important de l'île de Ceylan qui, à cette époque, appartenait aux Hollandais. La possession de sa conquête fut de courte durée; les Hollandais reprirent la position qui venait de leur être enlevée et François Caron passa sur la côte du Coromandel où il réussit encore à s'emparer de la ville de San-Thomé que les Hollandais détenaient depuis près de douze ans, l'ayant enlevée aux Portugais qui en étaient les maîtres véritables. Là encore, les Hollandais reprirent l'offensive, leur flotte fit voile vers la côte de Coromandel et Caron se vit obligé de restituer la ville (1674). Ces aventures diverses et ses entreprises guerrières plus ou moins heureuses, n'étaient pas faites pour donner prospérité et succès à une Compagnie commerciale; la ruine était imminente, lorsque par l'habileté d'un agent supérieur, le directeur Martin, elle fut momentanément évitée.

Cet homme actif et probe rallia autour de lui ce qui restait des Français ayant participé aux essais de Ceylan et de San-Thomé et, avec ce faible contingent, il vint se fixer à Pondichéry, ville qu'il avait achetée, pour le compte de la Compagnie, au radjah de Karnate. La ville fut fortifiée, et grâce à la probité et à l'administration dévouée de son chef, la petite colonie devint florissante; le Grand-Mogol estimait le nouveau directeur qui avait su gagner sa confiance et tout faisait espérer que la Compagnie française des Indes orientales allait sortir de l'état de marasme dans lequel elle vivait depuis sa création.

Mais les Hollandais n'avaient pas oublié les deux coups de main qu'ils avaient dû essuyer quelques années auparavant; prenant à leur tour l'offensive, ils vinrent mettre le siège devant Pondichéry, qui malgré sa défense héroïque dût céder devant le nombre et ouvrir ses portes le 5 septembre 1693.

Lorsqu'ils furent maîtres de la place, les Hollandais se hâtèrent d'en relever les fortifications et même de les compléter; bien en sûreté derrière les remparts et les bastions qu'ils avaient élevés, ils demeurèrent à Pondichéry jusqu'à la signature du traité de Riswick, conclu le 20 septembre 1697. Redevenue ville française, Pondichéry fut choisie pour être le chef–lieu de nos possessions dans l'Inde, et Martin, en récompense des services rendus fut nommé gouverneur général; en 1688, il avait négocié la cession de Chandernagor, cession que Aureng-Zeb avait acceptée; cette ville faisait donc partie de son gouvernement.

Martin mourut en 1706, regretté de tous ceux qui l'avaient approchés; par sa douceur et sa justice, il avait su s'attirer la sympathie des indigènes sur lesquels il agissait par la persuasion : les princes voisins ne dédaignaient pas de le prendre pour arbitre dans leurs différends et ses décisions étaient toujours acceptées.

L'année suivante, 1707, le puissant Aureng-Zeb mourut, laissant à ses successeurs un vaste empire où ils ne surent pas conserver l'autorité qu'il avait maintenue pendant toute la durée de son règne. L'empire se morcela en une infinité de petits Etats, et c'est en profitant de ce désordre, que les Compagnies française et anglaise tentèrent de devenir maîtresses de territoires importants.

Le successeur de Martin fut un employé de la Compagnie, nommé Dumas; le nouveau directeur général suivit une toute autre politique que celle qui avait été inaugurée précédemment; il se montra fier, impérieux et plein de morgue; malgré cela, il sut se bien faire venir de la famille princière du Canartic, à laquelle il donna asile dans Pondichéry lorsqu'elle fut vaincue et poursuivie par Rogoghi, aventurier mahratte, qui n'osa pas s'avancer jusque sous les murs de Pondichéry dont il redoutait la garnison et surtout la puissante artillerie. Le Grand-Mogol lui conféra le titre de Nabab, titre qui lui donnait le droit de lever cinq mille soldats indigènes.

Les dépendances de la Compagnie s'étaient accrues de Mahé, le gouverneur Dumas obtint encore la cession de Karikal; puis ce fut Yanaon et Mazulitapan dont on s'empara en 1750.

Jusqu'à ce jour, la Compagnie n'avait pas suivi une politique de conquête, il lui paraissait difficile, à elle, simple société composée de marchands, d'engager une campagne contre les puissants Etats indous qui avaient consenti à la supporter.

Avec Dupleix, nous allons assister à un grand changement de politique, de grandes choses vont être accomplies.

Sous le gouvernement de Dumas, le comptoir de Chandernagor était dirigé par Jean Dupleix; c'était un homme supérieur, il avait fait de Chandernagor un poste commercial de premier ordre. C'est lui qui le premier eût l'idée de faire le trafic des produits du pays dans le pays, se créant ainsi une fortune considérable; par ce moyen, il étendit ses relations commerciales à l'infini, traitant des affaires importantes avec toutes les provinces de l'Indoustan, depuis le cap Comorin, jusqu'aux régions éloignées du Thibet, par delà les monts Himalaya.

A Chandernagor, alors qu'il n'avait officiellement à sa disposition que quelques mauvais bateaux, on l'avait vu réunir une flotte de plus de 15 navires et aller visiter tous les ports du littoral de la péninsule pour porter ses marchandises et trafiquer avec de grands bénéfices, obtenant ainsi des résultats merveilleux pendant que ses supérieurs demeuraient inactifs.

En récompense du zèle qu'il avait apporté dans l'exercice de ses fonctions, et de l'habileté tout à fait exceptionnelle dont il avait fait preuve, il fut appelé à prendre la succession de Dumas à Pondichéry, devenant ainsi gouverneur général.

Depuis longtemps, Dupleix rêvait de grandes choses; il voulait voir la puissance de la France s'étendre dans les Indes au moyen d'immenses possessions territoriales. Dominé par cette idée, il noua des relations avec tous les princes des pays voisins, intervenant dans leurs guerres, aidant tantôt l'un, tantôt l'autre et profitant des dépouilles du vaincu tout en se faisant récompenser par les vainqueurs. Il fut aidé dans sa tâche par sa femme, riche créole qui connaissait tous les dialectes de l'Inde, ce qui lui permit de s'introduire dans un dédale d'intrigues ambitieuses.

Il avait à sa disposition un bien faible contingent de soldats européens et jamais, avec des forces aussi réduites, il n'aurait pu se maintenir et encore moins s'agrandir, si le premier il n'avait eu l'idée de créer des régiments de *Cipayes* ou soldats indigènes qu'il équipa et fit manœuvrer à l'européenne.

Sa nomination au titre de nabab, puis peu de temps après à celui de radjah, le fit l'égal des princes souverains dont jusqu'à ce jour il lui avait fallu ménager les susceptibilités pour en avoir la protection. Cette situation toute particulière qui lui était faite lui suggéra l'idée de s'assimiler aux princes indous en adoptant leurs mœurs et leurs habitudes autant que cela lui était possible, sans porter atteinte à son prestige de grand chef européen.

Il s'entoura d'une garde imposante et nombreuse, dont les costumes magnifiques étaient faits d'étoffes de soie brodées d'or et d'argent; il ne sortait plus qu'en palaquin avec une brillante escorte, et lorsqu'il reçut les princes ses voisins ou simplement leurs ambassadeurs, ce fut avec un faste et un cérémonial tout oriental.

N'allez pas croire, cependant, qu'aveuglé par sa puissance et le luxe dont il s'entourait, il oublia ses intérêts et ceux de son gouvernement; toute cette mise en scène n'était qu'un moyen d'arriver au but, et jamais la politique ne lui fit oublier le commerce; ses vaisseaux n'en continuaient pas moins à visiter les ports de la Cochinchine, de Siam et du Cambodge, choisissant toujours ceux qui lui offraient le plus de chances de bénéfices.

L'Angleterre, qui avait elle aussi de grands intérêts dans l'Inde, commença à regarder avec inquiétude les triomphes successifs de la politique de Dupleix; et lorsque éclata la guerre de la succession d'Autriche, quand Anglais et Français se trouvèrent en présence, non seulement en Europe mais en Amérique et dans l'Inde, Dupleix montra que la Compagnie dont il avait les pouvoirs était une puissance militaire sur laquelle il fallait compter. Au début de ses hostilités, le gouvernement français, cédant aux instances de la Compagnie des Indes qui craignait les attaques de l'Angleterre, chercha à mettre hors de cause tous ses territoires d'outre-mer, demandant la neutralisation des colonies respectives des deux nations; le résultat de cette convention aurait été de mettre les comptoirs à l'abri d'uu coup de main de part et d'autre.

L'Angleterre, confiante dans la force de sa marine sur laquelle elle comptait pour porter le trouble dans les colonies françaises et s'emparer de quelques points importants refusa la proposition. Elle avait des intentions bien arrêtées, puisque sans tarder elle envoya une flotte pour renforcer la petite escadre qu'elle entretenait dans la mer des Indes. La présence d'une flotte ennemie ne pouvait qu'être nuisible au commerce français dont elle paralysait les moyens en bloquant les vaisseaux dans les ports et en capturant ceux qui étaient en mer. Il fallait aviser et répondre à l'agression anglaise.

C'est alors que Dupleix appela à son secours Mahé de la Bourdonnais, marin d'élite, alors gouverneur de l'île de France et son subordonné.

Quelques mois avant, pressentant la rupture prochaine avec l'Angleterre, il proposa un plan qui devait donner à la France de grands avantages dans la mer des Indes, pour la campagne future; avec son génie, il avait compris que la victoire appartiendrait à la nation qui la première prendrait les armes, portant ainsi les premiers coups. Adoptant ses idées, les ministres lui accordèrent cinq vaisseaux de guerre, mais il lui furent vite retirés, par suite des intrigues des directeurs de la Compagnie des Indes qui étaient vexés que pareille décision ait été prise sans leur avis. Puis vinrent les hostilités, il fallut bien s'avouer qu'une grande faute avait été commise, un vaisseau de guerre fut envoyé à la Bourdonnais, et quelques jours plus tard arrivèrent des navires marchands. De pareils secours étaient dérisoires; malgré cela le vaillant marin ne perdit pas courage, et avec les faibles éléments qui lui étaient fournis, il entreprit de former une escadre.

Il complète ses équipages avec des nègres de la colonie ; manquant de canons pour armer ses navires marchands, il prend une partie de ceux qui sont dans les forts de l'île de France. Songeant que la campagne qu'il va entreprendre sera longue et que par conséquent il lui faut de grands approvisionnements, que sa petite île ne peut lui fournir, il va chercher des vivres à Madagascar, la grande terre voisine.

La série des ennuis va commencer : en vue de l'île des Malgaches, il est assailli par une tempête qui démâte et désempare une grande partie de ses vaisseaux dont la moitié au moins étaient mal manœuvrés par des équipages novices; rien ne l'arrête, il mouille dans la baie d'Antonguil près de l'îlot Marotte où il débarque pour essayer de réparer les graves avaries de ses navires.

Là tout sera utilisé : les arbres du pays fourniront les mâts et les vergues; le vieux fer qui est dans la cale des vaisseaux pour servir de lest, va être forgé pour faire les cercles de mâts; s'il manque de cordages, il dédoublera ses câbles pour faire des agrès.

Après cinquante jours d'un travail constant, pendant lesquels il lui avait fallu faire montre d'un grand courage et d'une rare énergie, pour soutenir le moral de ses officiers et de ses marins, il put enfin reprendre la mer et faire voile vers l'océan Indien où il devait rencontrer la flotte anglaise commandée par le commodore Feyton. Cet officier avait sous ses ordres moins de navires que son adversaire, mais c'étaient des vaisseaux de guerre, bien armés, montés par des marins d'élite et commandés par des officiers de valeur.

Le combat s'engagea en vue de Negapatam; les anglais avaient l'avantage du vent ce qui leur permit d'éviter l'abordage et de fuir, après un combat qui dura quatre heures, jusque dans le port de Trinquemalé où ils purent se ranger à l'abri des canons du fort.

La Bourdonnais mit le cap sur Pondichéry qu'il débloqua et où il débarqua ses blessés; puis reprenant la mer il vint mettre le siège devant Madras, devançant ainsi Dupleix qui de son côté rêvait la prise de cette ville; Madras dût capituler le 19 Novembre 1746.

Au terme de la capitulation, le gouverneur anglais avait obtenu le droit de racheter la ville au prix d'une rançon convenue : 15 millions; il voulait conserver à son pays les trésors immenses qui s'y trouvaient.

Dupleix prit prétexte de ce traité pour donner cours à sa jalousie; plein de colère, il apostropha le vaillant marin qui venait de vaincre la flotte anglaise et d'entrer triomphant dans la ville ennemie, lui reprochant de ne pas avoir conservé sa conquête qui aurait été précieuse pour la Compagnie; il l'accusa même de s'être vendu aux ennemis et d'avoir outrepassé ses droits, lui qui était subordonné.

La Bourdonnais avait donné sa parole de gentilhomme. il ne pouvait donc pas revenir sur le traité et ce n'est qu'après avoir obtenu de Dupleix la promesse que la ville serait remise si les Anglais payaient la rançon, qu'il se décida à reprendre la mer, étant demeuré inactif plus longtemps qu'il ne l'aurait voulu.

La flotte française était encore en vue des côtes de l'Indoustan, lorsqu'une tempête effroyable, comme il s'en déclare fréquemment dans l'Océan Indien, vint l'anéantir complètement, l'empêchant ainsi de poursuivre sa campagne, qui aurait été d'un grand profit pour la France, puisque les Anglais n'avaient plus de flotte pour protéger leurs comptoirs. Pour revenir en France, La Bourdonnais dut s'embarquer sur un vaisseau hollandais qui fut pris par les Anglais; prisonnier de ses ennemis, il fut conduit à Londres.

Après le départ de La Bourdonnais, Dupleix, qui n'avait modifié en rien ses idées d'annexion et de conquête, réunit le conseil supérieur de la colonie dont les membres, pour être agréable au gouverneur général, déclarèrent nulle la capitulation acceptée par le vainqueur; en conséquence, Madras, au lieu d'être remise aux Anglais qui offraient d'en payer la rançon, fut livrée au pillage et son gouverneur emmené à Pondichéry où on l'interna lui et ses officiers.

Les commissaires envoyés par Dupleix s'emparèrent des trésors qui se trouvaient dans la ville et le malheureux La Bourdonnais fut accusé de prévarication. Fier de son innocence, il demanda et obtint des Anglais la permission de venir se justifier; il n'arriva à Versailles que pour être mis à la Bastille où il languit près de quatre années; pendant sa captivité, il avait contracté la maladie qui l'emporta peu de temps après sa sortie de la forteresse.

La rivalité des deux chefs français fit plus pour la cause anglaise que la plus importante des victoires; rien ne restait de la flotte de La Bourdonnais; Dupleix allait se trouver seul en présence de ses adversaires qui, pour rentrer en possession de Madras, excitèrent le prince du Dekkan à ouvrir les hostilités en cherchant à reprendre cette ville.

La Bourdonnais est assailli par une violente tempête qui démâte et désempare ses navires.

Planche 17.

LES COLONIES FRANÇAISES

Madras fut investie par une puissante armée indoue : cent mille hommes, des milliers d'éléphants, des chars de guerre et mieux que tout cela encore, une artillerie formidable. La ville assiégée devait succomber si elle n'était secourue, le gouverneur n'ayant à sa disposition qu'une faible garnison.

Dupleix n'avait pas d'armée, ces régiments indigènes n'étaient pas encore organisés; prenant deux cents hommes parmi les meilleurs de ceux qu'il avait à Pondichéry, il en donna le commandement à un officier de fortune nommé Paradis. La poignée de braves que le gouverneur général envoyait contre la puissante armée des Indous trouva cette dernière dans une forte position ; son camp était protégé par une ligne de retranchements et par une rivière roulant des eaux profondes.

Sans se donner la peine de compter leurs ennemis, et sans songer qu'ils couraient à une mort certaine, les soldats de cette vaillante cohorte se précipitèrent tête baissée sous le feu de l'ennemi, passant la rivière à la nage et escaladant les retranchements. Ils entrèrent dans le camp, comme une légion de démons, mitraillant et sabrant tout ce qui se trouvait sur leur passage ; la panique s'empara des Indous qui, en quelques minutes, abandonnèrent le camp, fuyant dans toutes les directions et. abandonnant leur artillerie, ainsi que leurs immenses richesses. Cette affaire, qui porte le nom de bataille de San-Thomé (1747) imposa pour toujours la supériorité des troupes européennes sur les armées indigènes.

Jusqu'à ce jour les compagnies avaient redouté les princes indous, se rappelant les exploits du célèbre Aureng-Zeb; mais quand on vit 200 Français culbuter 100,000 indigènes, les rôles changèrent et ce furent les radjahs qui tremblèrent devant le moindre commis des compagnies marchandes.

Si nous y réfléchissons bien, c'est pourtant avec des Indous enregimentés et disciplinés à l'européenne que Dupleix va résister aux troupes anglaises.

La défaite de leur allié, le prince du Dekkan, ne fit pas oublier aux Anglais qu'ils avaient à prendre leur revanche; après avoir mis leurs établissements en état de défense ils prirent eux-mêmes l'offensive sous les ordres de l'amiral Boscawen. Le 29 juillet 1748, il parut devant Pondichéry avec une flotte imposante, comprenant 13 vaisseaux de ligne et 20 bâtiments marchands, portant 4,800 hommes de troupes régulières auxquelles vinrent se joindre par la voie de terre une petite armée de 5,000 indigènes.

Le chef-lieu des établissements français se trouva de la sorte investi de tous les côtés, n'ayant qu'une faible garnison : 800 Français et 3,000 Indous. C'est pendant ce siège mémorable que Dupleix se révéla comme un homme supérieur; trouvant dans son génie toutes les ressources, il devint à la fois capitaine, ingénieur, munitionnaire. Toujours sur la brèche, voyant tout et faisant tout par lui même, il suppléa par son génie au manque de garnison; improvisant des moyens de défense que nul autre que lui n'aurait songé à mettre en pratique, il élevait des forteresses, construisait des redoutes et soutenait le courage de ses hommes en payant de sa personne et en leur promettant la victoire. Il voulait éviter un bombardement qui aurait anéanti sa ville capitale, il y réussit en maintenant ses batteries à 300 mètres en avant de la place. Avec une sûreté de vue remarquable, il sut tirer profit des fautes de ses adversaires, et après un siège de 42 jours, ayant soutenu les attaques reitérées de forces bien supérieures aux siennes, il obligea les Anglais à lever le siège, non sans laisser près de

2,000 de leurs meilleurs soldats tombés dans les tranchées; de son côté, ses pertes avaient été insignifiantes.

Ce fait d'armes le couvrit de gloire: le monde entier en demeura émerveillé, et dans l'Inde, les princes conçurent la plus haute idée du génie et de la puissance de Dupleix; tous recherchèrent son alliance encore plus que par le passé, il sût tirer parti de la situation exceptionnelle dans laquelle il se trouvait.

III

Louis XV, qui traitait les questions politiques avec une désinvolture toute royale, n'envisagea pas la question des Indes comme aurait pu le faire une compagnie de marchands; en novembre 1748, il consentit à signer le traité d'Aix-la-Chapelle qui rendait Madras et ses dépendances, se bornant à exiger comme compensation la restitution du cap Breton dont les Anglais s'étaient emparés pendant la guerre.

Cette clause mit le désespoir au cœur de Dupleix; voir le fruit de ses luttes lui être enlevé; être obligé de remettre à ses ennemis ce qu'il était si fier de leur avoir enlevé; tout cela était bien fait pour le décourager. Il n'en fut rien; son énergie ne fut pas abattue et il chercha par d'autres moyens à réparer cette perte et à acquérir de nouveaux territoires qui conserveraient à la France toute sa puissance commerciale et militaire.

C'est à cet effet qu'il entra dans les querelles intestines des souverains indous, dont les états étaient en proie à l'anarchie la plus grande; l'empire des Mogols s'en allait en lambeaux, il fallait s'y tailler des provinces.

Le vieux Nizam-el-Moulouk, roi du Dekkan, venait de mourir, et son trône était disputé par divers concurrents : Mouza-Fersing, Nazer-Sing son oncle, et Mohammed-Ali. Dupleix prit parti pour le premier, parce que les Anglais s'opposaient à son avènement; il voulait en faire son obligé, son vassal; ce serait le commencement des vice-royautés indoues, tributaires des compagnies européennes; politique qui depuis a été suivie par l'Angleterre et qui a donné de si beaux résultats.

Chose curieuse, tandis que la paix régnait en Europe entre la France et l'Angleterre, ces deux nations allaient en venir aux mains dans l'Indoustan, par le seul fait de la rivalité de deux compagnies de commerce et se livrer des combats sanglants derrière des personnalités exotiques portant des noms inconnus dans chacun des deux pays qui allaient fournir les millions de leurs trésors et le sang de leurs meilleurs soldats.

Après une longue série de combats, Dupleix réussit dans ses projets et son protégé fut nommé souverain du Dekkan, riche province peuplée de 35 millions d'habitants. Par reconnaissance, Mouza-Fersing voulut recevoir sa couronne des mains de Dupleix; à cet effet, il se rendit à Pondichéry où sa présence fut le prétexte de fêtes magnifiques. Lorsqu'il eut reçu l'investiture des mains du gouverneur général des possessions françaises, il proclama devant ses feudataires, Dupleix comme vice-régent de tous ses états, lui donnant en outre le fort de Valdour et ses dépendances ainsi que des dons en argent d'une importance considérable.

Ne s'en tenant pas là, Dupleix nomma nabab du Carnatic son protégé Tchanda-Sahib.

LES COLONIES FRANÇAISES

Pour arriver à un pareil résultat, il avait fallu livrer plusieurs combats et semer la discorde parmi les partisans des compétiteurs. Dans la nuit du 15 décembre 1750, un de ses officiers, La Touche, qui commandait à une petite troupe de 800 Français et 500 Cipayes soutenus par 10 pièces de canons, osa livrer bataille à l'armée de Nazer-Sing forte de 100,000 fantassins, 40,000 cavaliers, 400 canons et un grand nombre d'éléphants de combat.

Malgré la faiblesse numérique de sa petite armée, La Touche réussit à culbuter l'armée ennemie qu'il mit en déroute; ce succès ne fit qu'encourager la poignée de héros que commandait l'officier français, et la campagne allait se poursuivre, lorsqu'on apprit que Nazer-Sing venait d'être assassiné dans son propre camp et que ses partisans acclamaient le candidat français Mouza-Fersing.

Pour Mohammed-Ali, complètement vaincu, il dût prendre la fuite et demeurer à l'écart jusqu'au jour où il fit un semblant de soumission. La puissance de Dupleix était à son apogée et déjà il pouvait entrevoir le jour prochain où la France aurait la souveraineté effective de l'empire des Indes dont les trésors viendraient enrichir la Compagnie.

Dans toutes ces guerres de succession, il se trouva en présence des Anglais, qui, par parti pris, s'alliaient avec ceux qu'il combattait, espérant le vaincre et lui enlever son prestige. La lutte recommença, il fallut soutenir Mouza-Fersing dont les ennemis étaient alliés avec les Mahrattes, puissante confédération du centre de la péninsule. Malheureusement, Mouza-Fersing périt assassiné, et sans la présence du colonel Bussy, les choses auraient pu mal tourner.

Bussy évita la révolte, et réunissant les chefs indous, il fit nommer Salabad-Djang, troisième fils de Nizam-el-Moulouk, comme successeur du radjah défunt. Puis il continua sa marche en avant, livrant plusieurs combats à ses ennemis qu'il réussit à vaincre complètement, les obligeant à demander la paix qui leur fut accordée sous la condition qu'ils deviendraient les alliés de la France à laquelle ils durent fournir des soldats. Salabad-Djang, suivant l'exemple donné par son prédécesseur, vint demander à Dupleix l'investiture de sa souverainté; dans l'effusion de sa reconnaissance, il confirma les anciennes concessions faites à la France et à la Compagnie, les augmentant même des quatre provinces des Circars et jurant d'obéir aux ordres qu'il recevrait de Pondichéry.

L'Angleterre protesta en apprenant cette extension de territoire; elle se prépara plus activement à la lutte pour soutenir l'ancien prétendant Mohammed-Ali qui se mit de nouveau sur les rangs comme compétiteur pour la souveraineté du Dekkan. Dupleix, qui voyait sa puissance croître de plus en plus, rêva d'aller jusqu'à Delhi et de donner à la France l'empire que l'Angleterre a conquis depuis.

Il fit part de ses plans aux ministres de Versailles ainsi qu'aux chefs de la Compagnie des Indes; mais ces derniers, qui avaient été émerveillés de ses premiers succès, furent épouvantés par les idées ambitieuses de leur directeur principal; ils lui ordonnèrent de s'en tenir à ses conquêtes passées et de ne pas se lancer dans de nouvelles entreprises. Pour mieux appuyer ces recommandations, ils n'envoyèrent pas de renforts, faute énorme, car si elle l'empêchait de conquérir elle le paralysait dans la défense et la conservation des provinces annexées.

De nouveau les hostilités commencèrent, prenant cette fois un caractère plus aigu;

LES COLONIES FRANÇAISES

Mohammed-Ali, soutenu par le colonel Lawrence et par le célèbre Robert Clives, qui fut le fondateur de l'empire britannique dans l'Inde, mit sur pied une nombreuse armée.

Dupleix fut environné de toutes parts et son allié, Tchanda-Sahib, partout vaincu et poursuivi, dut se rendre et eut la tête tranchée. Sans perdre courage, il fit face aux attaques reitérées de ses adversaires, et avec ses faibles ressources, nous le voyons soutenir énergiquement une lutte inégale. Cette campagne funeste du Cariatic, si désastreuse pour la Compagnie, fut loin de lui enlever son prestige.

Sept fois il mit le siège devant Tritchinapaly; mais comment lutter contre les Anglais qui recevaient fréquemment des renforts tandis que lui ne recevait aucun secours; une escadre française et quelques régiments auraient mis la victoire entre ses mains, lui qui avec une poignée de braves accomplissait des prodiges de valeur, tenant en échec une armée nombreuse et bien approvisionnée. Dupleix ne pouvait croire à tant d'insouciance, à tant d'aveuglement, il espérait toujours; bien secondé par le colonel Bussy, il avait encore des alliés dans le Dekkan, et les provinces qui avaient été cédées à la France la rendaient maîtresse de près de 800 kilomètres de côtes. Le chef français carressait l'idée de prendre Goa, capitale des possessions portugaises; il aurait ainsi formé un vaste triangle comprenant les provinces enfermées dans une ligne passant par Goa, Mazulipatan et le cap Comorin.

Pendant que ses troupes bataillaient en Asie, l'Angleterre manœuvrait à Versailles pour obtenir le rappel de Dupleix qu'elle redoutait tant et qu'elle montra comme la cause principale de toutes les hostilités.

Le ministère français entra en pourparlers avec le cabinet de Londres et Dupleix fut remplacé par Godeheu qui devint gouverneur général et dont le premier ouvrage fut de signer un traité avec l'amiral anglais Saunders (11 octobre 1754), traité en vertu duquel les deux Compagnies rivales s'interdisaient d'intervenir dans les affaires des chefs Indous et renonçaient à toute possession antérieure à la dernière guerre du Carnatic et du Dekkan. Le gouvernement de Louis XV n'avait pas honte de sacrifier l'homme qui lui avait conquis un empire colonial immense, pour conserver certaines relations avec l'Angleterre qui n'avait rien à perdre et qui deux ans plus tard viola les conventions.

Avant de s'embarquer Dupleix voulut éclairer son successeur sur le péril qui allait naître d'un pareil traité; Godeheu ne voulut rien entendre et l'ancien gouverneur s'embarqua le 4 octobre 1754, pour venir en France, où il acheva misérablement une carrière si glorieuse et si patriotique. Il fut accusé de dilapidation, lui qui tant de fois, avait prêté sa bourse à la Compagnie; il se vit ruiné, après avoir consacré sa vie au service de la Compagnie commerciale qu'il représentait dans l'Extrême-Orient.

La France possédait encore des territoires importants, mais pendant la guerre de Sept-Ans, l'Angleterre, profitant de ce que ces possessions étaient presque sans garnisons, envahit les Etablissements français et au bout d'un an de lutte inégale, la Compagnie vit son commerce ruiné et bon nombre de ses comptoirs détruits.

IV

Le gouvernement français remplaça Godeheu par le comte de Lally-Tolendal, gentilhomme d'une bravoure héroïque, né à Romans en Dauphiné, de parents d'origine irlandaise; il fut nommé gouverneur-général, lieutenant-général, commissaire royal, syndic de la Compagnie, etc.

Le nouveau gouverneur partit de Lorient le 2 mai 1757 avec quatre vaisseaux, 4 000 hommes de troupes et 4 millions, l'escadre était sous les ordres de l'amiral d'Aché; dans son état-major, il comptait des gentilshommes de valeur appartenant aux illustres familles des Crillon, Conflans, d'Estaing, La Fare, La Tour-du-Pin, Montmorency, etc. Le 28 avril 1758, il débarqua à Pondichéry après une traversée longue et pénible.

Apprenant que les Anglais venaient de prendre Mahé et Chandernagor, il ne perdit pas un instant et se mit de suite en campagne.

Six jours après, il était maître de Gondalour qui se rendit presque sans résistance; sans s'arrêter à ce premier succès, il continua sa marche en avant et vint prendre d'assaut le fort de Saint-David, malgré le refus de coopération de l'escadre et des troupes de la Compagnie. Ce fort était défendu par 194 bouches à feu et une excellente garnison; Lally le fit raser.

Puis ce fut le tour de Davicotah qui ouvrit ses portes, et des forts qui défendaient la nabadie d'Arcote dans le Carnatic, trente-huit jours après son entrée en campagne, il avait chassé les Anglais de la côte sud du Coromandel.

C'était un brillant début, et c'est avec conviction qu'il écrivait aux commandants divisionnaires des troupes françaises : « Toute ma politique se résume dans ces quelques mots : plus d'Anglais dans la Péninsule. » Peut-être serait-il parvenu à réaliser ce projet grandiose, s'il avait été soutenu par ses collaborateurs.

Reprenant les idées de Dupleix, il voulut s'emparer de Madras, la principale place des Anglais; mais d'Aché, le chef de l'escadre vint le prévenir qu'il ne pouvait l'aider dans cette expédition; de son côté, le gouverneur de Pondichéry lui annonça que dans quinze jours il n'aurait plus d'argent pour payer son armée, mais que le radjah de Tanjaour doit 13 millions à la Compagnie.

Le radjah nia cette dette, ce qui n'empêcha pas Lally-Tollendal de marcher contre lui et de prendre sa capitale qui fut livrée au pillage, ce qui toutefois ne rapporta que 500,000 francs au trésor de l'armée.

Il lui fallut revenir à Pondichéry qui se trouvait menacée par suite des défaites successives de Bussy, qui jusqu'à ce jour avait toujours été victorieux et qui maintenant devait battre en retraite devant des forces supérieures, laissant à découvert tout le nord de l'Inde, ainsi que Mazulipatam qui tomba au pouvoir de l'ennemi.

Son retour à Pondichéry fut difficile, il était poursuivi par une nombreuse armée de cipayes qui marchait sous les ordres d'officiers anglais, et pendant cette retraite, il manqua d'être assassiné plusieurs fois, n'échappant au fer des meurtriers que grâce à son courage; la tentative la plus sérieuse fut celle qu'il essuya d'une bande de 50 Indous qui le surprirent dans sa tente; il fut blessé, mais grâce au dévouement d'un de ses gardes, il échappa encore une fois.

Arrivé à Pondichéry, il dispersa les Anglais et se disposa à partir pour Madras; pendant cet intervalle, la flotte française était partie pour l'île de France où elle demeura; il ne recevait de la métropole ni renforts ni munitions.

Pour faire face aux dépenses, Lally-Tollendal donna 166,000 livres de ses deniers; apprenant que l'escadre anglaise voguait vers Bombay, il se mit en campagne et s'empara d'Arcote, qui était sur sa route. Peu de jours après, il fut rejoint par Bussy qui commandait les troupes du Dekkàn ; la réunion des deux chefs aurait dû produire d'excellents résultats, ce fut le contraire qui arriva; deux partis se formèrent : d'un côté les troupes royales, de l'autre les troupes de la Compagnie qui ne voulaient reconnaitre que Bussy tandis que celui-ci, de son côté, refusa plusieurs fois d'obéir à son chef.

Enfin, Lally-Tollendal marcha sur Madras avec une petite armée de 8,000 hommes dont 5,000 indigènes; en route, il prit quatre places, et lorsqu'il arriva devant la ville il y entra presque sans coup férir et occupa tout de suite la ville noire; les Anglais s'étaient retranchés dans le fort Saint-Georges. Au lieu de commencer l'attaque, les troupes françaises se livrèrent au pillage, ce qui permit au commandant anglais de reprendre l'offensive. Surpris par une brusque attaque, les soldats français se reformèrent tant bien que mal et la lutte commença; le comte d'Estaing fut pris, et les troupes pliaient, lorsque le général en chef vint les ramener au combat. Si Bussy n'avait pas refusé de marcher, c'en était fait de la garnison anglaise qui, malgré cela revint au fort complètement mutilée et en déroute.

Les troupes reformées ne se dispersèrent plus, et le lendemain la tranchée s'ouvrit devant la forteresse, mais la division des deux officiers supérieurs porta tort à l'attaque qui fut insuffisante. Malgré cela, et aussi malgré les attaques continuelles que la petite troupe assiégeante devait supporter des ennemis qui harcelaient ses flancs, le siège aurait fini à l'avantage de Lally, si d'Aché n'avait pas laissé passer la flotte anglaise qui entra dans le port au moment où l'assaut allait être donné.

Il fallut renoncer à l'attaque et se replier précipitamment sur Pondichéry qui, n'ayant qu'une petite garnison de 500 hommes, vient d'être investie et contient dans ses murs près de 8.000 prisonniers Anglais.

L'échec de Madras a mis la joie dans le cœur des habitants de Pondichéry qui sont tous dévoués à la Compagnie ; la disette est dans la ville, il faut porter à la Monnaie la vaisssselle précieuse des membres du Conseil de la Compagnie et Lally donna tout ce qui lui restait, pour apaiser la révolte des troupes.

La flotte de l'amiral d'Aché vint un instant devant Pondichéry, pour repartir deux ou trois jours après, malgré les supplications et les menaces du Conseil. Profitant du rétablissement de l'ordre, Lally-Tollendal mit ses troupes en mouvement et s'empara de Siringham; ce fut sa dernière victoire, et à la bataille de Vandarachi (22 janvier 1760) la défection de sa cavalerie l'obligea à reculer; Bussy, blessé, fut pris et les Anglais vinrent bloquer Pondichéry deux mois après, investissant la place par terre et par mer avec des forces imposantes.

Lally vint tenir tête au pays; pour en imposer à la population et faire croire aux ennemis qu'il a une forte garnison, il ordonne à tous les fonctionnaires et aux employés de la Compagnie de paraître à une revue, revêtus du costume militaire. Cet ordre n'est pas exécuté et une émeute éclate dans la ville assiégée, à un moment où les forces auraient dû se concentrer.

Enfin, après dix mois d'une lutte inégale, ayant eu à réprimer une succession de révoltes et de tentatives d'assassinats, n'ayant plus que quelques jours de vivres, il dut céder aux injonctions des membres du conseil de la Compagnie et demander à capituler.

Le 4 janvier 1761, la ville fut remise au général Coote qui déclara Lally-Tollendal prisonnier de guerre et l'embarqua sur un navire hollandais qui le conduisit à Londres, où il fut interné.

Les Anglais démantelèrent la capitale des possessions françaises et bientôt il ne resta rien des fortifications de Pondichéry, tout fut détruit; les troupes et tous les employés de la Compagnie furent envoyés en France, où ils accusèrent Lally de trahison, déchaînant contre lui l'opinion populaire.

De Londres où il était prisonnier, le malheureux général apprit tout ce qui se tramait contre lui; il demanda et obtint l'autorisation de venir se défendre et il vint à Fontainebleau où était la Cour, apportant, disait-il, sa tête et son innocence.

D'Ache et Bussy, cause de tous ses malheurs, lui parlent d'accommodement, Choiseul lui conseille de fuir; il n'entend rien, demande justice et pendant un an elle lui est promise.

Le 5 novembre il va se constituer prisonnier et est interné à la Bastille; on l'accuse de concussion et de trahison, lui qui a payé l'armée de ses deniers. Le Parlement ordonne au Châtelet de faire l'instruction de l'affaire qui est remise à la Grand'Chambre.

Lally vit parmi ses accusateurs le chef des Jésuites de Pondichéry, des négociants de la ville, les employés de la Compagnie et ses propres domestiques; trois fois il demanda un conseil qui lui fut refusé.

Bussy, qui avait dit qu'il fallait sa tête ou celle de Lally, vint déposer contre lui, et sans avoir été entendu, le malheureux général fut condamné à mort le 2 mai; malgré les supplications de Choiseul et du maréchal de Soubire, il fut exécuté le 9 mai 1766; ce ne fut que douze années plus tard, que son fils obtint sa réhabilitation.

Cet acte de cruauté ne rendit point à la Compagnie des Indes la vie et la prospérité qu'elle n'avait plus et c'est de ce moment que date la chute de la prépondérance française dans l'Inde.

La prise de Chandernagor par les Anglais, avait précédé de quelques mois celle de Pondichéry; Clives partout victorieux avait livré au nabab du Bengale la bataille de Plassey, où avec 3.000 hommes il avait bousculé et dispersé une armée forte de 70.000 Indous.

Maître du Bengale et de la côte du Coromandel, le généralissime anglais tenait la place qu'avait occupée Dupleix, et prenant en mains la politique inaugurée par le célèbre gouverneur français, il ouvrit la voie à une série de conquérants et d'administrateurs qui dans la suite ont fait un si bel empire colonial à l'Angleterre.

Le traité de Paris, 10 février 1763, restitua à la France, Pondichéry, Chandernagor et les autres comptoirs de l'Inde, mais toutes ces places étaient démantelées; la restitution ne fut bien réelle que deux ans après, mais encore fallut-il abandonner une partie des possessions territoriales; Jacques Law de Lauriston fut nommé gouverneur général.

En 1769, le gouvernement enleva à la Compagnie tous ses privilèges, proclamant le commerce libre pour tous les Français; ce décret ranima les espérances et Pondichéry sembla devoir se relever de ses ruines. Ce mouvement progressiste fut de courte durée et la malheureuse ville retomba au pouvoir des Anglais, le 18 septembre 1778.

En 1781, l'attention du gouvernement fut encore appelée sur l'Inde, où il fallut opposer un homme de génie au commodore Johnston; le choix tomba sur Pierre André de Suffren.

LES COLONIES FRANÇAISES

V

Le bailli de Suffren, était un marin d'élite qui avait déjà fait ses preuves ; le 16 avril 1781, sa petite escadre composée de cinq vaisseaux et deux frégates, reconnut la flotte anglaise qui était à l'ancre dans la baie de Praya. Immédiatement, il donna le signal de l'attaque et il aurait certainement anéanti ses adversaires, si les courants qui règnent en cet endroit ne l'avaient mis dans la nécessité de cesser le combat.

Il avait mission de débarquer des troupes au Cap de Bonne-Espérance, ce qu'il fit aussitôt après; puis il fit voile vers l'île de France où il fut rejoint par l'escadre qui, sous les ordres du comte d'Orves, croisait dans ces parages depuis plusieurs mois.

Suffren aurait voulu surprendre les Anglais dans le port de Madras, mais son arrivée fut signalée et lorsque le 14 février 1782, il se présenta devant le chef-lieu des établissements anglais, il vit que l'amiral anglais Hughes avait mis sa flotte en ordre de bataille ; sans s'arrêter, il continua sa route, l'amiral Hughes le poursuivit; mal lui en prit, car le 17 février, étant en vue de Sadras, il voulut attaquer la flotte française qui accepta le combat. Suffren, bien secondé par ses officiers et ses équipages, eut tous les avantages de la journée, il fit beaucoup de mal à ses adversaires.

Après avoir repris Pondichéry, le commandant français se disposa à aller secourir l'allié de la France : Hayder-Ali, roi de Mysore. qui depuis plusieurs mois tenait campagne contre les Anglais; il signa un traité avec le monarque indou, par lequel il était établi que l'armée française devait être renforcée de 10.000 soldats indigènes, fantassins et cavaliers, qu'elle recevrait chaque année une somme de 550 000 francs et qu'elle serait libre dans son initiative.

Le vieux roi du Mysore était dans la joie; les Anglais ont enfin trouvé leur maître, dit-il, et je veux qu'avant deux mois il n'en reste plus un seul dans l'Indoustan; peu s'en fallut que cette prédiction ne s'accomplit.

Suffren remit à la voile, il voulait détruire la flotte anglaise; le 12 avril 1782, il livra un combat dont le résultat fut presque nul, cependant le champ de bataille lui resta. Le 6 juillet, nouveau combat qui, cette fois, fut terrible, les pertes étant considérables des deux côtés ; la flotte anglaise souffrit plus que l'autre et c'est avec beaucoup de peine qu'elle put se réfugier dans la baie de Negapatam où les vaisseaux arrivèrent les uns après les autres, démâtés et faisant eau de toutes parts.

Le 26 juillet, le bailli de Suffren fut reçu par Hayder-Ali; la réception fut splendide, un faste tout oriental y présida; le roi de Mysore témoigna à l'amiral français tout son contentement et toute son admiration; un plan de campagne fut dressé; puis, Suffren reprenant la mer vint mouiller le 25 août en vue des forts de Trinquemalé, qui ne mirent aucun empêchement à son débarquement.

Profitant des avantages qui lui étaient offerts, il construisit des retranchements et installa des batteries, en cinq jours, il fut maître de ce port important dont la possession facilitait ses moyens d'attaque et de défense en entretenant ses communications avec les autres points appartenant à la France ou à ses alliés.

La flotte anglaise avait réparé ses avaries; le 2 septembre elle parut en vue de Trinquemalé, avec l'intention de forcer l'entrée de la rade. Suffren donna l'ordre à ses navires de se mettre en ligne de combat; par suite de circonstances inexplicables, le désordre se mit dans son escadre et pour comble de malheur, un incendie se déclara à bord du *Vengeur*, vaisseau sur lequel il avait son pavillon.

Le danger était imminent; se croyant abandonné sur son navire en flammes, l'amiral se prépara à mourir à son bord; il n'en fut rien; ses officiers virent le danger, l'escadre put rallier son chef et la catastrophe fut ainsi évitée.

Le 7 décembre 1782, Hayder–Ali mourut; il eut pour successeur son fils Tippoo-Sahib, auquel le bailli de Suffren envoya une lettre fort affectueuse, l'engageant à continuer l'œuvre commencée par son père et pour l'accomplissement de laquelle il pouvait compter sur son dévouement le plus complet.

Bussy, celui que dans l'Inde on avait l'habitude d'appeler le demi-dieu, reparut sur le théâtre de ses exploits; il arriva de France avec des renforts : trois vaisseaux et une frégate escortant trente bâtiments de transport qui avaient fait partie d'un convoi plus important attaqué précédemment par les Anglais.

L'amiral Hughes vint mettre le siège devant Gondelour; Suffren, à cette nouvelle, rallia ses forces navales et se présenta devant la flotte anglaise qui n'accepta pas le combat, l'évitant au contraire pendant plusieurs jours, malgré la supériorité de ses forces, et au grand étonnement du bailli de Suffren qui ne comprenait pas cette persistance à le fuir.

Enfin, le 20 juin (1783) il put approcher des Anglais et commencer l'attaque qui fut soutenue par ses adversaires avec une grande énergie; le combat dura jusqu'à la nuit. Suffren fit cesser le feu de ses vaisseaux, espérant continuer le lendemain, mais au point du jour, il se rendit compte que l'amiral Hughes avait disparu.

Huit jours après (29 juin) un parlementaire anglais se présenta de la part de son chef, porteur d'un message important.

L'amiral Hughes annonçait qu'il venait d'apprendre qu'un traité avait été signé à Versailles le 9 février précédent, en conséquence il venait proposer au bailli de Suffren de cesser les hostilités, ce qui fut accepté.

Par ce traité, l'Angleterre rendait à la France la plus grande partie des possessions qui lui avaient été enlevées; Pondichéry et les autres Etablissements de l'Inde faisaient ainsi retour à la France.

Depuis 1793, jusqu'à l'année 1815, ces malheureuses colonies furent bien souvent prises et rendues, pour être encore reprises par l'Angleterre jusqu'au jour où fut signée la convention suivante (7 mars 1815) :

1º Le gouvernement français renonce au droit de réclamer à la Compagnie anglaise des Indes, 300 caisses d'opium au prix de revient; ce droit avait été accordé par la Convention signée le 30 août 1787; aujourd'hui ces 300 caisses sont livrées au prix moyen des ventes du marché de Calcutta ; 2º Le gouvernement anglais aura le droit d'acheter aux Etablissements français le sel qui y sera fabriqué, le prix en sera déterminé par avance; 3º Ces deux clauses pouvant être une cause de préjudice pour les Etablissements français, une indemnité annuelle de 960.000 francs sera payée par l'Angleterre.

En 1818, nouveau traité enlevant à la France le monopole de la fabrication du sel qui à l'avenir sera fourni par l'Angleterre au prix coûtant; une nouvelle indemnité annuelle de 33.000 francs a été accordée à la suite de ce traité.

Depuis cette époque l'histoire des Etablissements français de l'Inde a été calme et sans évènements dignes d'être cités; quelques pourparlers entre les gouvernements français et anglais au sujet des frontières et des droits sur les loges, ont seuls troublé cette longue paix ; tout s'est réglé à l'amiable et par voie diplomatique.

VI

Les Etablissements français de l'Inde ne forment pas un tout homogène; ils sont formés de territoires isolés les uns des autres, présentant une superficie totale de 50.800 hectares environ. Ils se divisent en cinq territoires, qu'il est bon d'étudier séparément, leur situation respective leur donnant des caractères souvent bien divers.

1° **Territoire de Pondichéry.** — Ce territoire, situé sur la côte du Coromandel, dans l'ancienne *nabadie* de Carnate, actuellement gouvernement de Madras, occupe une superficie de 29.142 hectares, ce qui représente à peu près les trois cinquièmes de l'ensemble des possessions françaises dans l'Inde. Divisé en quatre communes ou districts, il se subdivise en 93 aldées et 141 villages de moindre importance.

Très morcelé, ce territoire est composé d'enclaves formées en plein territoire britannique, ce qui rend difficile pour ne pas dire impossible, la surveillance des postes d'octroi. A diverses reprises des pourparlers ont été engagés avec l'Angleterre pour remédier à cet état de choses; la régularisation des frontières aurait été faite en se cédant mutuellement des portions de territoire.

Le sol de l'Etablissement de Pondichéry est formé en grande partie d'une terre argileuse, mélangée de sable et recouverte en maints endroits d'une mince couche d'alluvions; pour être productif, ce sol demande des irrigations fréquentes.

Une chaîne de petites montagnes, qui s'étend près du delta du Gingy et qui porte le nom de Montagne Rouge, est formée d'un calcaire jaunâtre qui contient beaucoup de débris de végétaux fossiles.

Le district de Bahour est riche en gisements de lignite, qui dans la suite pourront donner lieu à de grands travaux d'extraction.

Le lignite est un combustible précieux, dont la propriété calorifique équivaut à 70 pour 100 de celle du bon Cardiff; je l'ai dit, le gisement de Bahour est fort riche, il occupe près de 4.000 hectares de terrain, pouvant, d'après les derniers calculs faits en 1883, donner plus de 300 millions de tonnes de minerai pur.

Le territoire de Pondichéry est arrosé par plusieurs cours d'eau dont les plus importants sont : le Gingy, qui coule dans la partie septentrionale; avant d'arriver à la mer et après avoir reçu les eaux de son principal affluent le Pambéar, il se divise en deux bras : l'Ariancoupain et le Chounambar; ce dernier reçoit le Condouvéar. Le Gingy est navigable pour les petits bâteaux jusqu'à 25 kilomètres de son embouchure, pendant quelques mois seulement, à la saison des crues.

Le Pouméar descend de la chaîne des Gathes; il arrose la commune de Bahour et un grand nombre de ses principales aldées; son delta comprend deux bras principaux dont l'un, le Maldar, va rejoindre le Condouvéar, mettant ainsi en communication les deux fleuves principaux du territoire, l'autre bras, l'Oupar, se jette directement dans la mer.

De nombreux canaux ont été établis pour l'écoulement des étangs qui, au nombre de 59, sont disséminés sur le territoire; des écluses et des barrages règlent le cours des fleuves, qui périodiquement sont sujets à des crues dangereuses; il est bon de noter encore, plus de 200 source et 55 réservoirs qui sont utilisés pour les irrigations.

Le climat de Pondichéry est généralement salubre; la température varie suivant la saison, qui se divise en saison sèche et en saison pluvieuse. La première, qui dure de janvier à octobre donne une moyenne de 30° centigrades; la seconde, saison de l'hivernage donne une température moyenne de 26°. Les pluies sont peu fréquentes, elles tombent surtout en octobre et novembre; alors elles sont torrentielles et accompagnées d'orages et d'éclats de foudre.

Le chef-lieu de ce territoire est Pondichéry, également le chef-lieu des Etablissements français de l'Inde et la résidence des autorités supérieures, sur la côte du Coromandel, à environ 10 myriamètres au sud de la ville anglaise de Madras; elle s'étend parallèlement à la mer.

Un large canal bordé d'arbres, la divise en deux parties : la ville blanche et la ville noire. A l'Est, sur le bord de la mer, est la ville blanche qui occupe le rivage servant de port à la cité; elle est bien bâtie, on y compte près de 600 maisons de construction élégante, ses rues sont larges et percées régulièrement; trois faubourgs la complètent, ce sont : Vaitycoupom, Chevranpett et Kirepaléom.

La ville indoue compte plus de 4.000 maisons dont une partie seulement est construite en briques, le reste se compose de cabanes en terre recouvertes de paille ou de feuilles. De beaux cocotiers régulièrement plantés ombragent chacune de ces habitations et donnent à cette partie de la ville l'aspect le plus pittoresque.

A Pondichéry il n'y a pas de port proprement dit, c'est une rade ouverte où la mer brise sans cesse, formant une barre qui rend le débarquement difficile; il y a, malgré cela, deux mouillages, dont l'un, la Grande rade qui est à une lieue environ du rivage, sert pendant la mauvaise saison; l'autre mouillage dont le fond est de neuf brasses environ, est distant d'une demi-lieue. La communication des navires avec la ville se fait au moyen de petits bateaux nommés chellingnes.

Le faible tirant d'eau de ces bateaux facilite l'abordage. Depuis 1872, on a construit un pont débarcadère qu'une voie ferrée relie à la gare de Pondichéry qui est elle-même en communication avec la South-India-Railway-Company.

Les principaux monuments sont : le Palais du gouvernement, l'Église métropolitaine, l'Église de la Société des Missions, plusieurs pagodes ou temples Indous, dont deux surtout sont dignes de remarque, la Tour de l'Horloge, le Phare, les Casernes, l'Hôpital militaire, l'Hôtel-de-Ville, la Cour d'appel, etc.

La ville possède divers collèges pour les Européens et des écoles pour les Indous, un jardin botanique, l'un des plus considérables qu'il y ait dans l'Inde, une bibliothèque publique, plusieurs imprimeries, un Mont-de-Piété, un vaste bazar, une filature modèle pour la soie et le coton; de belles promenades ont été établies sur l'emplacement des anciens remparts détruits depuis longtemps; partout la végétation est luxuriante.

Les autres centres de population sont Bahour, Oulgaret et Villenour, qui sont des chefs-lieux de districts ou communes; la population du territoire de Pondichéry est de 145,000 habitants.

2° **Territoire de Karikal.** — Comme le précédent, ce territoire est situé sur la côte du Coromandel, dans l'ancienne nabadie de Carnate, province de Tandraour; d'une superficie de 13,515 hectares, il se divise en cinq districts renfermant ensemble 110 allées. Le sol est d'une grande fertilité, il produit en quantité le riz et une foule d'autres produits; partout on le trouve couvert de terrains d'alluvion, composés d'humus noir et d'argile, le sous-sol est essentiellement formé de sables de compositions diverses. Il doit sa grande fécondité aux debordements périodiques des nombreux affluents du fleuve Çavery qui le sillonnent dans tous les sens, partant tous de l'Arselar, bras principal; ce sont : le *Mandular*, le *Vanjiar*, le *Noular*, le *Tirmalerasenar*, le *Praviadbnar*, etc.; les irrigations fluviales se complètent par les eaux de 14 canaux parmi lesquels cinq sont très importants : *Condirecoutty, Taléganivaïkal, Kanganyvaïkal, Harivaïhal* et *Servevaïkal.*

Le climat de cet établissement ne diffère pas de celui de Pondichéry; le régime des pluies est le même, les saisons suivent une marche semblable.

La ville de Karikal, chef-lieu du territoire, est bâtie sur les rives de l'Arselar, à près de 3 kilomètres de son embouchure, à 26 lieues au Sud de Pondichéry. L'embouchure de la rivière est obstruée par les sables, ce qui fait que pendant la saison sèche il est difficile de la remonter: pendant la saison des pluies, alors que les eaux sont grossies, les bateaux peuvent venir charger à la ville, et les navires de 300 tonneaux y remontent sur lest.

Karikal conserve encore les vestiges de ses anciennes murailles; on y compte un certain nombre de manufactures qui s'occupent du tissage de la soie et du coton, ainsi que de la fabrication de pagnes aux couleurs variées, fort recherchés des femmes indoues.

Les autres chefs-lieux de communes sont *Tirnoular, Nallajendour, Uedouncadow* et *Kitchery;* la population totale du territoire est de 94,675 habitants.

3° **Territoire de Yanaon.** — A 140 lieues au Nord-Nord-Est de Pondichéry, nous trouvons le territoire de Yanaon dans l'ancienne nabadie de Golgonde qui a été annexée au gouvernement de Madras et à la province de Radjamandry. D'une superficie de 1,431 hectares, il a une population de 5,605 habitants; le sol, qui est presque exclusivement alluvionnaire, est d'une grande fertilité et produit beaucoup de riz dont la qualité est renommée dans l'Indoustan.

Ce territoire est partagé en deux parties inégales par un des bras du fleuve Godavery qui porte le nom de rivière Coringuy; de nombreux canaux viennent compléter l'irrigation de ce petit établissement qui pendant plus de 2 lieues est limité par le fleuve principal, le Godavery.

Le chef-lieu, Yanaon, est bâti à 11 kilomètres de la mer, à l'endroit où se séparent le Godavery et la rivière de Coringny: seul, ce dernier cours d'eau est accessible à la navigation

Les rives de l'Hougly (Chandernagor).

Planche 18.

et les navires de 300 tonneaux remontent jusqu'à Yanaon; l'embouchure du Godavery est obstruée par des bancs de sable.

Divers territoires ont comme dépendances des postes nommés Loges; ce nom était autrefois donné à des établissements isolés, comprenant une maison avec un terrain y attenant, sur lesquels la France faisait flotter son pavillon. Au territoire de Yanaon, se rattache la loge de **Mazulipatam**, située entre Pondichéry et Yanaon; cette ville, dont les Anglais sont les maîtres depuis 1769, est bâtie aux bouches du fleuve Krichna, dans la province des Circars septentrionnaux. La France y possède une loge, et tout près de la ville, une aldée nommée Francepett (*le village français*), habitée par 250 ou 300 Indous; le drapeau français flotte sur la loge et sur le village.

La ville de Mazulipatam est célèbre pour ses tissus de coton; depuis 1853, par suite d'une convention conclue avec l'Angleterre, la France a abandonné le droit de vendre des spiritueux et des alcools, abandon pour lequel l'Angleterre paie une indemnité annuelle de 8,520 francs.

4° Territoire de Chandernagor. — Le territoire de Chandernagor, dont la superficie est de 940 hectares et la population de 23,419 habitants, s'étend sur la rive droite de l'Hougly, fleuve qui n'est autre chose qu'un des nombreux bras par lequel le Gange se jette dans le golfe du Bengale, coulant au milieu de campagnes admirables, dont les magnifiques paysages s'étendent en pente douce des deux côtés du fleuve.

Les hautes chaînes de l'Himalaya, pourtant fort éloignés, ont une influence sur le climat et sur le régime des pluies qui sont fréquentes pendant les mois de mars et d'avril, pour devenir presque continues depuis la fin de juin jusqu'à la mi—octobre. La température varie beaucoup, sa moyenne est de 20° en janvier; elle va jusqu'à 31° et même 37° de mars à octobre, pour venir à 25° en novembre et en février; le mois de mai est le plus chaud de l'année.

La ville de Chandernagor est bâtie sur la rive droite de l'Hougly, au fond d'une belle anse formée par le fleuve, à vingt-huit kilomètres de Calcutta, avec laquelle elle est reliée par un chemin de fer.

C'est une grande et belle ville, aux rues larges et bien alignées, aux maisons élégantes et confortables, bâties en briques, ayant généralement deux étages avec des toitures en terrasses. Jadis, c'était une ville importante et populeuse, très commerçante et entourée de murailles qui la défendaient contre les attaques des ennemis, mais c'est à peine si aujourd'hui elle fait quelque commerce en brocart, salpêtre, étoffes, etc.; entourée de nombreux jardins, de bois et d'étangs, c'est une ville de plaisance où la température est plus douce qu'à Calcutta.

Chandernagor n'est qu'à 35 lieues de l'embouchure du fleuve qui en toutes saisons offre un fond de 3 mètres, ce qui fait qu'il est constamment sillonné par des bateaux à vapeur. Cinq loges dépendent du territoire de Chandernagor :

Balassore, sur le bord de la mer, dans le golfe du Bengale, au Nord du delta du Gange.

Cassimbazar, sur le Gange, au Nord de Chandernagor.

Patna, la ville sainte, sur la rive droite du Gange, est bâtie dans une situation élevée qui la préserve des inondations. On y admire de nombreux palais, des pagodes, des mosquées et des habitations magnifiques. Une voie large et bien entretenue la traverse dans sa plus grande largeur; les autres rues sont étroites, sales et tortueuses. Il y a de nombreux chantiers de constructions pour la marine, des manufactures pour le tissage du coton et de la soie; grand commerce d'indigo, de salpêtre, d'opium et d'oiseaux préparés et empaillés.

Dacca, également province du Bengale, ville admirablement située sur le Brahma-Pootra, non loin du delta du Gange; des canaux viennent y aboutir de tous les points du pays.

Jougdia, à l'embouchure du Brahma-Pootra, confine à l'Indo-Chine. Toutes ces loges sont pour la France d'une importance secondaire; une simple maison sur laquelle flotte le drapeau, un gardien et un petit territoire où vivent quelques Indous.

5° **Territoire de Mahé.** — Ce territoire, qui se trouve isolé des autres, est situé sur la côte de Malabar, à 416 kilomètres à l'Ouest de Pondichéry, dans la province de Calicut, gouvernement de Bombay; sa superficie est de 5,909 hectares, avec une population de 8,040 habitants.

Il est formé de deux territoires distincts, séparés par l'aldée anglaise des Coloyes mais réunis par une belle route. La plus petite de ses divisions est limitée par la mer et par la rivière de Mahé, qui forment une sorte de péninsule couronnée par quelques collines de formation calcaire; l'autre division, qui contient les quatre aldées de *Chambara*, *Pulour*, *Chalakara* et *Pandaquel*, est située plus à l'Est.

Le sol est assez mouvementé, nous sommes en effet en présence des premiers contreforts de la chaîne des Gathes du Mysore dont les collines sont boisées; l'élément des terrains composant les plaines est sableux; le riz se cultive sur le bord des cours d'eau dont les eaux sont utilisées pour faire des irrigations artificielles.

Le climat de ce territoire est très sain, la température y est plus régulière et plus tempérée que dans les autres Etablissements; par suite du voisinage des Gathes, il y a des pluies périodiques de mars à octobre, mais la saison la plus mauvaise est certainement en juin et en juillet.

La ville de Mahé est bâtie sur la rive gauche de la rivière du même nom, à quelques kilomètres de son embouchure; ce cours d'eau est navigable pour des barques d'un faible tonnage jusqu'à 15 kilomètres dans l'intérieur; ce qui rend la navigation difficile, c'est la ligne de rochers qui barre l'entrée et que les embarcations ne peuvent franchir qu'à marée haute.

C'est une ville encore belle, malgré la diminution de son importance commerciale. Un beau pont relie entre elles les deux rives de la Mahé. Deux loges se rattachent à ce territoire :

Loge de Calicut, située dans la ville anglaise du même nom, qui est bâtie dans une contrée basse, sur le bords de la mer des Indes; une grande partie de ses habitants sont des descendants de musulmans fanatiques, qui au VII° siècle quittèrent l'Arabie pour venir s'établir en ces lieux.

L'importance commerciale de Calicut est bien déchue, aujourd'hui que les tissus de coton qui faisaient sa réputation, se fabriquent en Europe et en Amérique. C'est la première ville où aborda Vasco de Gama, lorsqu'il eut doublé le cap de Bonne-Espérance en 1498.

La loge de Surate est dans la ville anglaise de ce nom, ville importante du nord de la province de Bombay, dans une plaine fertile, sur la rive gauche du fleuve Tapty, qui ne reçoit que des bâtiments ne jaugeant pas plus de 100 tonneaux. Jadis, Surate était l'un des grands centres commerciaux du monde, elle comptait 800.000 habitants; aujourd'hui, elle est bien déchue et les derniers recensements ne lui accordent que 200.000 habitants, dont plus de 13.000 parses, une foule de bayadères, de tisserands et de marchands. Il y a un grand nombre de palais, plusieurs pagodes remarquables et un certain nombre d'églises appartenant à tous les cultes chrétiens.

Après avoir parlé de la climatologie afférente à chacun des territoires français, on peut traiter d'une manière générale certains phénomènes qui sont communs à toutes les parties de l'empire des Indes : les moussons , les marées.

Les moussons sont des courants aériens qui partent l'un du Sud-Ouest, l'autre du Nord-Est, régnant alternativement sur l'Inde. La mousson du Nord-Est se fait sentir du 15 octobre au 15 avril; elle souffle en fortes brises venant de l'Est, du Nord-Est et du Nord-Ouest; la mousson du Sud-Ouest suit la marche contraire, elle se fait sentir de mai en août. En septembre, il y a une période de transition dite saison des calmes, qui occasionne de grandes chaleurs.

Le renversement des moussons dont le point de collision doit être cherché dans la partie occidentale de la mer d'Oman, provoque des ouragans terribles qui s'abattent en bourrasque au moment où on y compte le moins. Des cyclones se forment parfois en pleine mer, puis ils se précipitent sur les côtes où ils se jettent en paquets de lames dont la hauteur dépasse souvent quatre mètres.

Les marées sont moins régulières et moins fortes que sur les côtes de l'Océan Atlantique, la hauteur moyenne de la pleine mer varie suivant les lieux, entre 1 mètre et 1 mètres 50.

Un phare à feu fixe éclairant à 28 kilomètres en mer, a été établi à Pondichéry, sur une tour de 27 mètres de haut. Karikal possède également le sien qui est établi à l'embouchure de la rivière, en haut du mât des signaux, à 10 mètres 50 au-dessus du niveau de la mer qu'il éclaire jusqu'à une distance de 18 kilomètres.

VII

La population de Etablissements français de l'Inde se compose d'Européens ou de descendants d'Européens, de métis et d'indigènes. Cette dernière catégorie se divise en Indous proprement dits et musulmans. Les Indous se subdivisent en une foule de castes qui dérivent de quatre classifications distinctes : 1º les *Brahmes* ou Brahmanes, caste religieuse et sacerdotale qui, d'après la légende indoue, est née de la tête et de la bouche de Brahma; 2º les *Kchatryas*, caste souveraine et militaire, qui a fourni les seigneurs, les rois et les radjahs, elle est née du bras et de l'épaule de Brahma; 3º les *Vaicyas*, sortis du ventre de ce dieu, forment la caste des négociants et des agriculteurs; 4º les *Soudras*, gens du peuple, artisans et marchands sont sortis des pieds de Brahma.

Les deux premières castes ont toujours été unies; autour d'elles se sont groupées toutes les tribus de l'Inde : tribus dravidiennes et chamiques, qui formèrent la caste des Soudras. Le mélange des trois classes ci-dessus a formé la caste intermédiaire des Vaicyas, qui aujourd'hui est à peu près disparue, meurtrie et abîmée, par les luttes et les guerres civiles qui vers le VIIe siècle de notre ère, furent le résultat de la séparation des deux pouvoirs, militaires et religieux.

Les Brahmanes, autrefois si puissants, ne forment plus aujourd'hui que des groupes isolés ou des confréries errantes; les Kchatryas ont également perdu de leur prestige; peu à peu,

LES COLONIES FRANÇAISES

l'Inde est revenue à ses possesseurs des premiers âges, aux Dravidiens et aux castes Soudras, dont les membres forment la majorité de la population.

Ils sont eux aussi divisés en plusieurs classes : 1° *les hautes classes* des Soudras, qui comprennent les agriculteurs; c'est elle qui correspond encore à l'ancienne caste indoue; 2° la *classe intermédiaire*, qui se compose de commerçants; 3° les industriels et les ouvriers, forment les *basses classes*. La caste d'un Indou est reconnaissable à la terminaison de son nom.

Nul Indou ne peut passer d'une caste à une autre plus élevée, mais il lui est facile de descendre, il n'a, pour cela faire, qu'à commettre une légère infraction aux règlements religieux. Il devient alors *paria*, c'est-à-dire homme sans caste et c'est une erreur qui est répandue en Europe, de croire que ces malheureux forment une caste établie.

Le paria est une personne hors la loi; tout en lui, l'air qu'il respire, ce qu'il touche, sa vue souille et rend impur; il ne peut habiter ailleurs que dans les bois, loin des villes et des villages; jamais il n'entre dans un temple. Pour lui, point de contrats civils, il ne peut rien vendre ni rien acheter; lorsqu'il meurt, son cadavre est abandonné comme celui d'un animal; il ne doit avoir ni joie sur la terre; ni espérance dans le ciel, ses descendants seront parias comme lui.

S'il a le malheur de toucher légèrement un brahmane ou un kchatrya, ceux-ci peuvent le tuer impunément. Il ne peut pas se livrer à tous les travaux, les plus abjects lui sont seuls réservés, il enlève les immondices, porte les morts au bucher, remplit les fonctions de bourreau.

Je m'arrête, il y aurait trop à dire sur ces malheureux qui cependant voient leur sort s'adoucir chaque jour depuis que les Européens sont devenus les maîtres de leur pays. Dans les établissements français, les indigènes commencent à se familliariser avec le code civil français, on voit des mariages entre indous se faire devant les autorités municipales. Malgré leur profond attachement à leur religion et à leurs mœurs, les populations de l'Inde française aiment leur nouvelle patrie.

Les Indous appartiennent à la race caucasique par leurs traits et leur apparence corporelle, ils sont cependant d'une teinte brune fort prononcée; leurs cheveux sont noirs et touffus, en un mot, ce sont de beaux types, les femmes sont fort belles. Les populations de la côte du Coromandel sont plus vigoureuses que celles de la côte de Malabar. Si nous nous occupons des mulsumans; race moins nombreuse que ne l'est la race indoue, nous trouverons plus de blancheur dans la peau, une constitution plus robuste, une taille élevée, des traits plus énergiques et surtout une grande supériorité intellectuelle.

Le mélange du sang européen avec avec le sang indigène a donné les topas ou gens de chapeaux; ils s'adonnent généralement au commerce et vivent en plus grande intimité avec les Européens dont ils ont adopté le costume et les mœurs.

Plusieurs langues indigènes sont parlées dans les établissements français : à Pondichéry et à Karikal, c'est le *tamoul*; à Yanaon, le *telinga*; à Mahé, le *maléalum*; puis c'est le *bengali* et les idiomes qui dérivent du *Pali* et du *Sanscrit*.

Si nous cherchons à connaître la religion des peuples de l'Inde, nous nous trouvons en présence du Brahmanisme, du Boudhisme et du Mahométisme.

Types Indous (Hommes et Femmes du peuple)

Planche 19.

LES COLONIES FRANÇAISES

Brahmanisme. — L'antique doctrine des Vedas, nous indique que dans les temps les plus reculés, les peuples de l'Inde se prosternaient devant les grandes manifestations de la nature : le soleil, la lune, et *Indra*, c'est-à-dire le firmament l'ensemble de tout ce qui a une influence quelconque sur le genre humain.

Puis, l'esprit s'est élevé jusqu'à un créateur infini : Brahma; à ce nom se rattache la marche continuelle qu'a suivie la religion indoue pendant trois mille ans. Brahma veut dire à la fois prière, sainteté, essence divine, en un mot, tout ce que l'homme a besoin d'employer pour se rendre la divinité favorable.

Considéré sous un aspect moins abstrait, Brahma personnifie une des trois divinités de la trinité indoue : Brahma, Siva et Vischnou. Créateur du monde, c'est lui qui donna la vie au genre humain, nommant Vischnou, le Conservateur, et Siva le destructeur; il créa ensuite une foule de génies ou dieux secondaires, tous subordonnés les uns aux autres, et auxquels il prescrivit d'adorer éternellement le créateur.

Si on les passe en revue, nous trouverons parmi les principaux : les *Yakchas*, gardiens des trésors de *Khouvéra*, dieu des richesses, les *Rakchassas*, génies malfaisants qui se divisent en plusieurs sortes; les *Pisatchas*, sortes de vampires qui sucent le sang des hommes ; les *Asparas*, belles filles qui sont les courtisanes de la cour d'Indra dont elles font les délices ; leur origine rappelle celle de la Vénus grecque, elles sont nées d'une baratte où les dieux avaient versé l'eau des mers pour en faire de l'ambroisie; sitôt après leur naissance, les charmantes filles se mirent à chanter et à danser pour le plus grand plaisir du ciel indou.

Brahma est représenté avec quatre visages, ce qui lui permet de voir à la fois tous les points du monde, il est toujours monté sur un cygne. Aucun culte spécial ne lui est adressé, il n'a ni autels, ni temples, les prières sont adressées à Siva et à Vischnou, ainsi qu'aux autres dieux secondaires.

Un point fondamental de sa doctrine, c'est qu'il fait de l'homme une créature libre qui est responsable du bien et du mal qu'elle peut faire. Les premiers êtres créés, prototypes spirituels des esprits immortels qui vivent dans l'ether, étaient semblables aux anges dont les Juifs nous ont transmis la tradition; c'étaient les divas; ils vivaient dans une joie et une béatitude continuelle, jusqu'au jour de la chute qui fut la conséquence de l'orgueil de l'un d'eux qui se détourna du Créateur.

Cette chute occasionna la métempsycose, migration des âmes dans des corps d'animaux d'espèces diverses et même dans des plantes, selon la valeur des actions du trépassé.

Dans un temps déterminé, 120.000 ans, pour les uns, 432.000 pour les autres, le Maître du Monde viendra détruire le monde matériel et établir le monde spirituel; toutes les âmes seront sauvées; c'est pourquoi l'Indou attend avec stoïcisme le salut du genre humain.

Ce que je viens d'exposer en quelques mots peut être considéré comme un aperçu du dogme fondamental du Brahmanisme, le dogme spirituel; le culte extérieur s'adresse à Siva ou à Vischnou qui ont leurs temples et leur culte particuliers.

Siva, c'est-à-dire le fortuné, est représenté avec une peau de couleur blanche, trois yeux et quatre bras, dont un est armé d'un trident; il symbolise le feu, forme première qui anime le monde. Ses sectateurs, les Sivaïtes, sont originaires du Nord de l'Inde, dont ils sont partis pour se répandre dans les provinces du Sud. L'épouse de Siva, se nomme *Bhâvani*, c'est-à-dire la Nature; ses adorateurs se divisent en trois sectes dont une adore en lui un homme-femme, représentant la force productrice en une seule personnel.

Vischnou, c'est-à-dire le Pénétrant, personnifie le principe de vie qui anime l'univers; son culte est celui qui dans l'Inde, a le plus de sectateurs; son attribut est la fleur sacrée du *lotus*.

Son épouse s'appelle *Sri*, c'est-à-dire bonheur, ou bien Lackmé qui signifie beauté. C'est principalement à son culte, que se rattachent les génies ou demi-dieux dont j'ai parlé plus haut, culte qui consiste en sacrifices, en ablutions, en prières, en pélerinages à des lieux réputés saints, à des pénitences ; les ablutions surtout sont en grande vénération et celles qui sont faites avec l'eau du fleuve sacré le Gange, ont une grande valeur aux yeux des âmes pieuses

Boudhisme. — Boudha veut dire saint; c'est le nom donné au fondateur du Boudhisme, à Gantama, nommé également Sakja-Momu (docteur de la famille Sakja) dont la religion est pratiquée par plus de 300 millions de sectateurs dans l'Inde, l'Indo-Chine, Siam, la Chine, le Japon.

Ce réformateur naquit au VIe siècle avant notre ère, dans la province de Behar; de bonne heure il se retira dans la solitude où il déplorait la corruption des prêtres de Brahma. Lorsqu'il revint parmi le monde qu'il avait abandonné pendant un certain nombre d'années, il attaqua le Vedas et les doctrines principales de la religion existante.

Lorsqu'il mourut en l'an 533 avant J.-C., il transmit ses doctrines à son fidèle disciple, le brahmane Mahakaja; depuis cette époque, le boudhisme s'est multiplié dans l'Inde et dans les contrées limitrophes.

Voici en quelques mots en quoi consiste ses doctrines : Le monde est sous la loi d'un Dieu suprême, invisible, immatériel, qu'aucune image ne peut représenter; il est bon, sage, compatissant, il demande un culte contemplatif et silencieux.

Seule, la vertu peut conduire l'homme au bonheur éternel; il ne doit ni jurer, ni mentir, ni calomnier, ni tuer, ni se venger; sa vie doit être chaste et sobre, pleine de charité et de renoncements.

Si tous ces devoirs sont parfaitement remplis, par l'homme pieux, il pourra espérer après sa mort, d'être réuni pour toujours à l'être suprême parce que sur la terre, il aura mérité d'être appelé enfant de Boudha, sage entre tous.

Le séjour des justes, le ciel du boudhisme se nomme *Nowana*, c'est-à-dire repos ou félicité, les âmes des hommes qui ont eu une vie indigne, transmigrent dans des corps d'animaux.

Tout en se séparant de la religion primitive, les boudhistes ont conservé la tradition des incarnations de Vischnou, ainsi que la plupart des dieux, auxquels pourtant ils n'accordent que très peu de respect; s'ils ont conservé quelques cérémonies des brahmanes, ils ont rejeté les prescriptions des Vedas. Toutes leurs prières s'adressent à leur grand réformateur, à Gantama et à quelques autres docteurs de leur secte, qui par leur conduite sur la terre ont été reconnus dignes du respect de leurs descendants.

Comme les sectateurs de Brahma, ils ne mangent pas de chair, ils sacrifient des fleurs et des fruits à leurs génies ou demi-dieux, rejetant les holocaustes sanglantes, ainsi que le culte impur du *phallus*, qu'il n'entre pas dans mon idée de décrire ici; ils n'admettent pas les différences de castes et ne regardent pas le sacerdoce comme indélébile.

Leurs prêtres vivent en communauté dans des couvents où ils observent le célibat, ce qui les

La Grue des Indes.

Planche 20.

distingue des prêtres de Brahma, pour qui le mariage est une obligation; ils vont la tête rasée.

Le Boudhisme est la religion dominante des peuples vivant dans les contrées situées au-delà du Gange, partout ailleurs, ils ont été persécutés et chassés; malgré cela, leur nombre est considérable et leurs temples sont nombreux.

Au nombre des religions Indoues, il est bon d'ajouter le culte des *Djainas* qui en résumé n'est qu'une secte de Boudhisme qui vers le V⁰ siècle de notre ère, s'est détachée de la religion principale. Elle admet le monde céleste des autres cultes Indous et rejette les préceptes de Vedas; ses plus anciens docteurs, les *tirthakaras*, autrement dits les purificateurs, sont l'objet d'une grande vénération, leurs statues ornent les temples.

Jamais les sectateurs de cette religion ne tueront un être animé; ils entretiennent des hôpitaux à l'usage de tous les animaux; ils ont des temples magnifiques dans la province de Gonzourate et dans l'état de Radjpoute; leur grand-prêtre réside actuellement dans le Mysore, à Balligota.

L'immigration européenne est nulle dans les établissements français; seuls, des négociants viennent s'y établir. Les travailleurs indigènes sont nombreux, sobres et laborieux: ils sont payés relativement bon marché, aussi les ouvriers européens feraient-ils fausse route s'ils allaient là avec l'espoir de trouver du travail bien rétribué.

Par contre, l'émigration indigène est importante; jusqu'en 1862, une société formée des principaux commerçants de Pondichéry et de Karikal, recrutait des travailleurs nommés coolies, qu'elle expédiait ensuite dans les diverses colonies françaises qui les réclamaient. Depuis 1861, par suite d'une convention signée avec l'Angleterre le recrutement peut se faire dans toutes les villes anglaises, où la France a le droit d'avoir des agents recruteurs officiels.

En conséquence, une commission d'émigration a été instituée et des agents ayant reçu l'*exequatur* du gouvernement anglais, résident à Calcutta, Yanaon, Bombay, Madras et dans les autres villes françaises.

VIII

L'Inde est le pays des animaux monstrueux, elle nous offre l'éléphant, énorme pachyderme que j'ai décrit dans *Mes Souvenirs*, qui s'apprivoise aisément et qui rend de bien grands services, soit comme bête de somme, soit comme bête de chasse et de combat; le rhinocéros à une corne ou *abada*; le tigre royal, le plus féroce des animaux de l'Inde, où il est considéré à juste titre comme le roi des forêts; la panthère Nems, moins grande et moins forte que le tigre, mais dont le caractère ne lui cède en rien sous le rapport de la férocité, le *Youse* ou guépar, dont la robe est tachée comme celle de la panthère, il est susceptible d'être dressé pour la chasse des antilopes.

La famille des singes nous offre l'*Houlman*, variété qui est protégée [par les brahmanes; c'est une jolie petite guenon au pelage grisâtre, mélangé de poils noirs sur le dos et sur les membres et de poils orangés sur les côtés du corps; l'*Ouloch*, au pelage noir; au front, il porte une bande grise; le singe à capuchon, le rillow, etc.

Les bois et les jungles nous offrent encore une grande quantité de cerfs, d'antilopes, de buffles, etc. La famille des serpents est représentée par de nombreux types dont la taille varie selon les espèces; les morsures sont souvent dangereuses, il est bon de prendre beaucoup de précautions.

Parmi les oiseaux, nous trouvons un grand nombre de variétés, toutes sont remarquables par la beauté de leur plumage aux couleurs éclatantes : bengalis, oiseau moqueur, grue ces Indes, cormoran, aigrettes, etc.

Les insectes dont le nombre est également considérable, ont eux aussi une livrée magnifique; les rivières sont poissonneuses ; elles renferment des poissons particuliers au pays, des crocodiles, des gavials, des serpents aquatiques, etc.

Si nous passons aux animaux domestiques, nous trouvons les bœufs, animaux sacrés des Indous, la brebis à toison soyeuse, la chèvre de Cachemyre, la chèvre du Népaul, dont la queue ondoyante et soyeuse est utilisée pour confectionner ces beaux et riches chasse-mouches employés chez les opulents nababs.

La flore indoue est aussi riche que variée, la végétation a une grande puissance; dans la forêt comme dans les champs, sur les montagnes comme au fond des vallées, nous trouvons des arbres et des plantes de toutes sortes, dont un grand nombre sont dignes d'intérêt.

Comme bois d'ébénisterie, nous trouvons le callambac, l'ébène noir, l'acajou, l'aloès ou bois d'aigle, le bois de fer, le gayac, le santal, le teck qui est également un bois de construction navale, le sal, le satin, le toon, la corne fétide, etc.

La teinturerie trouvera également le caliatour, le bois jaune, le santal rouge, l'indigo qui renferme une dizaine de variétés, le sayaver, le curcunna, la noix d'arec, la casse, etc.

Les essences à gomme nous offrent l'acacia arabique, la laque, l'azedarac, le moringa, le bombax, l'éléphantine, etc.

Les arbres à fruits, qui sont en grand nombre, sont d'une grande utilité : le bananier, ou le figuier banian, le plus singulier et le plus majestueux des arbres du pays; d'une grosseur qui dépasse celle de nos plus beaux chênes, il produit des rameaux nombreux qui retombent jusqu'à terre où ensuite ils prennent racine, devenant à leur tour des troncs qui se chargent de branches; un seul pied arrive ainsi à former une petite forêt dont la voûte splendide, formée de feuilles toujours vertes, ressemble à un magnifique temple aux colonnes tordues, tourmentées et fouillées. Puis c'est le cocotier, le manguier, le papayer, le goyavier, le jacquier, le pamplemoussier, le dattier, l'ananas; l'oranger, le citronnier, la vigne, etc.

Parmi les essences oléagineuses : le sésame, le belleric, le nelly, le cotonnier herbacé, la noix de touloucouna, la noix de coco, le pavôt, l'azedaroc ou margousier, etc.

Les textiles, les plantes médicinales, les épices, les légumineuses, en un mot toutes les plantes industrielles sont susceptibles d'être cultivées et donnent de beaux résultats.

L'agriculture est une des grandes ressources de l'Inde; les principales cultures sont les menus grains : le riz qui renferme de nombreuses variétés, dont la principale est le riz bénafouli; le cholom, le nelly; le cambon, une foule de céréales qui servent à l'alimentation du peuple; l'indigo, plante, dont j'ai parlé dans mon Etude sur la *Guyane indépendante*, et qui dans l'Inde, donne des résultats magnifiques.

La culture du cocotier est faite sur une vaste échelle ; ces arbres sont disséminés, on en trouve dans les champs de culture, devant les habitations, en un mot partout. Cet arbre précieux, dont j'ai déjà parlé dans mes précédentes *Etudes Coloniales*, donne la fibre des fruits, nommée *Coir* dans le pays, des amandes qui servent à fabriquer une fécule spéciale et une huile excellente, le vin s'obtient en recueillant la sève de la tige des fleurs; fermentée, cette liqueur fournit l'arack, boisson estimée et fort répandue.

Parmi les autres cultures, signalons les arachides, le tabac, le betel, qui est d'un usage si répandu chez tous les peuples asiatiques; la canne à sucre; le coton, qui longtemps a été la plus grande richesse du pays; le palma–christi ou ricin; et toutes les plantes déjà citées.

Autrefois, les terres étaient la propriété des souverains qui en accaparaient le plus clair des revenus ; il y avait les *jaguirs*, terres que le souverain abandonnait aux membres de sa famille et aux chefs importants ; les *manioms*, terres concédées à des établissements religieux et à des fonctionnaires; les *strotions*, terres cédées contre une redevance à des cultivateurs; les *adomanoms*, terres dont le souverain accordait la jouissance sans aucune redevance, la propriété devant lui demeurer; enfin les *promboés*, terrains incultes composant les voies publiques, les savanes, les étangs.

En prenant la place des souverains, le gouvernement français a conservé les anciennes traditions jusqu'en 1854, époque à laquelle des concessions de terrains ont été accordées soit à des indigènes, soit à des Européens, à charge par eux d'en acquitter les impôts règlementaires.

IX

Les industries des Etablissements français de l'Inde sont de peu d'importance; celles qui viennent en première ligne sont la filature, le tissage et la teinture des étoffes de coton connues sous le nom de guinées; à cela, il faut ajouter quelques indigoteries qui donnent encore quelques résultats, malgré la concurrence qui est faite par les produits d'aniline, des savonneries, des huileries, des tanneries, des fours à chaux et à briques, des chantiers de construction navales dont les plus importants, ceux de Karikal, livrent à la navigation locale un certain nombre de goëlettes et de petits bateaux solides et bien construits.

A cela on peut ajouter les industries indigènes : exploitation des produits du palmier, fabrication des nattes, paillassons, cordages, poterie commune, bronzes grossiers, ouvrages divers en fer et en bois, récolte des écailles de tortue, de la nacre, de la corne de buffle et de zébu, cire brute. etc.

Il serait facile d'augmenter l'importance des pêcheries de Mahé et de peupler de poissons de choix, les étangs du territoire de Chandernagor; il faudrait pour cela, suivre l'exemple des Anglais qui obtiennent aux alentours de Calcutta de beaux résultats.

Le commerce est libre, tous les produits entrent en franchise de droits, qu'ils viennent de n'importe qu'elle partie du monde. Pondichéry est le centre commercial le plus important; il y a dans cette ville, quelques maisons françaises importantes dont les relations sont fort étendues.

Les importations consistent en viandes salées, conserves, marbres travaillés, articles de Paris, meubles, bijoux, étoffes diverses, papiers, médicaments, tuiles, briques, machines et outils divers, mercerie, vins, liqueurs et spiritueux, etc.

De son côté, la colonie exporte des produits du sol, tels que coton, laine, guinées des Indes, indigo, peaux préparées, graines de sésame, arachides, noix de coco, café, poivre, riz, etc.

Il y a dix ans (1878) le commerce d'exportation a subi une crise terrible, occasionnée par la disparition d'un grand nombre d'indigoteries; depuis cette époque, la production agricole a pris une autre direction et si les affaires ont repris, elles sont loin de valoir ce qu'elles étaient il y a un demi-siècle.

Le mouvement général de la navigation peut être évalué à 1580 navires, dont 770 à l'entrée et 810 à la sortie. Il est bon de faire observer que les marchandises exportées peuvent venir des territoires anglais du voisinage, comme celles qui entrent sont quelquefois à destination de ces mêmes territoires; malgré cela, le commerce local est de beaucoup le plus important. Pondichéry, Chandernagor, Karikal, sont reliées avec les voies ferrées anglaises, les autres villes le seront bientôt; ces projets rendront un réel service aux possessions françaises qui gagneront à être en communication avec les grands centres de l'Inde Anglaise.

X

Les établissements français de l'Inde sont régis par l'ordonnance royale du 25 juillet 1840, qui les met sous le gouvernement et la haute administration d'un gouverneur résidant à Pondichéry; chaque territoire est ensuite administré par un chef de service.

Depuis l'année 1879, il y a à Pondichéry un conseil privé composé : d'un gouverneur, président; du directeur de l'intérieur, du chef du service administratif, du procureur général et de quatre membres, dont deux membres suppléants.

Depuis le mois de février, les habitants de l'Inde française envoient un député à la Chambre des représentants; le 24 février 1875, un décret leur a accordé un sénateur.

L'administration intérieure a été modifiée; en vertu d'une ordonnance rendue le 25 janvier 1879, les Etablissements de l'Inde ont été assimilés à la métropole, ils ont leurs conseils communaux et leur conseil général élus par le suffrage universel.

La justice est rendue par la cour d'appel de Pondichéry, les cours criminelles et les tribunaux de première instance siégeant dans chacun des Etablissements, et enfin par les justices de paix. Il y a en outre, dans la colonie, onze agréés dont six à Pondichéry, trois à Chandernagor et deux à Karikal, ainsi que quinze agréés indous.

L'administration de la marine est sous la direction d'un commissaire de la marine secondé par six sous-commissaires qui résident dans les chef-lieux des Etablissements; il y a un capitaine de port à Pondichéry, et un lieutenant de port à Karikal.

La force armée comprend une direction de l'artillerie et du génie, des troupes d'infanterie de marine et un bataillon de Cipayes ou soldats indigènes, commandés par des officiers français et indous.

L'organisation financière est ainsi distribuée : un trésorier-payeur réside à Pondichéry, et chacun des autres territoires compte un préposé payeur qui fait fonction de receveur municipal. En plus de ce personnel, il y a dans les districts des chefs de service des contributions et des domaines, des receveur indigènes, des inspecteurs européens et indous, des interprètes, des écrivains ou commis des contributions et une foule d'autres employés secondaires.

Récolte de l'Indigo.

Planche 21.

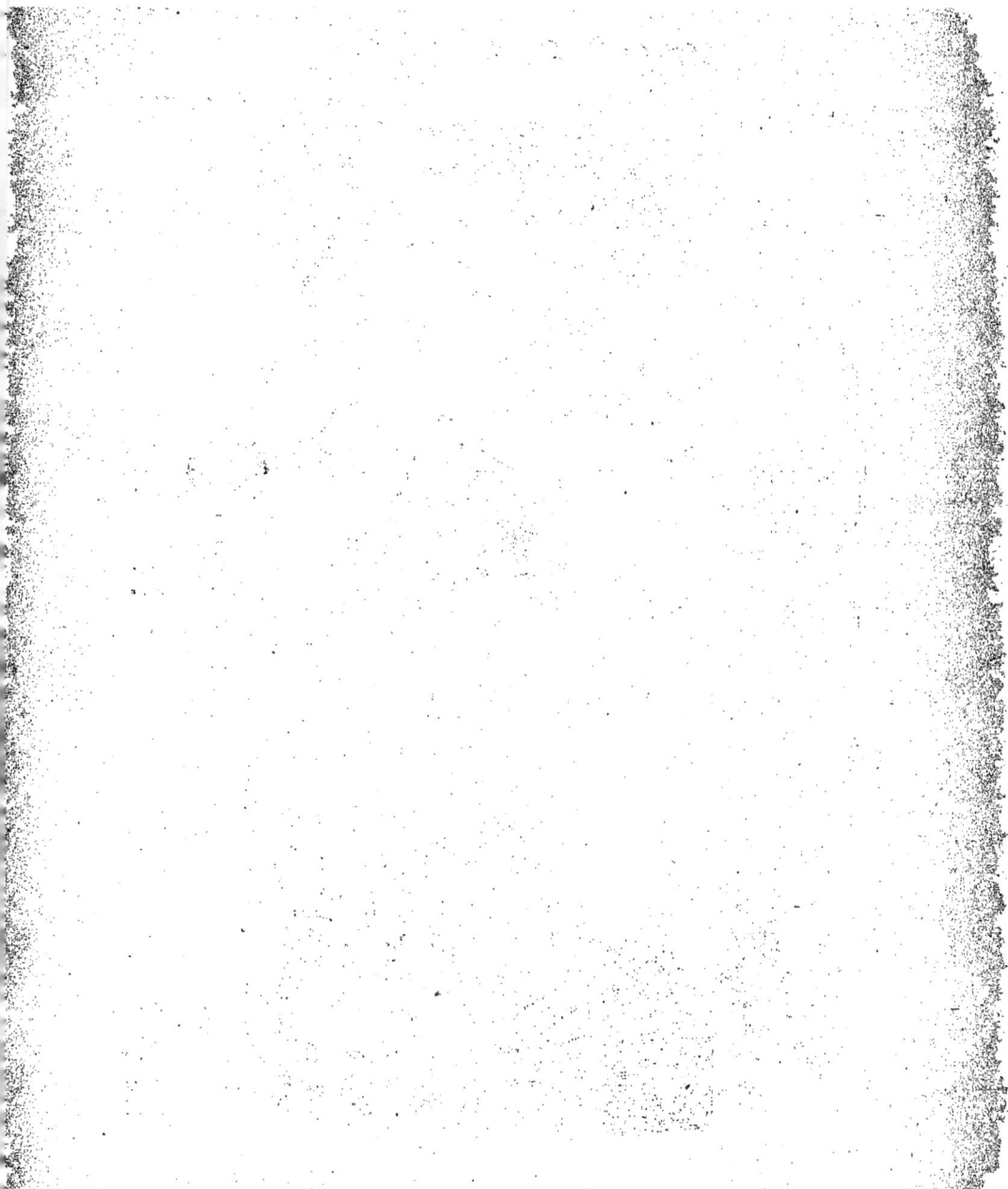

Le service des travaux publics comprend un ingénieur des ponts-et-chaussées, un sous-ingénieur ou ingénieur ordinaire, cinq conducteurs et divers agents subalternes, répartis dans les cinq Etablissements

Le service postal est fort bien fait, l'Inde française est reliée à l'Europe par les lignes françaises et anglaises passant par Suez et la mer Rouge.

Sous le rapport de l'instruction, les Établissements français de l'Inde n'ont rien à envier aux autres colonies; chaque territoire possède des écoles et des collèges parfaitement organisés.

Pondichéry. — Depuis 1879, le collège colonial du chef-lieu est confié aux frères de l'ordre religieux du Saint-Esprit, qui ont remplacé les pères de la Mission. Le petit séminaire de Pondichéry, fondé en 1884 par la Mission, professe l'enseignement français et indou. Les sœurs de Saint-Joseph de Cluny dirigent un pensionnat de jeunes filles. Notons encore une école gratuite pour les parias indous et chrétiens; l'école également gratuite où sont instruits les enfants métis qui plus tard feront les employés subalternes de l'administration coloniale; trois écoles pour les filles indigènes de la ville et des environs; Villenour, Bahour, Oulgaret, en un mot toutes les communes du territoire ont leurs écoles pour les européens et les indigènes : filles et garçons; à Pondichéry, il y a un pensionnat pour les demoiselles appartenant aux familles riches de la Colonie.

Karikal. — La ville de Karikal, outre son collège séminaire, dirigé par les frères des Ecoles chrétiennes, possède un grand nombre d'écoles pour les blancs, les musulmans, les indous de castes, les métis et les parias. Les sœurs de Saint-Joseph de Cluny dirigent plusieurs écoles très fréquentées.

Les communes et les principales aldées sont bien pourvues d'écoles communales, le territoire entier compte 62 écoles libres indigènes.

Chandernagor. — Dans cette ville les frères du Saint-Esprit dirigent une école primaire qui ne compte pas moins de cinq cents élèves; tout à côté se trouve l'école des filles, dirigée par les sœurs de Saint-Joseph de Cluny; les communes environnantes ont aussi leurs écoles qui sont au nombre de vingt, dites écoles patchalas.

Yanaon. — L'école des garçons qui est tenue par des directeurs laïques, est gratuite; les religieuses de Saint-Joseph dirigent un pensionnat et une école gratuite où sont instruites les jeunes filles indoues; la commune voisine Canacalapetah, possède également une école de garçons et une école de filles.

Mahé. — Le territoire de Mahé compte quatre écoles de garçons et deux écoles de filles, plus une école protestante, dix écoles indigènes et musulmanes.

L'enseignement supérieur est donné à Pondichéry par une école de médecine et une école de droit dont la fondation date de 1838; Karikal possède une école préparatoire.

Pondichéry a une bibliothèque publique contenant plus de quinze mille volumes; Chandernagor a également la sienne.

Je terminerai cette étude sur l'Inde française en traitant un peu de l'organisation religieuse. Laissant de côté les religions indigènes dont j'ai déjà parlé, je ne m'occuperai que des religions chrétiennes.

Pondichéry est le siège d'une préfecture apostolique comprenant le préfet apostolique qui, bien souvent, est un évêque *in partibus* et qui, seul, a juridiction sur le clergé qui est entretenu aux frais de la colonie et est ainsi composé : un prêtre et un ou deux vicaires à Pondichéry, un curé et un vicaire à Chandernagor, un curé à Mahé, un curé à Yanaon.

Indépendamment de la préfecture apostolique, Pondichéry est le siège de la grande mission de Carnatic qui dirige la plus grande partie des écoles de la Colonie, de concert avec les frères du Saint-Esprit et les sœurs de Saint-Joseph de Cluny. Les protestants sont peu nombreux, ils ont cependant quelques églises libres qui peu à peu étendent leurs travaux d'évangélisation.

XI

GOUVERNEMENT GÉNÉRAL DE L'INDO-CHINE

Jusqu'au Xe siècle de notre ère, la Péninsule indo-chinoise a été gouvernée directement par des vice-rois du Céleste-Empire ; puis vint un moment où le pouvoir se partagea entre deux puissantes familles indigènes, Ly et Tran, qui gouvernèrent le pays sous le protectorat de la Chine.

En 1428, un annamite intelligent, Nguyen-Tien, se mit à la tête d'un mouvement révolutionnaire et sans prendre le pouvoir pour lui-même, il plaça sur le trône, Lé-loi, qui descendait du prince dépossédé par Li, cinq siècles auparavant.

Le pays, qui n'était autre que le Tonkin tel qu'il est formé aujourd'hui, était habité par la nation annamite, il s'étendait dans le Sud jusqu'aux montagnes qui forment la limite Nord de la province de Hué ; le reste du territoire faisait partie de la race tsiampoise. Les descendants de Nguyen-Tien, s'ils ne portaient pas le titre de roi en avaient cependant la puissance ; comme les maires du Palais qui gouvernaient autrefois la France, ils exerçaient sur leur pays une autorité toute royale, portant le titre de *Chuâ* (Seigneur).

Au XVIe siècle, le chef de la famille des Nguyen, deshérita son fils Taoi-Cong en faveur de son gendre, auquel il céda son titre de *Chuâ* ; outré de l'injustice qui venait de lui être faite, le jeune Taoi-Cong rassembla autour de lui un certain nombre de mandarins mécontents et de soldats déserteurs, puis, à la tête de cette petite troupe d'émigrants, il franchit les montagnes du Sud pour venir s'établir dans les provinces de Hué où il se fit proclamer roi en 1570, sous le nom de Tien-Nguyen.

La péninsule indo-chinoise comprenait donc trois grandes divisions : au Nord, le Tonkin, toujours gouverné par l'ancienne famille des Lé ; au centre, l'Annam, ou Cochinchine supérieure où régnait Tien-Nguyen ; au Sud, la basse Cochinchine qui appartenait au Cambodge et qui, plus tard, fut conquise par les usurpateurs de Hué.

Peu à peu, les Tsiampois furent assujetis et ils perdirent leur nationalité ; en 1658, les Cambodgiens tentèrent une invasion dans la Cochinchine, mais ils furent battus, laissant entre les mains de leurs adversaires un grand nombre de prisonniers parmi lesquels se trouvait leur roi ; ce dernier, pour recouvrer sa liberté, dût se reconnaître vassal du Royaume d'Annam.

En 1680, après le renversement de la dynastie des Ning, qui règnait en Chine, le gouverneur de Canton, ne voulant pas prêter serment d'obéissance au nouveau souverain, vint demander asile au roi d'Annam, accompagné par 3,000 de ses meilleurs soldats. Le pays de Gra-Ding, qui dépendait du Cambodge, lui fut désigné comme étant propre à une émigration, il s'y rendit donc sans que le roi du Cambodge put s'y opposer ; les nouveaux venus s'établirent à Bien-Hoa et à Mytho.

Le roi de Cambodge résidait à Saïgon ; une invasion annamite l'obligea à fuir et il vint se fixer à Houdong, abandonnant aux envahisseurs tous les territoires qu'il possédait dans la basse Cochinchine.

Nous voyons les Annamites avancer de plus en plus ; en 1715, ils sont à Ha-Tien ; en 1733, à Vinh-long ; en 1765, à Chaudoc.

En 1772, une guerre sanglante éclata entre les Annamites et le royaume dé Siam ; bien souvent vainqueurs, les Siamois s'emparèrent d'Ha-Tien et vinrent jusqu'à Chaudoc ; la fortune leur devint contraire, ils durent battre en retraite et rendre les villes qu'ils avaient occupées ; la paix fut conclue entre les deux belligérants.

Depuis longtemps, la nonchalance et la faiblesse morale des souverains de la dynastie des Lé, avait indisposé le peuple qui se souleva, guidé par un riche marchand de la province de Qui-Nohn, nommé Nhac.

L'insurrection, qui prit le nom de révolte de Tay-Son, nom du pays habité par Nach et par ses frères, se répandit dans toute la péninsule. Le roi qui régnait à Hué fut forcé de fuir vers Saïgon où il fut pris par les rebelles et mis à mort (1779) ; ce roi laissait un fils, Nguyen-Anh, qui réussit à se soustraire aux poursuites de ses ennemis, pour se réfugier près de Pigneau de Behaine, vicaire apostolique de Cochinchine et évêque *in partibus* d'Adran.

Un mois après, le prince fugitif réunit une troupe de partisans et se mit en campagne pour recouvrer son royaume ; bientôt, il fut maître de toute la basse Cochinchine et guerroya pendant plusieurs années contre Nhac, le chef des rebelles, qui, sous le nom de Thai-Duc, s'était fait proclamer empereur.

En 1773, Nguyen-Anh fut vaincu et de nouveau il lui fallut prendre la fuite pour se réfugier à Poulo-Wag, d'où il sollicita et obtint l'appui du roi de Siam. Malgré les secours qu'il en eut, le malheureux prince fut sur le point d'être chassé à jamais du royaume qu'il voulait reconquérir ; sa position semblait désespérée, lorsqu'il rencontra de nouveau son ancien protecteur, l'évêque d'Adran, qui le garda quelques semaines près de lui et lui conseilla de demander l'appui du roi de France Louis XVI, s'offrant d'aller lui-même en Europe pour négocier cette alliance. Nguyen-Anh, plein de reconnaissance, offrit au bon missionnaire de le faire accompagner par son fils, gentil bambin de six ans ; l'offre fut acceptée et l'évêque débarqua à Lorient avec son petit compagnon, le prince royal, au mois de février 1787.

Les négociations aboutirent ; un traité d'alliance offensive et défensive fut signé à Versailles, entre les plénipontentiaires français et le jeune prince royal Canh-Dzué, assisté de l'évêque d'Adran, qui promit de revenir dans l'Indo-Chine pour en surveiller l'exécution.

Par ce traité, le roi de France promettait d'envoyer en Cochinchine une flotte de guerre, un corps de débarquement de 1,500 hommes, des munitions et un subside de 500,000 piastres ;

en retour, le roi de Cochinchine cédait à la France l'archipel de Poulo-Condor et la presqu'île de Tourane.

La franchise commerciale était accordée aux nationaux français et le culte catholique pouvait compter sur la grande tolérance du roi.

Pigneau de Behaine s'embarqua avec le jeune prince, sur une frégate qui faisait voile pour Pondichéry ; il partait avec le titre de ministre plénipotentiaire français. Divers incidents, parmi lesquels le plus important fut la révolution qui venait d'éclater en France, empêchèrent l'exécution du traité ; l'évêque d'Adran ne se découragea pas ; frétant deux petits navires qu'il chargea d'armes et de munitions, il réussit à aborder en Cochinchine, accompagné de quelques officiers, ingénieurs et médecins qui équipèrent et armèrent à l'européenne, les soldats de Nguyen-Anh ; c'étaient : Chaigneau, Olivier, Vannier, de Forcaut, de l'Isle-Sellé, Dayot, Lebrun, Barizy, Despiaux, Guilloux et Guillon, dont le souvenir est resté populaire dans le pays.

Nguyen-Anh fut bien heureux de revoir son fils dont il était séparé depuis plus de cinq ans; secondé par les compagnons de l'évêque, il se mit courageusement à l'œuvre et en 1790 il était redevenu maître de son royaume. Sa reconnaissance fut grande envers son bienfaiteur ; il fit de l'évêque d'Adran son premier ministre et le précepteur de son fils. Nguyen-Anh prit alors le nom de Gia-Long et le titre d'empereur ; sous son règne, les européens qui avaient suivi le prélat français, organisèrent les forces militaires et maritimes de l'empire, bâtirent les fortifications de Saïgon, celles de Hué et diverses citadelles provinciales ; l'évêque d'Adran était mort le 9 octobre 1799.

Gia-Long se montra fort affligé, il fit faire des funérailles magnifiques à son ami, faisant élever son tombeau au milieu d'un jardin que le vieil évêque avait tracé de ses mains et où il aimait à venir se reposer avec son jeune élève, le prince royal.

Les successeurs de Gia-Long oublièrent ce qu'ils devaient à l'intervention européenne ; les persécutions contre les chrétiens recommencèrent, et à diverses reprises, il fallut envoyer des vaisseaux de guerre pour protéger les nationaux français.

Nous arrivons à l'année 1858, époque à laquelle la France dut agir de concert avec l'Espagne, pour venger plusieurs missionnaires parmi lesquels se trouvait l'évêque de Platée, Joseph-Marie Diaz, vicaire apostolique du Tonkin central, martyrisé le 20 juillet 1857. L'amiral Rigault de Genouilly, qui commandait la division des mers de la Chine, vint à la tête d'une expédition franco-espagnole et il s'empara de Tourane (31 août 1858) après un combat meurtrier pendant le cours duquel il détruisit les forts annamites ; puis il mit le siège devant Saïgon, qui capitula le 17 février 1859.

La conquête du delta du Mekong dut être suspendue, la guerre d'Italie était commencée ; l'amiral Rigault de Genouilly revint en France, laissant le commandement au capitaine Jauréguiberry. La lutte continua en novembre 1859 ; l'amiral Page prit le commandement des opérations et entra dans Kien-Shan, forteresse qui commandait Hué.

La guerre avec la Chine venait également d'être déclarée ; le concours de l'escadre de l'Indo-Chine fut réclamé. On dut abandonner Tourane et ne conserver que Saïgon, dont la défense fut confiée au capitaine de vaisseau Dariès, qui soutint, avec le concours du colonel espagnol Palança Guttierez et une petite garnison de 700 hommes, un siège en règle entrepris par toute l'armée annamite, qui, sous la direction du maréchal Nguyen-Tri-Phuong, éleva des lignes de circonvolution fortifiées dites *lignes de Ki-hoa;* les attaques furent toujours repoussées avec succès.

La fin de la campagne de Chine permit à la France de s'occuper de nouveau de l'Indo-Chine. L'empereur Tu-Duc persistant à refuser de protéger les missionnaires et les chrétiens, le vice-amiral Charner se présenta à la tête d'une division navale forte de douze navires et soutenue par un corps de débarquement de 400 hommes.

Saïgon était toujours investi ; il fallait déloger les annamites de leurs positions de Ki-Hoa. A cet effet, le vice-amiral Charner prit le commandement en chef et, le 24 février 1861, les lignes de Ki-Hoa étaient en son pouvoir ; dans deux jours, tout fut achevé ; l'armée ennemie, forte de 20,000 hommes, fut vaincue, malgré sa défense héroïque. Il fallait compter avec ces soldats asiatiques, commandés par des hommes énergiques et braves comme l'étaient le vieux Nguyen-Tri-Phuong et ses officiers généraux.

Ne voulant pas demeurer sur ce premier succès, l'amiral Charner confia une flottille au contre-amiral Page, avec mission de remonter les fleuves et les canaux pendant que les troupes de débarquement opéreraient d'un autre côté. Les opérations furent bien menées et la ville de Mytho tomba au pouvoir des Français.

Tu-Duc semblait vouloir la paix, mais les négociations furent bientôt rompues, les envoyés du souverain annamite prêchant plutôt la révolte que la paix.

L'amiral Charner fut remplacé par le contre-amiral Bonard, qui arriva avec des ordres formels du ministre de la marine ; il lui était ordonné de porter plus en avant, vers l'est de Saïgon, les frontières du nouveau territoire conquis. Bien-Hoa, Baria, Vinh-Long, tombèrent bientôt entre les mains du nouveau commandant ; un bâtiment, le *Forbin,* fut envoyé pour empêcher le ravitaillement des côtes annamites ; la famine devait bientôt se faire sentir.

En présence d'une attitude aussi énergique, l'empereur Tu-Duc demanda la paix, qui fut signée à Saïgon le 5 juin 1862. Il cédait à la France les provinces de Saïgon, de Mytho et de Bien-Hoa, ainsi que le groupe de Poulo-Condor ; il s'engageait à payer une indemnité de guerre de 20 millions, à autoriser le commerce français dans les ports de Tourane, de Balat et de Quang-An, à permettre le libre exercice du culte catholique dans son Empire. La France lui rendait Vinh-Long.

XII

La France avait donc une colonie nouvelle, il fallut s'occuper de son organisation ; c'est ce que fit le contre-amiral Bonard. Les mandarins qui vivaient sur la nouvelle terre française n'avaient pas oublié leur origine et leur empereur, leur seul souverain, d'après eux ; il fallut réprimer de nombreuses révoltes suscitées par les agents secrets que Tu-Duc entretenait dans la basse Cochinchine. Tous les mouvements insurrectionnels furent réprimés par les colonnes volantes qui parcouraient le pays.

Lorsque le contre-amiral Bonard fut rappelé, il eut pour successeur le contre-amiral de La Grandière, qui vint avec le titre de gouverneur.

LES COLONIES FRANÇAISES

Au nord de la Cochinchine française, se trouvait le royaume de Cambodge, dernier débris de ce puissant empire des Khmers qui nous a laissé de si beaux monuments que nous devons bien augurer de sa civilisation passée. Jadis, cet Etat était tributaire de l'Annam, mais depuis quelques années les choses étaient changées, l'influence siamoise y était maintenant prépondérante. Devenue maîtresse du delta du Mekong, la France devait se substituer à l'Annam vaincu ; il fallait reprendre l'influence perdue par la cour de Hué et empêcher que la vallée du Grand-Fleuve soit fermée au commerce français.

Comprenant l'importance de la situation, l'amiral de La Grandière envoya une ambassade auprès du jeune roi Norodom, qui accueillit très bien les envoyés français et signa un traité qui plaçait ses Etats sous le protectorat de la France (11 août 1863).

Les révoltes continuaient toujours : les mandarins, toujours remuants, ne pouvaient s'habituer à reconnaître leurs nouveaux maîtres ; il fallut sévir de nouveau. Le lieutenant-colonel Loubère dirigea une expédition contre les insurgés, qui furent mis en déroute et qui bientôt se présentèrent pour faire leur soumission ; les corps indigènes nouvellement formés prêtèrent leur concours à ces combats de guerillas ; ils furent très utiles pour poursuivre les rebelles jusque dans leurs retraites, au fond des forêts et au milieu des marécages.

Cette situation dura jusqu'en 1867, époque à laquelle le gouverneur s'empara de Vinh-Long, Chandoc et Hatien ; les six provinces de la Basse-Cochinchine appartenaient désormais à la France. Tu-Duc avait envoyé une ambassade à Paris (1863) pour demander le rachat des trois premières provinces conquises, offrant en échange le protectorat sur toute la péninsule, soit les six provinces. Cette proposition fut repoussée.

Quelques mois après la prise des provinces de Vinh-Long, de Chaudoc et de Hatien, une nouvelle expédition fut confiée aux ordres du capitaine de frégate Doudart de la Grée; expédition scientifique qui releva le cours du Mekong, traversa le Laos et parvint jusqu'au Yunnan, où son chef mourut le 12 mars 1868.

Dans le même temps, les troupes d'occupation poursuivaient les rebelles et le 21 juin, ils furent cernés dans le fort de Rach-Gia, d'où, ne pouvant s'échapper, ils durent se rendre.

Au mois de novembre de la même année, les rebelles des provinces du Nord furent dispersés ; puis enfin, en 1870, les tribus sauvages des Stiengs, qui s'étaient également remuées, furent pacifiées, et la frontière du Cambodge parfaitement limitée.

Le roi de Siam envoya une ambassade à Saïgon, où elle arriva le 1er juillet avec mission de régler l'importante question de la pêche dans le Grand-Lac ; le 21 octobre, la République était proclamée dans la colonie qui eut pour gouverneur le contre-amiral Duperré, nommé le 19 janvier 1871.

Un décret en date du 25 juillet suivant ordonna l'établissement de l'état-civil pour les indigènes.

XIII

Nous arrivons maintenant à l'étude des événements qui ont amené la France à faire la conquête de l'empire d'Annam ; mon intention n'est point de faire ici un historique complet de cette belle campagne du Tonkin, je me bornerai à esquisser rapidement les faits principaux,

L'Oiseau-Moqueur.

Planche 22.

LES COLONIES FRANÇAISES

laissant à des plumes plus autorisées que la mienne en la matière, le soin de traiter cette magnifique page de notre histoire.

En 1873, un négociant français, nommé J. Dupuis, s'était fixé en Chine pour diriger une entreprise commerciale d'une grande hardiesse ; il s'agissait pour lui de traiter avec le mandarin chinois Ma, chargé de la police des provinces de Yunnam, pour la fourniture d'une certaine quantité d'armes de guerre et de munitions.

Dupuis, qui avait déjà eu l'occasion de rencontrer quelques-uns des membres qui avaient fait partie de l'expédition scientifique du Mekong, savait que le fleuve Rouge, qui arrose le Tonkin, pouvait être remonté par des jonques, jusqu'à Mang-Hao. Mettant à profit ce qu'il venait d'apprendre, il entreprit de remonter jusqu'à cette ville, ce qu'il fit en effet, malgré le mauvais vouloir des mandarins du pays.

Pour combattre cette hostilité des gouverneurs annamites, et pour protéger sa cargaison, le hardi français se fit escorter par une compagnie de réguliers chinois forte de 400 hommes et qu'il eut la précaution d'armer de chassepots. Son expédition heureusement terminée, Dupuis revint à Hanoï (30 avril 1873).

La Cour de Hué s'émut, cette entreprise lui portait ombrage ; elle pria l'amiral Dupré, gouverneur de la Cochinchine française, d'intimer à Dupuis, l'ordre de quitter Hanoï. De son côté, le hardi négociant réclamait au roi Tu–Duc une indemnité du 200 mille taëls pour dommages causés à son commerce par les fonctionnaires annamites.

Le gouverneur appela le lieutenant de vaisseau Françis Garnier qui avait déjà fait partie de l'expédition dirigée par Doudart de Lagrée et qui connaissait très bien le pays.

Garnier eut pour mission de chercher à apaiser les conflits existant entre Dupuis et les mandarins et de tenter des négociations pour obtenir un tarif douanier permettant l'entrée des marchandises françaises dans le pays.

L'expédition que commandait le lieutenant Garnier était peu nombreuse ; elle se composait de deux canonnières montées par 175 hommes appartenant aux équipages de la flotte et à l'infanterie de marine. A Hanoï, rien n'était prêt pour recevoir les membres de la mission, il fallut user de rigueur pour obtenir un logement convenable ; grâce à Dupuis qui vint au devant de ses compatriotes, il fut possible de trouver un abri pour le chef français et son escorte.

La présence du lieutenant Garnier ne tarda pas à gêner les mandarins qui avaient espéré qu'il était venu pour expulser Dupuis ; le vieux mandarin Nguyen-Tri-Phuong qui commandait à Hanoï, prit une attitude hostile, il fortifia la citadelle et massa des troupes dans la ville ; cela devenait inquiétant. Le commandant français demanda des renforts qui arrivèrent en novembre ; le 19 de ce mois, il somma le général annamite de désarmer la citadelle ; aucune réponse n'étant faite à son ultimatum, il se prépara à l'attaque.

Le 20 novembre 1873, le petit corps expéditionnaire marche contre la citadelle, pendant que les canonnières, sous le commandement de M. Balny d'Avricourt, procédaient au bombardement ; les soldats chinois de Dupuis prêtaient leur concours au lieutenant Garnier, qui avait divisé sa troupe en trois colonnes.

La garnison annamite, forte de 8,000 hommes, tint deux heures à peine ; elle mit bas les armes lorsque son chef, le maréchal Nguyen-Tri-Phuong, tomba, mortellement blessé d'un coup de mitraille.

Garnier était un homme supérieur ; il prit en main le gouvernement de la province, où tout fut promptement organisé ; une milice fut formée, et partout des courriers furent établis pour mettre les villes en communication entre elles.

Continuant ses opérations militaires, le commandant français mena à bien cette campagne magnifique qui le rendit maître de Phu-Ly, Haï-Dzuong, Ninh-Binh, Nam-Dinh et lui permit de dominer tout le delta du Grand-Fleuve.

La cour de Hué, effrayée, envoya des plénipotentiaires à Hanoï et à Saïgon, pendant que les chefs annamites du Tonkin, convaincus de leur impuissance à résister à une poignée de Français, appelaient à leur secours les *Pavillons Noirs*, bande de pirates et de bandits dangereux connus également sous le nom de Taïpings et qui obéissaient à un grand chef, le mandarin Lun-Vinh-Phuoc. L'apparition de ce contingent redoutable nécessita l'envoi de nouveaux renforts, qui furent envoyés de Saïgon.

Des négociateurs furent envoyés par la cour de Hué, et ils conféraient avec le lieutenant Garnier (21 décembre) lorsqu'on vint annoncer que les Pavillons-Noirs marchaient contre la citadelle. Les marins furent bien vite en mesure de répondre à l'attaque ; quelques obus lancés au milieu des assaillants les firent reculer ; pour les poursuivre, Garnier ordonna une sortie. Pendant qu'il s'avançait vers le village de Thu-Lé, son second, le lieutenant Balny, marchait sur Phu-Noaï. Cette escarmouche fut désastreuse : les deux chefs succombèrent dans des embuscades.

La mort du lieutenant Garnier jeta la désolation dans ce petit corps expéditionnaire, qui adorait son chef ; heureusement pour la France, le découragement ne s'empara pas des braves qui, loin de leur patrie, défendaient l'honneur du drapeau national ; le commandement supérieur fut pris par M. Bain de la Coquerie et les escarmouches continuèrent jusqu'au jour où arriva M. Philastre, qui était envoyé par l'amiral Dupré.

La mort de Garnier donnait ses pouvoirs à M. Philastre, qui, connaissant les idées du ministère actuel, ministère de Broglie, sur la question du Tonkin, fit abandonner les places conquises et encore occupées ; puis il signa une convention avec Nguyen-Van-Tuong ; le delta devait être abandonné ; seul, un résident français demeurerait à Hanoï avec une faible escorte ; Dupuis lui-même devait quitter la ville.

Ces conventions furent converties en traité : Traité de Saïgon, 15 mars 1874.

La France reconnaissait la souveraineté du roi d'Annam et son indépendance vis-à-vis des puissances étrangères ; elle lui promettait son appui pour maintenir l'ordre et la tranquillité à l'intérieur et détruire la piraterie. De son côté, le roi Tu-Duc s'engageait à suivre la politique extérieure française et à conserver ses relations diplomatiques telles qu'elles étaient au moment de la signature du traité. Les conquêtes de la Basse-Cochinchine étaient acceptées comme fait accompli ; le commerce avec le Yunnam par le fleuve Rouge était accepté. Le protectorat français se trouvait établi.

Cette clause importante détruisait les liens de vassalité purement fantaisistes qui semblaient exister entre l'Annam et la Chine ; c'est de là, qu'allait naître la campagne chinoise des années suivantes.

XIV

Le conflit fut longtemps écarté, grâce à la bonne administration de M. le Myre de Vilers, qui fut le premier gouverneur civil de la Cochinchine française.

La situation était difficile, le traité de Saïgon avait oublié d'établir les droits spéciaux qui dérivent d'un protectorat véritable, les résidents français se trouvaient dans une fausse situation, ils étaient assimilés à de simples Consuls ; seule, l'escorte qu'ils entretenaient pour les protéger, leur donnait une sorte d'autorité morale.

La Cour de Hué, redoutant les entreprises de la France, renoua ses anciennes relations avec la Chine, et l'ambassadeur du Céleste-Empire à Paris, eut ordre de déclarer que son gouvernement ne reconnaissait pas le traité de Saïgon, signé sans son assentiment.

C'était en janvier 1882 ; Gambetta, alors président du Conseil des ministres, répondit avec justesse, que ce traité existait depuis huit ans et que la protestation arrivait tardivement.

Pendant ce temps, les troupes chinoises firent quelques apparitions sur le territoire annamite, et les nationaux français souvent inquiétés par les Pavillons-Noirs, durent demander protection au gouverneur de la Cochinchine qui s'empressa d'écrire une lettre énergique au gouverneur d'Annam et d'envoyer à Hanoï le commandant Rivière.

Le nouvel envoyé français avait reçu des ordres lui enjoignant d'éviter tout conflit ; malheureusement, les mandarins firent tout pour entraver la mission du commandant Rivière qui dut enfin réunir les troupes de débarquement de la division navale, qui, jointe à la petite garnison d'Haïphong, formèrent un corps de 600 hommes soutenus par sept canons et deux canonnières.

Le gouverneur annamite, sommé de rendre la Citadelle, refusa et se prépara à défendre ses positions. Le 25 avril, après un bombardement de quelques heures, l'assaut fut donné et la citadelle tomba au pouvoir des assaillants une demi-heure plus tard.

La prise de Hanoï n'était pas dans les intentions du gouvernement, M. le Myre de Vilers se plaignit à Hué des agissements du gouverneur de Hanoï, puis la Citadelle fut remise aux annamites, excepté toutefois la Pagode royale qui reçut une petite garnison française.

L'ambassadeur chinois protesta encore, il réclama le rappel des troupes françaises, mais il lui fut répondu que le gouverneur de la Cochinchine avait reçu l'ordre de sauvegarder les intérêts français, et qu'il n'avait pas outrepassé ses droits en voulant faire observer le traité de 1874.

La Chine, sollicitée par Tu-Duc, continua ses armements, pendant que les troupes annamites étaient mises sur le pied de guerre ; un conflit était imminent ; M. Bourée, alors ministre de France à Pékin, proposa un projet de convention qui devait faire établir une zone neutre entre la Chine et l'Annam et reconnaître par la France la souveraineté territoriale de l'empire annamite. Ce projet fut refusé à Paris et l'ambassadeur rappelé, dût revenir en France.

Après la prise de Hanoï, le commandant Rivière s'occupa d'assurer ses communications avec la mer, il s'empara de Hong-Gay, point riche en gisements de houille et marcha sur Nam-Dinh.

LES COLONIES FRANÇAISES

L'expédition était sous les ordres du lieutenant-colonel Careau; le gouverneur de Nam-Dinh, sommé de se rendre à bord du *Pluvier*, refusa net; la prise de la ville fut décidée. En conséquence, les canonnières débarquèrent quelques pièces et le bombardement commença; un peu avant l'assaut, le colonel Carreau fut blessé au talon par un biscaïen, l'amputation fut décidée, et le malheureux officier succomba quelques jours après.

Ce fut le chef de bataillon Badens qui dirigea l'assaut; la ville se rendit et parmi les fuyards, il fut facile de reconnaître quelques soldats chinois.

Pendant ce temps, les troupes demeurées à Hanoï furent attaquées par plus de 4,000 Annamites et Pavillons-Noirs qui profitèrent du départ de la colonne qui marchait sur Nam-Dinh, pour tenter d'anéantir la petite garnison de la Pagode royale que défendait le capitaine Retrouvey; le commandant Berthe de Villers, qui commandait à la concession française, fit une sortie qui força les assaillants à fuir et à traverser le fleuve.

Le commandant Rivière revint à Hanoï où il comprit que sa position était dangereuse; les Pavillons-Noirs devenaient entreprenants, ils venaient quelquefois piller les faubourgs et la ville marchande. Le commandant concentra ses forces et ayant obtenu des renforts fournis par l'escadre de l'amiral Meyer, il se trouva à la tête d'un petit corps avec lequel il tenta quelques sorties heureuses.

Le 19 mai, soutenu par trois canonnières et quelques pièces de canon, il résolut de faire une sortie du côté de Phu-Hoaï.

Les troupes étaient sous le commandement du chef de bataillon Berthe de Villers, Rivière suivait également la colonne. A six heures du matin, un premier engagement eut lieu près de Can-Giay; l'artillerie ouvrit ensuite le feu et les troupes s'avancèrent en repoussant les annamites; malheureusement, le commandant Berthe de Villers tomba mortellement blessé, Rivière le remplaça au commandement. L'ennemi était nombreux; tout-à-coup, Rivière s'aperçut que ses adversaires voulaient le tourner pour couper sa retraite vers Hanoï; ordre fut donné de revenir en arrière et la retraite commença sous un feu roulant de mousqueterie. Plusieurs officiers furent tués, un canon allait tomber au pouvoir de l'ennemi, lorsque Rivière et deux autres officiers poussent aux roues pour aider les hommes à le remettre en état d'être emporté; Rivière, le capitaine Jacquin et l'aspirant Moulun, sont tués; leurs cadavres tombent entre les mains des Pavillons-Noirs qui s'empressent de leur trancher la tête.

L'attitude énergique des soldats français rendus furieux par la mort de leurs officiers, arrêta l'élan des ennemis; le canon fut sauvé et la retraite se continua sous les ordres de M. de Marolles, chef d'état-major.

La nouvelle de la mort du commandant Rivière jeta la consternation en France; cette campagne lointaine, qui jusqu'à ce jour n'avait pas attiré l'opinion publique, passionna tous les Français et les Chambres furent saisies d'une demande de crédit que faisait le gouvernement, pour rétablir l'ordre et venger les soldats morts pour l'honneur du drapeau.

Le général Bouët, qui commandait les troupes de Cochinchine, reçut l'ordre de prendre le commandement du corps expéditionnaire qui fut renforcé par des détachements d'infanterie de marine et deux compagnies de tirailleurs indigènes. D'un autre côté, le contre-amiral Courbet se rendit dans les mers de la Chine avec une nouvelle escadre dite division navale du Tonkin et qui comprenait deux cuirassés, le *Bayard* et l'*Atalante*, et des croiseurs le *Chá—*

LES COLONIES FRANÇAISES

ROYAUME DU CAMBODGE

ROYme D'ANNAM

Dong tun

Tay Ninh

Cai Cungo

R. de Saigon

Than tun

Vinhan

Vaico Occidental

Thu Dan Mot

Bien Hoa

Thovne

SAIGON

Plateau élevé

Hung Ngu

Tan-An

Baria

Bien Thanh

Chaudoc

Plaine des Joncs

Can tô

Fleuve Antérieur

My-tho

Go Gong

Marais

Vaico

Ha tien

Vinh long

Bat ouc

Ben Hc

Vinng li Tan

Long Xuyen

Rach-Gia

Marais du Lac

Fleuve Postérieur

Tam thuoc

Tra Ong

Tra On

Kan ngon

Bac Trang

Bac dong

Satri

Gia dinh

Cu hoa

Cay long

Hanh lam

Hanh tien

Soc trang

Strabuo

Ordon goi d

Bac lien

Binh dinh

Pécherie

Caman

Thi ko

Pécheries

R. Gia

Xom ba than

Xom phuc tu

Pte des Camais

BOUCHES DU CAMBODGE

MER DE CHINE

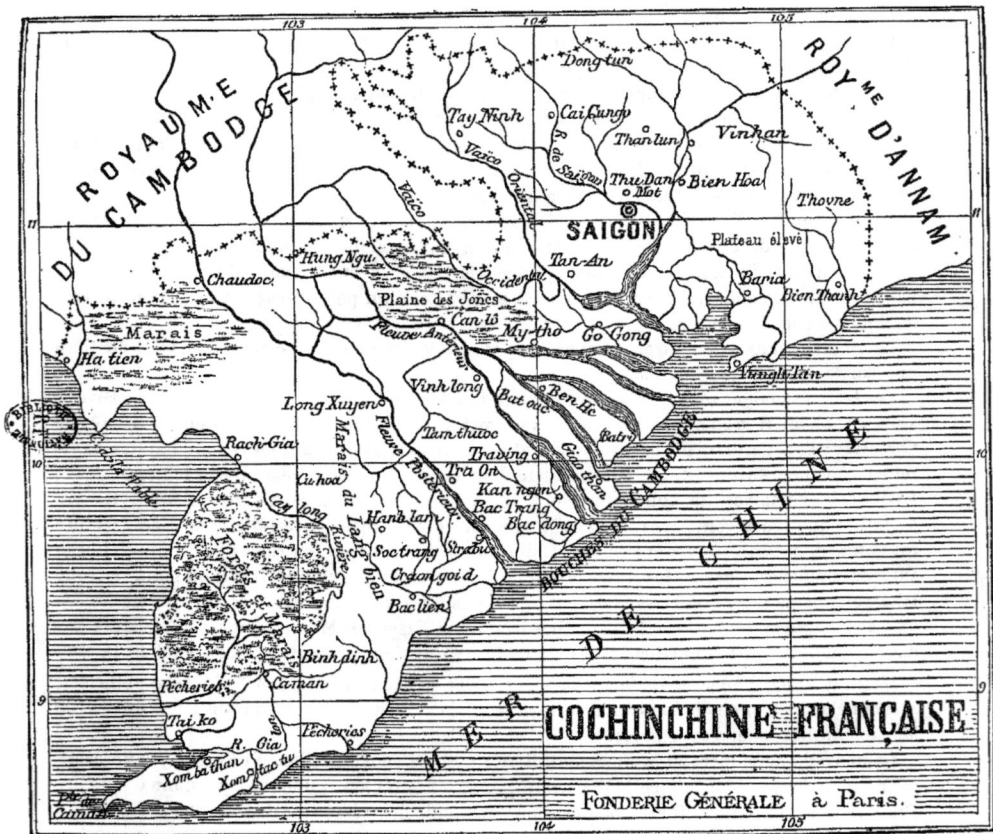

COCHINCHINE FRANÇAISE

FONDERIE GÉNÉRALE à Paris.

teau-Renaud, le *Drac*, le *Perseval*, le *Kersaint* et le *Hamelin*. Le docteur Harmand, ancien compagnon de Francis Garnier reçut le titre de commissaire général civil, il devait s'occuper de la direction politique et administrative du Tonkin.

Le général Bouët trouva des Pavillons-Noirs partout ; il fallut les repousser à Hanoï, à Haïphong, à Nam-Dinh. Trois transports de l'Etat conduisirent des renforts qui portèrent l'effectif du corps d'occupation à près de 3,000 hommes.

Les trois chefs de l'expédition : le commissaire civil, le général Bouët et le contre-amiral Courbet, tinrent un conseil dans lequel il fut décidé qu'une expédition allait être dirigée sur Hué, par l'escadre elle-même, pendant que les troupes de terre continueraient à opérer au Tonkin.

Sur ces entrefaites, l'empereur d'Annam, le vieux Tu-Duc, vint à mourir ; c'était un adversaire de moins. Malgré cela, les opérations continuèrent et, le 16 août, l'escadre se présenta devant les forts de Thuan-An, qui défendaient l'entrée de la rivière de Hué. Le bombardement commença le 18 dans l'après-midi et, le 20, les troupes de débarquement furent lancées à l'assaut ; les forts furent emportés après un court combat.

Au Tonkin, le général Bouët trouva plus de résistance ; le 15 août, marchant à la tête de trois colonnes, il rencontra l'ennemi qui s'était retranché dans quelques maisons du village de Vuong, sur la route de Sontay. Le combat fut engagé ; le centre et l'aile droite purent facilement tourner les positions ennemies, mais il n'en fut pas de même pour la colonne de gauche, commandée par le lieutenant-colonel Revillon ; le nombre des ennemis en face desquels elle se trouvait était si considérable, qu'après un combat acharné elle dut battre en retraite et se replier jusqu'au pont de Papier, où se trouvait le général en chef. Malgré cela, les effets de cette journée ne furent pas perdus pour la France ; les Pavillons-Noirs renoncèrent pour un instant à brûler Hanoï, comme ils en avaient formé le projet.

Le 19 août, la ville de Haï-Dzuong, qui commande une des bouches du Delta, tomba au pouvoir du lieutenant-colonel Brionval, qui avait remonté le fleuve avec deux canonnières ; cette prise de Haï-Dzuong empêcha les Chinois de s'y installer ; ils s'y seraient trouvés fort bien, pour en faire un repaire de pirates.

La cour de Hué demanda un armistice, qui lui fut accordé ; le commissaire général se rendit à Hué avec M. Palasne de Champeaux et un traité de paix fut signé le 25 août (1883). Le protectorat français fut définitivement établi et reconnu sur tout l'empire d'Annam ; la province de Binh-Thuan était annexée à la Cochinchine ; un résident serait installé à Hué, où il aurait le droit de voir le roi en audience spéciale aussi souvent que le besoin s'en ferait sentir ; l'administration des douanes serait remise entre les mains du gouvernement français, qui jouirait également d'un traité de commerce avantageux , enfin, divers forts seraient occupés par des garnisons françaises.

Pour ne pas être surpris par une reprise des hostilités, le général Bouët demanda des renforts qui lui furent envoyés de France, en même temps que le ministre de la marine recommandait à l'amiral Courbet de prêter ses compagnies de débarquement.

Dans les premiers jours du mois de juillet, un différend qui surgit entre M. Harmand et le général Bouët fut la cause du rappel du commandant en chef, qui fut prié de venir à Paris pour renseigner le gouvernement sur ce qu'il restait à faire au Tonkin.

LES COLONIES FRANÇAISES

Avant son départ pour la France, le général Bouët livra un combat sanglant aux Pavillons–Noirs, qui furent mis en déroute par une colonne de soldats indigènes soutenus par une compagnie d'infanterie de marine et une batterie d'artillerie.

Malgré le traité de paix signé le 25 août 1883, les hostilités continuèrent ; le colonel Bichot, qui prit le commandement après le départ du général Bouët, se trouva constamment en présence des Chinois, qui envoyaient des troupes régulières pour occuper divers points du Tonkin. Il fallait de l'union, en présence du danger toujours menaçant ; M. Harmand comprit que la direction des affaires n'avait qu'à gagner d'être concentrée entre les mains d'un chef unique. Il demanda à rentrer en France, ce qu'il fit après avoir remis ses pouvoirs à l'amiral Courbet. C'est à ce moment que l'ambassadeur chinois à Paris notifiait au gouvernement français la présence officielle des troupes chinoises au Tonkin.

Le 12 novembre, l'ennemi tenta de s'emparer de Haï–Dzuong, mais l'attaque fut vaine et, grâce à l'énergie des défenseurs, les assaillants durent abandonner leur projet.

L'amiral Courbet demanda et obtint des renforts, qui portèrent à 9,000 le nombre des soldats formant le corps expéditionnaire. La prise de la citadelle de Sontay fut décidée ; divisant sa petite armée en deux colonnes, l'amiral confia la direction de la première au lieutenant-colonel Belin, pendant que la seconde marcherait sous les ordres du colonel Bichot ; ces deux colonnes devaient être soutenues par la flotille des canonnières, Sontay se trouvant à la naissance du Delta.

Le 14 décembre, le corps expéditionnaire s'approcha le plus possible de la place ; l'amiral Courbet s'avança près des positions ennemies et, de concert avec les officiers supérieurs qu'il avait sous ses ordres, il prit la décision de ne pas s'écarter du fleuve, afin d'assurer son ravitaillement et d'être soutenu par les canonnières.

A dix heures et demie, les premiers avant-postes furent enlevés à la baïonnette et les soldats français purent se retrancher dans la pagode de Linh-Chien, pendant que l'artillerie, soutenant un feu nourri, bombardait le fort de Phu-Sa, qui fut bientôt anéanti. Ceci se passait à l'aile droite ; de l'autre côté, l'action était également engagée, action meurtrière, dont le résultat fut bien longtemps indécis ; mais enfin, la réserve se porta en avant et relia les deux ailes, arrivant à 400 mètres environ de la digue de Phu–Sa, où elle prit position en s'abritant derrière une haie de bambous.

Le colonel Belin, qui commandait l'aile droite, obtint l'autorisation de tenter un assaut qui depuis longtemps avait été préparé par l'artillerie ; il fit avancer les tirailleurs algériens, qui, se précipitant avec une furie vraiment héroïque, chassèrent l'ennemi de ses positions, malgré sa défense acharnée ; le soir, les troupes campèrent sur les positions conquises et une partie de la nuit fut employée à élever des fortifications et à réapprovisionner le petit corps d'armée, qui avait eu à peine le temps de manger pendant toute la journée qui venait d'être si bien remplie.

Le lendemain, le corps expéditionnaire se contenta d'occuper les positions abandonnées par les Pavillons–Noirs ; le 16, les opérations furent reprises et, pendant toute la journée, un combat meurtrier fut soutenu de part et d'autre ; les troupes françaises avançaient lentement ; à dix heures du matin, un bataillon de la légion étrangère s'empara du village de Ho-Tray ; à cinq heures du soir, les premières compagnies de tirailleurs s'étaient approchées

LES COLONIES FRANÇAISES

jusqu'à 100 mètres des fossés de la ville ; une heure plus tard, les Pavillons-Noirs étaient en fuite et le commandant en chef faisait son entrée dans la ville, où les troupes passèrent la nuit. Le lendemain, la citadelle fut également occupée, l'ennemi ayant renoncé à la défendre.

Malgré son importance, le succès de Sontay ne devait pas amener la fin des hostilités ; les Chinois étaient encore les maîtres dans Bac-Ninh et Hong-Hoa, points importants qui commandent la partie la plus importante du Delta. La Cour de Hué se voyant soutenue, suscitait une foule d'ennuis aux représentants de la France, sans compter qu'elle autorisait ses mandarins à se joindre aux Pavillons-Noirs et aux Chinois. Le successeur du vieux Tu-Duc, Hiep-Hoa, fut empoisonné par ses ministres, qui firent monter sur le trône, un enfant de 15 ans, Kien-Phuoc ; le résident français protesta contre cet avénement, mais en vain ; sa vie fut même menacée ; il fallut, en prévision d'un événement malheureux, renforcer la petite garnison qui gardait le fort de Thuan-Anh.

L'amiral Courbet, qui aurait voulu marcher sur Hong-Hoa, en fut empêché par la baisse des eaux ; il dut se borner à faire quelques marches qui repoussèrent les ennemis dans un rayon plus éloigné.

Le gouvernement envoya de nouveaux renforts : le corps expéditionnaire, fort de 16.000 hommes, fut confié au commandement du général de division Millot, qui allait être secondé par les généraux de brigade Brière de l'Isle et de Négrier ; l'amiral Courbet, lorsqu'il eut remis le commandement à son successeur, revint se remettre à la tête de sa flotte.

XV

Le nouveau général en chef décida de prendre Bac-Ninh, point stratégique d'une grande importance, la clef des communications avec Haï-Dzuong, Langson et Thaï-Nguyen ; un bataillon de la légion étrangère, envoyé en avant-garde, prit position aux Sept-Pagodes où il eut à soutenir deux attaques successives des Chinois.

La ville de Bac-Ninh était bien fortifiée, l'ennemi n'ayant rien négligé pour en rendre la défense facile ; des tranchées avaient été établies sur la route de Hanoï et sur les rives du fleuve, espérant arrêter l'élan des troupes françaises. Le général Millot changea de tactique, il fit un mouvement tournant et prit l'ennemi à revers, menaçant ainsi sa retraite.

Le 7 mars, la première brigade traversa le fleuve Rouge pour s'établir sur la rive droite, pendant que la canonnière le *Mousqueton* engageait l'action avec l'ennemi ; la marche en avant se continua ainsi jusqu'au 10 mars, sous le couvert du feu de l'artillerie des canonnières. Le lendemain, les brigades étaient réunies et les Chinois, abandonnant leurs positions, se retirèrent à Trung-Son, chaîne de collines qui dominent Bac-Ninh vers le Sud-Est.

Les forts qui défendaient la ville tombèrent les uns après les autres entre les mains du corps expéditionnaire français qui combattit vaillamment, pendant que la flotille des canonnières s'avançait sur Bac-Ninh en détruisant un à un les barrages du fleuve.

Dans les magasins de la citadelle et dans les forts, l'armée française trouva une centaine de canons, des fusils de guerre, des munitions ainsi qu'un certain nombre d'étendards.

Le général de Négrier poursuivit les fuyards sur la route de Langson où il put les atteindre et les battre de nouveau à Phu-lang-Giang et à Lang-Rep ; de son côté, le général Brière de l'Isle mena sa brigade à la conquête de Yen-Thé et à celle de Thaï-Nguyen, puis tout le corps expéditionnaire se replia sur Hanoï où il prit quelques jours de repos avant de reprendre l'offensive.

Le 10 avril, un nouvel engagement eut lieu sous les murs de Hong-Hoa qui dût se rendre le 13, abandonnant une trentaine de canons et des munitions.

Le général Brière de l'Isle, qui commandait la colonne, lança quelques bataillons à la poursuite des fuyards et cette campagne se termina par la prise de la citadelle de Dong-Van, et des villes de Phu-lan-Tao et Tuyen-Quan.

La période active de la conquête semblait terminée, le Commandant en chef voulut s'occuper de l'organisation du pays et de la formation de deux régiments de tirailleurs indigènes. A ce moment, le grand mandarin Li-Hang-Chang, vice-roi de la province de Pé-tché-Li, proposa au capitaine de frégate Fournier de signer les préliminaires d'un traité de paix qui prit le nom de traité de Tien-Tsin (11 mai). Par ce traité la Chine s'engageait à retirer ses troupes du Tonkin et à respecter tous les traités que la France signerait avec la cour de Hué ; de son côté, le Gouvernement de la République Française promettait de protéger de toute agression venant de l'extérieur, les provinces méridionales de la Chine ; en raison de l'attitude conciliante du gouvernement Chinois, aucune indemnité de guerre ne lui serait réclamée.

Tout était pour le mieux, la paix semblait être définitive et l'évacuation du Tonkin par les troupes chinoises était attendue d'un jour à l'autre, lorsque le parti de la guerre reprit le dessus à la Cour de Pékin ; un conflit éclata entre les troupes chinoises et une colonne française.

Le général Millot venait de recevoir des ordres lui indiquant d'envoyer à Madagascar un bataillon des tirailleurs annamites qui faisaient partie de son effectif ; il dut suspendre ce départ, en présence de l'attitude hostile des Chinois qui reçurent à coup de fusil un détachement de huit cents hommes commandés par le lieutenant-colonel Dugenne.

La petite colonne se dirigeait sur Langson, lorsque le 23 juin 1884 elle dut essuyer, non loin de Bac-Lé, une attaque des Chinois. Le Commandant du détachement parlementa avec l'ennemi qui ne paraissait pas vouloir se retirer et il fit signifier aux mandarins qu'il allait continuer sa route. Le combat s'engagea et dura tout le jour ; le lendemain, il recommença plus acharné que la veille ; les Chinois, beaucoup plus nombreux, entouraient la vaillante petite troupe qui dut battre en retraite jusqu'à un point fortifié, au delà de Bac-Lé, où elle put attendre les renforts que conduisait le général de Négrier.

Réparation fut demandée à la Chine, et l'amiral Courbet qui venait de prendre le commandement en chef des deux escadres de l'Extrême-Orient, reçut l'ordre de les appuyer par la force.

M. Patenôtre qui était alors à Hué où il avait été envoyé pour modifier quelques clauses du traité Harmand dut repartir pour Pékin, ce qu'il fit, après avoir fait détruire sous ses yeux le grand sceau impérial, signe de la suzeraineté du Céleste-Empire ; quelques jours après son départ, le jeune roi mourut empoisonné et son successeur fut encore un enfant, Ung-Lich, âgé de 14 ans. Le résident français protesta contre cette nomination, il ne fut pas écouté ; le général Millot, aussitôt prévenu de l'incident, envoya à Hué un bataillon et une batterie d'artillerie, sous les ordres du lieutenant–colonel Guerrier, pour appuyer un ultimatum qui enjoignait aux régents de demander à la France l'investiture du nouveau roi. La présence des baïonnettes françaises fit plus que toute la diplomatie qu'on aurait pu employer et le 17 août, la mission française entra dans le palais royal par la grande porte d'honneur qui ne s'ouvrait autrefois que pour les ambassadeurs chinois, lorsqu'ils portaient au nouveau roi d'Annam, l'investiture du suzerain.

<h1 style="text-align:center">XVI</h1>

Au Cambodge, tout n'allait pas pour le mieux ; le roi Norodon, après avoir promis beaucoup, tenait fort peu ; il augmenta ses dépenses personnelles, s'entourant d'un luxe peu en rapport avec les ressources de son royaume ; son peuple souffrait, les traités signés demeuraient lettres mortes. En 1877, le gouvernement Cambodgien avait prononcé l'abolition de l'esclavage, mais elle n'existait que sur le papier ; la police était mal faite, la contrebande s'effectuait au grand jour, et lorsque le roi refusa de signer un traité établissant l'union douanière entre son royaume et la Cochinchine, le gouverneur des possessions françaises marcha sur la capitale avec quelques bataillons ; devant la force, Norodon céda.

Les conditions françaises furent acceptées ; elles établissaient plusieurs réformes administratives et judiciaires, traitaient des questions commerciales et financières et donnaient au résident, le titre de résident général, ainsi que des pouvoirs très étendus ; l'abolition de l'esclavage fut de nouveau promulguée et la terre cessant de demeurer propriété royale, il fut possible d'établir la propriété individuelle.

Tout danger de ce côté fut donc écarté ; malgré le peu d'empressement de Norodon à se soumettre à la convention du 17 juin 1884, ce traité fut ratifié par le Parlement français et devenu obligatoire pour les deux nations.

La Chine, je l'ai dit, venait de déchirer le traité de Tien-Tsin, en ne tenant pas ses promesses ; il fallait tirer vengeance du guet-apens de Bac-Lé. L'amiral Courbet, après les ordres qu'il reçut de Paris se prépara à reprendre les hostilités et à s'emparer de Kelung et de Tam-Sui, ports importants du nord de la grande île de Formose ; il projeta également de détruire l'arsenal de Fou-Tchéou.

Pour frapper rapidement ses ennemis, Courbet envoya une partie de ses forces, sous le commandement du contre amiral Lespès pour s'emparer des deux ports de Formose, et gardant avec lui la seconde portion de son escadre, il se rendit à l'embouchure de la rivière Min, pour bombarder Fou-Tchéou. Avant d'attaquer il lui fallut attendre le résultat des négociations engagées avec la Chine depuis le 16 juillet, rien n'ayant abouti, l'amiral reçut l'ordre d'agir.

Le jour même, Courbet fit amener le pavillon qui flottait sur le Consulat de France et prévint le gouverneur ainsi que les Consuls étrangers, qu'il allait commencer les hostilités.

Les Chinois avaient onze bâtiments de guerre et douze grandes jonques, Courbet disposait du *Volta*, du d'*Estaing*, du *Duguay-Trouin*, du *Lynx*, de la *Vipère*, de l'*Aspic* et de deux torpilleurs ; deux autres navires étaient à l'embouchure du fleuve qu'ils ne pouvaient remonter à cause de leur tirant d'eau.

promu. Le général en chef qui arriva également quelques jours après, ordonna à la brigade de reprendre immédiatement ses anciennes positions.

La nouvelle de la retraite de Langsor fut connue à Paris le 29 mars, elle fut la cause d'une interpellation que le ministère Ferry eut à soutenir à la Chambre, devant laquelle il fut mis en minorité, ce qui le fit succomber.

De nouvelles négociations pour la paix avaient été entamées avec la Chine, elles furent quand même poursuivies ; les préliminaires furent signés à Paris le 4 avril ; l'évacuation du Tonkin par les Chinois commença immédiatement.

Le traité de paix fut signé à Tien-Tsin, par M. Patenôtre, au nom de la France, et par Li-Huog–Chang et deux autres délégués, pour la Chine (9 juin 1885). L'empire d'Annam se trouva complètement sorti de la suzeraineté du Céleste-Empire, les frontières furent bien délimitées et le commerce français se trouva à l'abri des ennuis passés.

Cette paix, si longtemps désirée, fut attristée par la mort de l'amiral Courbet dont les restes furent ramenés en France par le *Bayard*, qui avait porté son pavillon.

Après la signature de la paix avec la Chine, le général de Courcy, qui venait d'être nommé commandant du corps expéditionnaire, se rendit à Hué en raison des pouvoirs diplomatiques dont il venait d'être investi. Il arriva dans la capitale annamite, escorté par un bataillon du 3e zouaves et deux compagnies du 11e chasseurs à pied ; il n'avait pas encore remis ses lettres de créance qu'il fut attaqué par une multitude d'annamites qui marchaient sous les ordres du second régent Tuyet. Les soldats français repoussèrent cette horde d'assassins, et il résulta de ce guet-apens, que le roi fut déposé et remplacé par le prince Chanh-Mong ; le premier régent fut interné à Poulo-Condore, son collègue avait jugé à propos de prendre la fuite en emmenant le roi Ung-Pich.

Aujourd'hui, l'empire d'Annam jouit d'une paix relative ; les troupes qui composent le corps d'occupation ont bien à repousser quelquefois les attaques des pirates, mais ces aggressions deviennent de plus en plus rares, et le jour est proche où la paix et la tranquilité règneront sur tous les points du royaume.

XVII

GÉOGRAPHIE GÉNÉRALE : Situation. — Je l'ai déjà dit, le gouvernement général de l'Indo-Chine comprend la Basse-Cochinchine, le Cambodge et l'empire d'Annam.

La Basse-Cochinchine ou pays de Gia-Dinh, est bornée au Nord-Ouest, par le royaume de Cambodge ; au Nord, par le pays de Moï ; à l'Ouest, par le golfe de Siam ; au Sud-Est, par la mer de Chine et à l'Est, par l'Annam. L'empire annamite confine à la Basse-Cochinchine, à la mer de Chine et à la Chine ; vers le Laos, il n'a aucune limite définie.

HYDROGRAPHIE. — La Cochinchine française est divisée en deux parties à peu près égales, par le Meï-Kong, qui est le fleuve le plus important de la colonie et l'un des plus considérables du monde ; il prend sa source dans les monts Kouen-Louen, l'une des ramifications du Thibet ; son cours, long de 3,500 kilomètres, reçoit de nombreux affluents et se divise en trois branches, après avoir baigné la ville de Phnum-Penh, capitale du Cambodge.

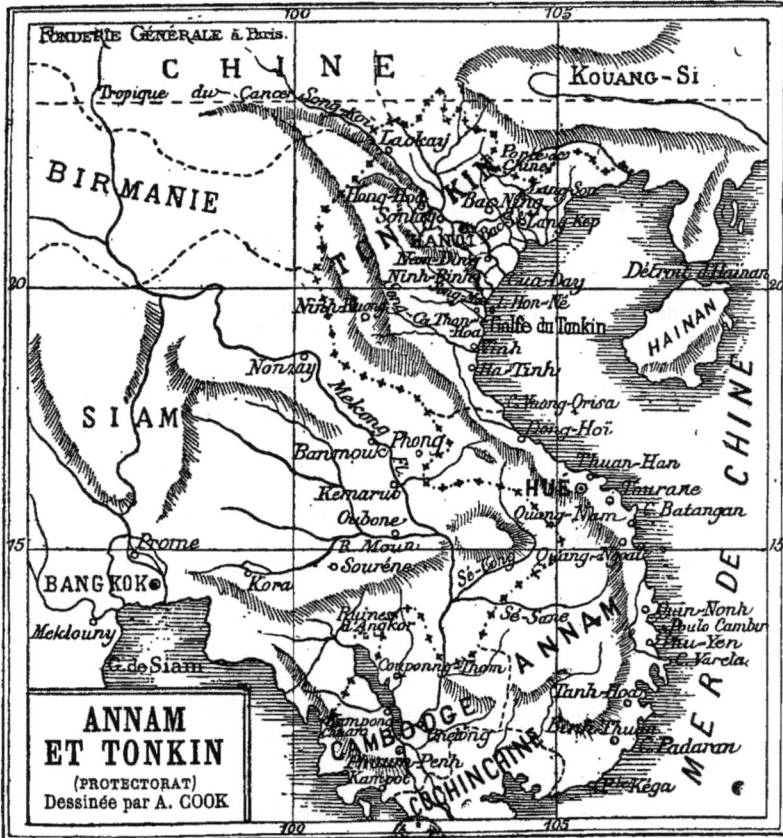

FONDERIE GÉNÉRALE à Paris.

CHINE

KOUANG-SI

Tropique du Cancer

BIRMANIE

SIAM

ANNAM
ET TONKIN
(PROTECTORAT)
Dessinée par A. COOK

HAINAN

MER DE CHINE

CAMBODGE

ANNAM

COCHINCHINE

BANGKOK

LES COLONIES FRANÇAISES

La première de ses branches, ou fleuve supérieur, arrose Ving-Long, Mytho et Bentré ; elle se jette dans la mer par six embouchures.

La seconde branche, en fleuve inférieur, se rend à la mer en décrivant de nombreuses courbes ; elle baigne Chaudoc et Longsuyen. L'autre branche, large d'un kilomètre, remonte vers l'Ouest pour se jeter dans le lac Touli-Sap ou fleuve d'eau douce. Le Mekong est soumis à une crue annuelle qui dure de juin à février, les eaux atteignent parfois une hauteur prodigieuse.

Les autres cours d'eau sont : le Donnaï, qui prend sa source dans le pays des Moï, pour arroser ensuite la province de Bien-Hoa, baigner la ville du même nom et recevoir un peu plus bas, la belle rivière de Saïgon ; avant de se jeter dans la mer, ce fleuve se subdivise en plusieurs branches dont la plus importante est la Soirap.

La Rivière de Saïgon prend sa source sur les limites du Cambodge et c'est après avoir dépassé la ville de Saïgon, qu'elle forme un grand coude pour se jeter dans le Donnaï dont grossit considérablement le cours.

Le Grand-Vaïco, ou Vaïco oriental, coule parallèlement à la rivière de Saïgon ; c'est un fleuve profond et facilement navigable.

Le Petit-Vaïco, ou Vaïco occidental est un affluent du précédent ; il sépare la province de Mytho de celle de Saïgon.

Tous les fleuves de la Basse-Cochinchine, sont reliés entre eux par une foule de petites rivières nommées *Arroyos* ou par des canaux artificiels.

Dans l'empire annamite, nous trouvons d'abord le *Song-Koï*, ou fleuve rouge qui vient des plateaux du Yunnam pour couler ensuite dans la direction du Sud-Ouest ; il entre dans le Tonkin près de Laokay, après avoir arrosé Mang-Hoa ; puis, nous le trouvons à Hong-Hoa, à Sontay, à Hanoï, à Hong-Yen. Avant d'arriver à Hanoï, il se divise en deux bras principaux, subdivisés eux-mêmes en un grand nombre de bras secondaires, formant ensemble ce que nous appelons le Delta, c'est-à-dire les bouches du Song-Koï, et dont les principales sont : le *Cua-Traly*, le *Cua-Ba-Lai-Dong*, le *Cua-Day*, le *Cua-Bo-Lai-Name*, le *Cua-Thac-Binh*, le *Cua-Van-Uc*, le *Cua-Cam*, etc

Le fleuve, dont la navigation est pénible en-dessus de Hanoï, reçoit plusieurs affluents : à droite, la *Rivière Noire* et à gauche la *Rivière Claire* ; toutes deux venant du Yunnam.

Le *Thaï-Binh*, un autre fleuve important de la province du Tonkin, prend sa source dans la région inconnue de Coabang ; avant d'arriver à la mer, il se ramifie en un grand nombre de bras qui sont tous navigables.

Citons encore, le *Song-Ma*, le *Dong-Gianh*, le *Donc-Hoï*, le *Song-Ca*, le *Phanry*, le *Luang-Nag*, la *rivière de Hué*, le *Faï-Fo*, le *Victe*, le *Tourane*, etc.

De son côté, le Cambodge nous offre quelques petits cours d'eau dont une grande partie alimente le lac Toulé-Sap qui affecte la forme d'une gourde. Pendant cinq ou six mois de l'année, ce lac couvre un espace immense, puis il diminue sa profondeur, tout en conservant ses dimensions. Le Toulé-Sap est soumis à des tempêtes souvent dangereuses ; son entrée, lorsqu'on remonte le bras du Me-Kong qui s'y jette, est belle et grandiose ; les rives sont basses et couvertes d'épaisses forêts souvent submergées, puis au loin on aperçoit une chaîne de montagnes dont les cîmes se confondent avec l'azur du ciel.

Au centre de cette mer intérieure, on a planté un grand mât qui indique que c'est là que finit le Cambodge et que commence le royaume de Siam.

Si, quittant les fleuves, nous suivons les côtes, il faudra parler des îles qui sont dans le golfe de Siam et dans la mer de Chine.

Sur le littoral du Cambodge, nous trouvons Phu-Luoc, île riche en forêt et qui est habitée par un milliers d'habitants.

A l'embouchure du Me-Kong, se trouve le groupe de Poulo-Condore qui appartient à la France depuis 1787, mais qui n'a été réellement occupé qu'en 1861. Ce groupe, composé de deux îles, est riche en produits agricoles, un pénitencier y a été établi pour recevoir les condamnés à moins de dix ans de prison.

Sur les côtes de l'empire d'Annam, nous avons plusieurs îles dont les principales sont Poulo-Sapate, Bien-Son, Vung-Chua, Cat-Bat, Hon-Né, etc.

MONTAGNES. — En Cochinchine, on ne rencontre guère de montagnes que sur la rive gauche de la rivière de Bien-Hoa, où on trouve plusieurs groupes qui paraissent être les dernières ramifications de la chaîne qui, venant du Thibet, traverse le Yunnam pour venir séparer l'Annam et la Cochinchine du bassin du Cambodge.

Au Tonkin, nous trouvons des montagnes dans la partie Nord, ainsi que dans la région du Sud-Ouest. La ligne de partage des eaux de l'Empire chinois et du Tonkin est formée par les ramifications du *Kouang-Si* ; d'autres chaînes, partant du Yunnam, se dirigent vers le Sud-Est.

Les parties Nord et Nord-Ouest du royaume de Cambodge sont accidentées et couvertes de montagnes qui se détachent du grand plateau central asiatique ; dans les régions qui avoisinent le golfe de Siam, on rencontre quelques groupes sans importance.

Partout, les montagnes sont boisées, et toutes renferment des richesses minérales importantes.

MÉTÉOROLOGIE. — Les diverses provinces du gouvernement général de l'Indo-Chine sont situées sous la zone torride, entre l'Equateur et le tropique du Cancer ; malgré l'humidité qu'y entretiennent les terrains bas et le sol en formation des deltas des grands fleuves, le climat n'est pas aussi malsain qu'on pourrait bien le supposer. Sans être des colonies de peuplement, les territoires de l'Indo-Chine peuvent devenir des établissements d'exploitation où les européens intelligents seront certains d'arriver à un bon résultat.

Dans la Cochinchine, la température varie entre 20° et 35°, donnant une moyenne de 26° centigrades ; c'est surtout pendant les mois de février et de mars que la chaleur est la plus accablante.

Le climat du royaume de Cambodge est à peu près semblable à celui de la Cochinchine. La moyenne de la température est de 27° ; son maximum ne dépasse pas 36° centigrades.

L'empire d'Annam offre un climat moins énervant que celui des contrées baignées par le Mekong ; la température maximum est de 32°, le minimum étant de 15° ; l'année y est divisée en quatre saisons, tandis que la Cochinchine n'en a que deux : la saison sèche et la saison des pluies. L'été est de mai en octobre ; l'automne, qui dure deux mois, octobre et novembre, est généralement sec et sain ; l'hiver dure de décembre à février ; puis c'est le printemps.

Les pluies sont rares pendant la saison sèche ; lorsque la saison pluvieuse commence, elle a des intermittences de beau qui rendent cette saison supportable ; il pleut rarement dix jours de suite.

Le climat de l'Indo-Chine est essentiellement humide ; sous les chauds rayons du soleil des tropiques, les terrains bas et inondés se décomposent lentement, donnant naissance à des miasmes souvent dangereux et en favorisant la naissance de microbes qui engendrent des maladies nombreuses. Les affections qui paraissent devoir atteindre le plus facilement les indigènes sont les maladies de la peau, qui se présentent sous différents aspects ; les européens, de leur côté, ont à redouter la dysenterie, la phtisie, les maladies du foie, les fièvres intermittentes ; le choléra et la variole font des apparitions fréquentes.

Il est donc indispensable de suivre un régime hygiénique spécial; il faut éviter les refroidissements, faire usage le moins possible de boissons alcooliques, porter des ceintures de flanelle, éviter la trop grande ardeur du soleil et ne sortir que couvert du traditionnel casque de soleil; les bons soins et une vie régulière assureront une bonne santé à tous les nouveaux arrivants.

XVIII

Si nous abordons les races qui peuplent l'Indo-Chine, nous nous trouverons en présence de la race annamite et de la race cambodgienne ; nous aurons bien à parler un peu des chinois, mais les fils du Céleste-Empire ne sont là qu'à titre d'étrangers, comme le sont les européens.

Les Annamites appartiennent à la race dite race mongole ; ils sont petits, maigres et nerveux ; sous une apparence faible, ils cachent une grande énergie. Jusqu'à l'âge de trente ans, ils sont imberbes, et jamais leur barbe n'est soyeuse ; peu abondante, elle est noire et rude. Leur teint varie suivant le genre d'occupations auxquelles ils se livrent, allant de la couleur de cire jusqu'à la teinte acajou ou feuille morte. Ils ont la démarche indolente et gracieuse ; leur crâne est arrondi ; ils ont la tête d'un ovale très prononcé, et le caractère spécial de leur physionomie est tout entier dans les yeux, qui ont une forme et une position toutes spéciales. Sans être belles, les femmes sont quelquefois jolies, surtout lorsqu'elles sont jeunes.

Comme caractère, les Annamites sont dociles et doux, souvent portés à la gaîté ; ils dépensent facilement leur salaire. D'un naturel très imitateur, ils s'assimilent facilement aux mœurs européennes, qu'ils n'hésitent pas à reconnaître préférables aux leurs, sous certains rapports.

Le courage militaire ne leur fait point défaut ; nous les avons vu combattre et tenir tête aux troupes françaises, ne prenant la fuite qu'après s'être vaillamment défendus. Les régiments indigènes qui ont été incorporés dans les cadres français ont rendu déjà de grands services et un jour viendra où ils en rendront de plus grands encore.

En général, ce peuple aime le luxe ; il affectionne les bijoux, les vêtements aux couleurs vives et éclatantes. Le costume des hommes et celui des femmes ont beaucoup d'analogie ; les uns et les autres portent un pantalon bouffant et une robe courte qui s'arrête à la hauteur du genoux. Nous devons constater qu'en général ils sont d'une grande malpropreté, et s'ils changent de vêtements, c'est qu'ils y sont obligés parce que ceux-ci tombent en lambeaux.

Habitués au despotisme des supérieurs, ils sont craintifs et ignorants et leur politesse excessive est imposée par les mandarins, qui exigent beaucoup de servilité.

Tous ont la malheureuse habitude de mâcher constamment une composition faite de noix d'arec, de poivre, de betel et de chaux vive ; ils portent à la ceinture leur sachet de tabac et leur boîte de betel. Ils affectionnent également l'opium, mais cependant bien moins que ne le font les Chinois.

Le jeu est fort répandu dans tout le royaume d'Annam. Aussi le gouvernement français fait-il le nécessaire non pas pour le supprimer complètement, ce qui serait impossible, mais pour en atténuer les effets désastreux. Avant l'occupation européenne, on voyait des malheureux jouer leurs vêtements, leur femme, leurs enfants, leur liberté.

Les Annamites se marient jeunes ; la loi indigène permet le mariage à seize ans pour les hommes et à quatorze ans pour les femmes. Lorsqu'il y a projet de mariage entre deux jeunes gens, les questions d'intérêt sont d'abord résolues, puis ensuite viennent les fiançailles et enfin le mariage, qui comporte comme cérémonie principale des sacrifices faits aux mânes des ancêtres des deux futurs époux.

A côté du mariage légitime ou mariage de premier rang, la loi indigène permet des unions de second rang ; les enfants issus de ces mariages jouissent des mêmes droits que les enfants légitimes. Les Annamites tiennent essentiellement à avoir des enfants mâles qui, un jour, offriront des sacrifices à leurs ancêtres et à eux-mêmes ; c'est pourquoi ils contractent plusieurs unions, espérant ainsi avoir plus sûrement des fils qui rempliront dans l'avenir le pieux devoir du culte de famille. La loi annamite interdit les mariages entre proches parents, et telles alliances reconnues par le Code français sont, là-bas, réputées incestueuses et punies avec une grande sévérité.

Les Annamites ne vivent jamais isolés ; ils aiment à grouper leurs habitations, formant ainsi des hameaux dispersés dans les rizières, au milieu de massifs de bambous, ou encore sur les rives des fleuves et des rivières. Tous les villages sont généralement entourés par un fossé bordé d'un talus, sur lequel a été établie une haie vive ou une palissade. Les maisons sont souvent construites sur pilotis ; des cloisons en planches ou en nattes divisent l'intérieur en plusieurs pièces.

Dans les villes, l'architecture est mieux comprise ; il y a beaucoup de maisons en briques avec couvertures en tuiles ; les temples et les pagodes sont construits avec beaucoup de luxe ; rien n'y manque, on y voit répandues avec profusion les sculptures les plus variées et la dorure la plus riche.

Les différents cultes professés dans l'Indo-Chine, aussi bien au Cambodge que dans l'Annam et la Cochinchine, sont :

1° Le culte du Ciel, qui est le culte du souverain ;

2° Le culte des Ancêtres, qui est le plus répandu ;

3° Le culte de Boudha, qui est en décadence ;

4° Le culte de Confucius, dont je vais dire quelques mots.

Planche 25.   Chasse aux Tigres.

Confucius est un philosophe chinois dont la naissance se perd dans la nuit des temps ; on le fait naître à Tséouse, en l'an 551 avant Jésus-Christ. De bonne heure, il fut animé du désir de réformer la religion de ses concitoyens, qui, d'après lui, ne suivaient pas toutes les règles de la morale dont il avait fait le but de sa vie ; il voulait faire des hommes exempts de défauts et vivant saintement dans la famille et dans la vie sociale.

Confucius rencontra bien des difficultés ; abandonnant son titre et ses fonctions de mandarin, il s'en alla par les villes, prêchant à tous la justice et la vertu, expliquant les ouvrages anciens et les chants populaires. Sa persévérance et l'excellence de la cause qu'il défendait amenèrent autour de lui un grand nombre de disciples dont plusieurs se sont immortalisés.

Jamais Confucius ne tenta de se faire passer pour un être divin ; il se donna comme un ami de la sagesse et de la vertu, consacrant sa vie à montrer aux hommes le chemin qu'ils doivent suivre pour être des justes et des saints. Il cherchait à prouver à ses semblables qu'ils ont dans leur cœur des vérités éternelles gravées par la nature et que Dieu a révélé à tous la sagesse et la justice qui font de l'homme un être supérieur. La morale de Confucius s'est associée à la législation du peuple chinois, et depuis plus de deux mille ans elle régit le plus vaste empire de l'univers.

Dans l'Indo-Chine, le peuple ne comprend guère la portée des dogmes de Confucius ; sa véritable religion est le culte des ancêtres. Aussi trouve-t-on dans chaque maison un autel sur lequel on offre des sacrifices, des fleurs, des repas aux mânes des aïeux. C'est ce culte des ancêtres qui a été le plus grand obstacle à l'introduction du christianisme ; malgré cela, et grâce à la persévérance des missionnaires, le vingtième environ de la population est chrétien.

Le Cambodgien a beaucoup de points de ressemblance avec l'Annamite ; cependant, il faut constater qu'il est plus grand, mieux proportionné et de ce fait beaucoup plus robuste. Son caractère est doux et indolent; il est serviable et très désintéressé; lorsqu'il se bat, c'est avec courage, mais il est moins brave et moins belliqueux que l'Annamite.

Les Cambodgiennes ont les traits plus réguliers et la taille mieux faite que les femmes annamites ; avant le mariage, les jeunes filles portent une longue chevelure qu'elles coupent aussitôt après leurs fiançailles.

Les cérémonies du mariage sont très compliquées ; après les fiançailles, le jeune homme fait un stage de plusieurs mois dans la famille de sa future, où il vit comme un serviteur, étant aux ordres de ses hôtes ; ce stage est plus ou moins long, selon la fortune des contractants. Seuls, les riches sont polygames et, chez tous, la première femme a la suprématie sur toutes les autres ; c'est elle qui est réputée être la mère de tous les enfants du mari.

La religion des Cambodgiens se rattache à celle des Annamites ; le culte des ancêtres prime toute autre croyance ; malgré cela, c'est un boudhisme plus ou moins pur qui domine dans le royaume. Les bonzes sont nombreux ; ils ont des privilèges considérables.

Sur les confins du royaume de Cambodge et de l'empire d'Annam, vivent les peuplades sauvages des Stiengs, gens qui ont toujours paru redoutables à leurs voisins, qui, bien à tort, vantent leur grande adresse au tir à l'arbalète.

Le Stieng est un être bizarre, il aime la solitude, l'ombre et la profondeur des forêts ; s'il vit par petits groupes formant des villages, c'est parce qu'il comprend que pour faire face aux exigences de la vie, il faut se réunir plusieurs dans un même rayon.

Les Stiengs se livrent à la culture du riz, du maïs, du tabac, et, lorsque viendra la moisson, chaque village donnera à son tour une fête à laquelle seront invités les voisins et au cours de laquelle une grande portion de la récolte sera gaspillée ; aussi ces malheureux souffrent-ils souvent de la famine.

Le Stieng ne ressemble ni au Cambodgien, ni à l'Annamite, son front, qui est généralement bien développé, annonce une intelligence bien plus grande que ne peut l'être celle du Cambodgien.

L'étranger est toujours bien accueilli ; pour lui, un festin sera organisé, dans lequel figurera la viande de porc, de la volaille et le riz traditionnel. Les mœurs de ces peuplades sauvages sont douces, jamais le Stieng ne sera l'agresseur ; mais, s'il est attaqué, il se défendra avec courage Les individus des deux sexes ont la coutume de se percer les oreilles pour introduire dans les trous des ornements en os ou en bois.

XIX

Les possessions françaises de l'Indo-Chine sont essentiellement agricoles, et, en général, le régime qui domine est celui de la petite propriété ; chaque famille cultive son champ, dont le produit sert à la nourriture de la famille ; s'il y a un petit excédent, elle le vend aux négociants chinois, qui détiennent tout le petit commerce de ces contrées.

Les principales productions sont le riz, qui est là dans sa terre de prédilection, au milieu des plaines basses et inondées qui forment le delta des fleuves ; le riz est la base de la nourriture de tous les peuples de l'Asie méridionale ; lorsque sa récolte vient à manquer, il y a la famine et disette. Citons encore le tabac, le coton, le maïs, l'arachide, la canne à sucre, le betel, etc. Tous ces produits peuvent être cultivés avec succès, ils seront toujours une source de grande fortune pour ces colonies lointaines.

Ajoutons encore que les légumes sont là dans leur terrain : les haricots, les fèves, les choux, les carottes sont susceptibles de culture et donneront des produits en abondance pour la nourriture des européens.

Parmi les fruits, il est bon de citer la mangue, la noix de coco, le jacq, le mangoustan, la banane, le citron, l'ananas, l'orange mandarine, la grenade, la goyave, la pomme cannelle, etc. Nous avons les épices : girofle, cannelle, poivre, muscade ; la flore pharmaceutique nous offre : le ricin, l'aloès, le gingembre, le camphrier, le benjoin, la mélisse, la salsepareille, le thé, le hylang-hylang, etc.

Comme plantes ornementales, citons : le gardenia, les acanthes, le lotus, le cactus épineux, le laurier, le nymphéa, le papayer et une grande quantité de variétés plus belles les unes que les autres.

Les richesses forestières sont également nombreuses ; nous avons les ebeniers, le manguier, le bois de fer, le mûrier, l'isonandrakantzii, qui fournit une variété de gutta-percha, le hopea, le bambou, etc.

L'Indo-Chine réunit sur ses vastes territoires tous les types et tous les genres d'animaux communs aux pays qui l'environnent. Là aussi, nous trouvons des tigres, qui vivent nombreux sur le bord des fleuves, dans les plaines marécageuses, dans les jungles et jusque dans les forêts qui couvrent les montagnes. Il y a également beaucoup de léopards, des panthères, des chats-tigres, des renards. Le tigre est le grand épouvantail des gens du peuple ; malheur à celui qui prononcera son nom en l'accompagnant d'une épithète malsonnante, il deviendra un jour ou l'autre la proie du féroce animal. Des offrandes sont offertes dans les premiers mois de l'année par les superstitieux annamites, qui espèrent se préserver ainsi de toute entreprise hardie de la part des tigres.

Les pachydermes nous offrent l'éléphant, le rhinocéros, le cheval, le sanglier, le porc. Puis, plusieurs variétés d'ours ; la plus curieuse est certainement l'ours malayanus, qui est très friand du fruit du cocotier. Il y a des taupes, des loutres, des hérissons, plusieurs genres de chiens et un grand nombre de singes.

Tous les représentants du règne animal se rattachent, comme je l'ai dit, à ceux qui vivent dans l'Hindoustan ; je ne puis en parler de nouveau sans me répéter inutilement.

Les oiseaux sont également nombreux : citons au hasard : les vautours, qui détruisent les cadavres en putréfaction ; le faucon, l'ibis, qui chassent les reptiles ; l'aigle moucheté, le hibou ; un grand nombre de perruches de variétés diverses ; les hirondelles salanganes, qui fournissent ces nids si estimés des gourmets chinois ; les pigeons, le coq sauvage, des faisans variés, le corbeau, le héron, la cigogne, le pellican, le marabout, etc.

Les reptiles nous offrent l'iguane, le lézard, le caméléon, le jecko, les tortues, le crocodile, que les riches Annamites font parquer dans des enclos pour en consommer la chair, dont ils sont très friands.

Sur la côte, dans les lacs, dans les fleuves, les poissons sont nombreux et une grande partie de la population des côtes vit du produit de la pêche.

Les animaux domestiques sont relativement peu nombreux ; la variété la plus employée est le buffle, qui sert pour les travaux pénibles : le labourage et le transport des denrées ; la couleur du buffle indo-chinois tire un peu sur le gris, les cornes sont longues et noires. Il y a des bœufs, qui fournissent la viande de boucherie ; des vaches, qui donnent du lait excellent, mais en petite quantité ; des chevaux de petite taille, mais bien faits, énergiques et actifs. Tous ces animaux sont nourris dans les pâturages naturels qui avoisinent les rivières ; même pendant la saison sèche, ils offrent une herbe fine et tendre ; les prairies artificielles sont encore inconnues.

XX

La nation annamite a peu d'aptitude pour l'industrie ; les indigènes préfèrent se livrer aux travaux agricoles.

Malgré cela, il y a dans les bois un certain nombre de bûcherons, de scieurs de long, de charbonniers, de constructeurs de bateaux, etc. Les cours d'eau qui traversent les forêts en rendent l'exploitation facile et, lorsque les routes forestières seront ouvertes, les chantiers se multiplieront.

LES COLONIES FRANÇAISES

L'élevage des vers à soie est très populaire et, dans chaque famille, on récolte annuellement plusieurs kilogrammes de soie. Saïgon est un grand marché de soie brute. Les femmes, qui s'occupent des vers à soie, tissent également le coton, mais un jour viendra où les métiers mécaniques viendront remplacer le tissage à la main.

La principale industrie du pays est bien certainement la pêche ; des pêcheries en bambous sont établies à l'embouchure des fleuves pour la préparation des poissons, qui sont salés et séchés, puis ensuite vendus dans le pays ou exportés en Chine.

Le grand lac du Cambodge, Toulé-Sap, en fournit une grande quantité ; près de 15,000 individus sont occupés à ce genre de travail, qui est souvent fort lucratif.

Avec plusieurs variétés de poissons, les pêcheurs fabriquent le *nuoc-man,* sorte de condiment qui entre pour une grande part dans la consommation ; presque tous les aliments en sont assaisonnés.

Les Annamites fabriquent de l'eau-de-vie de riz, de l'huile de coco, du sucre ; ils travaillent le fer, le bronze, la pierre ; les barques qu'ils construisent sont quelquefois très élégantes et toujours d'une grande solidité. Mais les véritables industries nationales sont la fabrication des nattes, les travaux d'orfèvrerie et les incrustations.

Pendant la période de guerre que les provinces de l'Indo-Chine viennent de traverser, le commerce était à peu près nul ; depuis la fin des hostilités, les transactions semblent devoir s'accentuer. La situation exceptionnelle de cette riche contrée ne peut manquer d'attirer vers elle le commerce européen et le commerce des régions de l'intérieur, qui, grâce aux grands fleuves, peuvent arriver jusqu'à l'Océan.

Jusqu'à présent, les importations comprennent principalement les vins et spiritueux de France, l'opium, le papier, les étoffes, les métaux et les outils, les sucres raffinés, les porcelaines, les articles de Paris, les meubles d'Europe, les conserves alimentaires, les farines, la houille, les produits pharmaceutiques, les salaisons, etc.

Tout ce qui est à destination du Cambodge passe par Saïgon et par Kampot ; le Laos et les hauts territoires du Tonkin reçoivent par Hanoï.

L'exportation consiste en riz, en poisson sec, en colle de poisson, en coton, en peaux, soies brutes, indigo, plumes, cire, miel, ivoire, goudron, cornes de cerf, noix d'arec, bois de teinture et d'ébénisterie, travaux d'orfèvrerie, d'incrustation et en bronze, etc. C'est principalement le riz qui constitue la grande portion du commerce à la sortie ; il est expédié en Amérique, dans l'Inde anglaise, en Chine et en Europe.

Saïgon exporte les produits du Cambodge, comme le Tonkin exporte les métaux du Yunnam, les plantes médicinales, l'amidon, le thé, les plantes tinctoriales.

Les principaux ports qui trafiquent avec l'étranger sont : pour la Cochinchine, Saïgon, Hatien, Camau, Cangio, Mytho, Vinh-Long, Chaudoc, Cholon ; ces quatre derniers sont des ports fluviaux.

Pour le Tonkin : Haïphong, Hanoï (sur le fleuve), Quang-yen, Nam-dinh, Ninh-binh, Haï-dzuong, Xuanday, Quin-nhon, Tourane ; ces trois derniers pour l'Annam.

Le Cambodge n'a qu'un seul port, c'est Kampot, qui est surtout en relation avec les ports de l'Inde et de la Cochinchine.

Les paquebots des Messageries Maritimes mettent Saïgon en communication directe avec la

France; une ligne particulière dessert ensuite les ports de l'Annam; les Compagnies anglaises qui vont en Chine font escale à Saïgon.

Dans l'intérieur, les communications sont assurées par les fleuves, que les navires remontent jusqu'aux villes principales; un service de navigation intérieure a été créé, il fonctionne très bien.

Les routes sont encore à l'état de projet; une grande voie, la route royale, traverse la Cochinchine et l'Annam, pour se terminer au Tonkin. En Cochinchine, elle dessert Saïgon, Bien-hoa, Cholon, Mytho, puis elle passe à Hué et à Hanoï, où elle se bifurque pour se diriger vers la Chine. Plusieurs voies ferrées sont en construction.

Le gouvernement annamite fait faire le service des postes par des courriers nommés *trams*, et qui sont pris dans les corps de la milice. En Cochinchine, ce service a été organisé par des décrets locaux; des bureaux ont été établis à Baria, Bien-hoa, Go-cong, Mytho, Taï-ning, Tong-keon, etc.; tous relevant de la direction des postes de Saïgon.

Des communications télégraphiques fonctionnent sur tout le territoire du gouvernement général; deux cables sous-marins partent du cap Saint-Jacques; l'un se dirige vers Singapour, l'autre sur Hong-Kong. en passant par l'Annam et le Tonkin.

XXI

Divisions politiques et administratives. — Le gouvernement général de l'Indo-Chine étant composé d'éléments divers, je me vois dans l'obligation d'étudier séparément chacune des divisions, en commençant par la Cochinchine française, colonie proprement dite.

Cochinchine. — La Cochinchine française continue toujours à être divisée en provinces, comme elle l'était avant la conquête, ce qui n'empêche pas que l'administration dépend tout entière du gouvernement de Saïgon. Les affaires indigènes sout confiées à des administrateurs et leurs circonscriptions ont pris le nom d'arrondissement.

Depuis le 12 mai 1882, le gouvernement a constitué des conseils d'arrondissements qui sont présidés par les administrateurs des affaires indigènes et où siègent des conseillers annamites élus par les cantons. Il existe actuellement vingt et un arrondissements parfaitement organisés; ce sont :

1er Arrondissement de Saïgon. — Cet arrondissement, situé entre les anciennes provincesde Mytho et de Bien-hoa est formé par les anciens huyens de Binh-duong, Ngai-an, une partie de ceux de Long-Thanh et de Phuoc-Loc et par l'ancien phu de Tan-Binh, ainsi que par une partie de celui de Phuoc-Long.

On y compte 17 cantons et 233 villages; les cantons sont ceux de : Duong-hoa-thuong, Duong-hoa-ha, Duong-hoa-trung, Binh-tri-trung, Binh-tri-thuong, Bin-tri-hu, Long-tuy-thuon, Can-gio, Long-tuy-trung, Binh-than-hu, Binh-thang-trung, An-tho, An-dien, An-thung, Long-vinh-hu, An-thanb, An-binh.

Les postes militaires sont au nombre de quatre : Saïgon, Thu-Duc, Hoc-Mon et Tong-Kéou. Les principales villes de l'arrondissement sont :

Saïgon, chef-lieu et capitale des possessions françaises de l'Indo-Chine, résidence du gouverneur-général, sur la rive droite de la rivière de Saïgon entre l'arroyo chinois et l'arroyo de l'Avalanche, à 102 kilomètres de la mer. Construite sur l'emplacement de l'ancienne ville annamite, presque entièrement détruite à l'époque de la conquête, elle a près de 8 kilomètres de longueur, sur 5 kilomètres de largeur ; sa population est évaluée à 178,500 habitants, dont près de 3,000 sont Européens.

La ville a été construite sur un plan tracé en 1862 et qui, aujourd'hui, est presque entièrement achevé ; les rues, nombreuses et larges, présentent un développement de plus de 40 kilomètres ; elles sont toutes empierrées et bordées de tamariniers.

Parmi les édifices, citons le palais du gouverneur, la cathédrale, le palais de justice, le château-d'eau, le cercle des officiers, l'arsenal, les casernes et les hôpitaux, l'établissement des Messageries Maritimes, les collèges d'Adran de Chasseloup-Laubat ; n'oublions pas le jardin du gouverneur, le jardin zoologique, les statues de Francis Granier et de l'amiral Charner.

Des quais ont été construits, les canaux approfondis ; des ponts ont été établis, il y a un bassin de radoub et un dock flottant qui peut recevoir des navires d'un fort tonnage.

Saïgon est un grand centre d'opérations commerciales, qui est en relations avec l'Europe, la Chine, l'Inde, Siam, les îles Philippines, l'Amérique, par de nombreuses lignes de bateaux à vapeur.

Les autres villes de l'arrondissement sont : *Hoc-Mon*, *Thu-Duc*, etc.

2e Arrondissement de Bac-Lieu. — Cet arrondissement fait partie de l'ancienne province d'An-Giang ou de Chandoc ; il y a des rizières et de salines importantes. Le chef-lieu est *Bac-Lieu*, ville de moyenne importance, siége de l'administration et résidence de l'administrateur, d'un agent-voyer, d'un percepteur et d'un receveur des postes. *Caman*, est une autre ville importante avec un bon port.

3e Arrondissement de Baria. — Il y a 7 cantons et 67 villages dans cet arrondissement ; les cantons sont : An-phu-tuong, An-phu-ha, Phuoc-hung-thuong, Phuoc-hung-ha, An-trach, Long-co et Long-Xuong. Il y a six postes militaires : Baria, Cap-Saint-Jacques, Ong-trinh, Long-nhung, Bien-tan et Thuan-bien.

Le chef-lieu, *Baria*, est situé à 121 kilomètres à l'Est de Saïgon ; il y a des salines et un marché de bois très importants. C'est la résidence de l'administrateur des affaires indigènes, d'un commandant militaire, d'un juge de paix à compétence étendue et du missionnaire catholique.

4e Arrondissement de Bentré. — L'arrondissement de Bentré, se divise en 23 cantons contenant 199 villages, ce sont : Canton de Bao-duc, Bao-gai, Bao-hoa. Bao-Kanh, Bao-an, Bao-phuoc, Bao-thuan, Bao-Loc, Bao-tri, Long-hu, Mind-dat, Min-hue, Min-hoa, Min-quoi, Min-phu, Min-tri, Min-thuan, Min-dao, Min-ly, Min-chanh, Min-tien.

Les postes militaires au nombre de 8, sont les suivants : Bentré, Huong-Diem, Batri, Phuoch-han, Mocay, Bake, Bavac, Bang-tra.

Les cultures sont nombreuses, dans cet arrondissement, qui fournit du riz en abondance, du bétel, de la canne à sucre, des cocos, etc.

Le chef-lieu, Bentré, ville de 6000 habitants est la résidence de l'administrateur et le siége d'un tribunal de première instance ; il s'y tient un important marché pour les produits du pays.

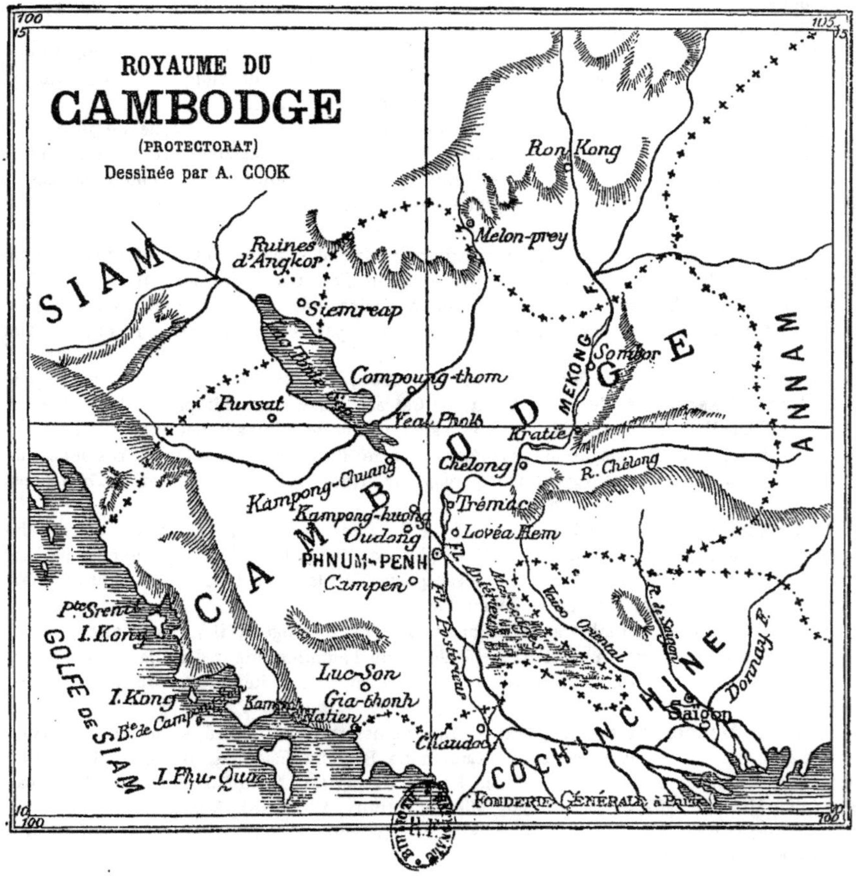

ROYAUME DU

CAMBODGE

(PROTECTORAT)

Dessinée par A. COOK

SIAM

Ron Kong

Ruines
d'Angkor

Melon-prey

Siemreap

Compoung-thom

Sombor

MEKONG

CAMBODGE

ANNAM

Pursat

Yeal Phols

Kratié

Chélong

R. Chélong

Kampong-Chuang

Trémac

Kampong-huong

Lovéa Hem

Oudong

PHNUM-PENH

Campen

GOLFE DE SIAM

P.te Srend

I.Kong

Luc-Son

Gia-thonh

I.Kong

Kam

Hatien

B.te de Camp

Claudoc

I.Phu-Quoc

COCHINCHINE

Saigon

Donnay E.

FONDERIE GÉNÉRALE à Paris

Planche 26.

5ᵉ Arrondissement de Bien-Hoa. — Il y a seize cantons, dans cet arrondissement ; dix cantons annamites : Chanh-mi-trung, Chang-mi-ha, Chang-mi-thuong, Phuoc-ving-ha, Phuoc-ving-trung, Phuoc-ving-thuong, Long-ving-thuong, Thanh-tuy-ha, Thanh-tuy-thuong, Blnh-lam-thuong et six cantons situés dans le territoire de Moïs : Binh-bach, Binh-tuy, Binh-son. Phuoc-than, Anvieng, Tap-phuoc. Il y a quatre postes militaires, savoir : Bien-hoa, Tan-nyen, Long-thanb, Cau-tivug. Le chef-lieu, Bien-hoa, est situé à 75 kilomètres de Saïgon ; c'est la résidence de l'administrateur des affaires indigènes et le siège d'une justice de paix à compétence étendue.

6ᵉ Arrondissement de Cantho. — Cet arrondissement, formé d'une portion de l'arrondissement de Baria, a pour chef-lieu la petite ville du même nom, située à 340 kilomètres de Saïgon.

7ᵉ Arrondissement de Chaudoc. — L'arrondissement de Chaudoc se divise en dix cantons : An-luong, An-thanh, Dinh-thanh-tuong, Chan-phu, Qui-duc, Than-lé, Than-tin, Than-nyai, Thanh-y, Thanh-tam. Les terres de cet arrondissement sont fertiles et donnent en abondance tous les produits du pays. Le chef-lieu est Chaudoc, sur le Bassac, à 300 kilomètres environ de Saïgon, résidence des administrateurs, d'un garde du génie, d'un aide commissaire de la marine, d'un juge de paix à compétence étendue ; il y a une citadelle qui commande la frontière cambodgienne ; la population est de 4,800 habitants qui se livrent à l'élevage des vers à soie et à la fabrication des soieries.

8ᵉ Arrondissement de Cholon. — Cet arrondissement est formé des anciennes provinces de Tan-long et de Phuoc-loc ; il se divise en treize cantons comprenant 231 villages.

Le chef-lieu. Cholon, est une des plus belles villes de la colonie ; on évalue sa population à 3,000 habitants ; elle est reliée à Saïgon par une ligne de tramways à vapeur.

Bâtie sur les deux rives de l'arroyo Chinois, c'est le principal entrepôt du commerce dans la Basse-Cochinchine ; elle exporte du riz et tous les produits du pays.

9ᵉ Arrondissement de Giadinh. — L'arrondissement de Giadinh a pour chef-lieu Binh-hoa, petite ville située à 4 kilomètres de Saïgon, dont elle est presque un faubourg. C'est la résidence de l'administrateur, d'un inspecteur des ponts et chaussées, le siège d'un tribunal de première instance.

10ᵉ Arrondissement de Gocong. — Formé par les territoires de l'ancien huyen de Tan-hoa, cet arrondissement est un des plus riches de la Basse-Cochinchine ; sa plus grande production est le riz. Il se divise en quatre cantons, comprenant 50 villages ; on y compte, en outre, six postes militaires. Le chef-lieu est Go-cong, petite ville à 57 kilomètres de Saïgon.

11ᵉ Arrondissement de Hatien. — C'est un des plus petits ; il ne compte que trois cantons et 12 villages ; les principales cultures sont la canne à sucre, le riz, le bétel, les cocotiers, le mûrier, etc. Le chef-lieu, Hatien, est situé sur le golfe de Siam, à l'entrée d'une anse profonde qui est défendue par une bande d'écueils, ce qui, empêche les gros navires d'aborder. Le commerce de ce port consiste principalement en échanges qui, au moyen de caboteurs, se font avec Siam et quelques points de la côte du Cambodge. Hatien est la résidence de l'administrateur ; c'est un poste militaire important ; il y a un bureau télégraphique et une direction des postes ; l'école est très fréquentée. Les deux autres postes militaires de l'arrondissement sont Ghe-yem et Phao-dai.

12ᵉ Arrondissement de Long-Xuyen. — L'arrondissement de Long-Xuyen est divisé en huit cantons comptant 65 villages ; il y a trois postes militaires : Long-Xuyen, Tot-not et Bac-rang. Les cultures principales sont le riz, la canne à sucre, le cocotier, le murier, l'indigo, l'aréquier, le bétel, etc.

Le chef-lieu, Long-Xuyen, est situé à 182 kilomètres de Saïgon, c'est là que résident l'administrateur des affaires indigènes le percepteur, le juge de paix, etc.; il y a un orphelinat dirigé par les sœurs de la Providence de Portieux.

13ᵉ Arrondissement de Mytho. — C'est un des arrondissements les plus importants de la Colonie ; composé de trois huyens, il est divisé en 13 cantons, comprenant près de 200 villages ; il y a neuf postes militaires : Mytho, Thuon-Nhieu, Cho-Gao, Cay-lay, Rach-gam Tra-tan, Ran-Ram, Phuoc-Thuam et Binh-Quonh. Le chef-lieu, Mytho, résidence de l'administrateur, est la seconde ville de la Cochinchine française. Bâtie sur la rive gauche de la branche orientale du Mekong, elle est formée de la réunion de deux grands villages autour desquels sont venus se grouper de nouvelles habitations. C'est l'entrepôt naturel du commerce du Cambodge ; malgré son éloignement de la mer (43 kilomètres) elle est très commerçante et peut recevoir dans son port des navires d'un moyen tonnage.

Il y a à Mytho, un trésorier payeur, un bureau des postes et des télégraphes, un juge de paix à compétence étendue, un collège, une citadelle, une ambulance de première classe, un hôpital indigène, etc.

14ᵉ Arrondissement de Sach-Gia. — Cet arrondissement empiète un peu sur le Cambodge, il est composé de 5 cantons annamites et de deux cantons cambodgiens, comprenant ensemble une centaine de villages ; il n'y a que deux postes militaires : Rach-Gia, et Caman.

Le chef-lieu, Rach-Gia, est la résidence de l'administrateur des affaires indigènes ; depuis peu d'années, on y a établi un bureau des postes et des télégraphes.

15ᵉ Arrondissement de Sadec. — Cet arrondissement compte neuf cantons renfermant 95 villages et trois postes militaires. Le chef-lieu est Sadec, ville située à 234 kilomètres de Saïgon ; trois services journaliers de bateaux à vapeur relient cette ville à Vinh-hong, Mytho et Saïgon ; trois bateaux à vapeur vont une fois par semaine sur Chaudoc, Long-Xuyen, Cantho, Soctrang et Bac-Lieu ; trois autres relient Sadec à Phuon-Ponch et Battambang. C'est un marché très important de riz et d'autres produits du pays.

16ᵉ Arrondissement de Soc-trang. — Il est formé de l'ancien phu de Ba-xuyen, et se divise maintenant en 11 cantons comprenant 150 villages. Le chef-lieu, qui est la ville du même nom, est à 340 kilomètres de Saïgon ; c'est le siège de l'administrateur et la résidence d'un juge de paix à compétence étendue, d'un percepteur, d'un contrôleur des contributions indirectes, d'un conducteur des travaux publics, d'un receveur des postes et des télégraphes ; il y a un collège.

17ᵉ Arrondissement de Tanan. — Neuf cantons et 119 villages ; le chef-lieu Tanan ou Binh-hâp, à 48 kilomètres de Saïgon, est situé au confluent du petit Vaïco et de l'arroyo de la poste. Il y a des distilleries qui fabriquent une grande quantité d'alcool de riz ; c'est un entrepôt important d'opium ; 1800 habitants. Citons encore une école d'arrondissement dite école Centrale, qui est fréquentée par une centaine d'élèves, français ou indigènes.

LES COLONIES FRANÇAISES

18ᵉ Arrondissement de Tay-Ninh. — Cet arrondissement est divisé en dix cantons, renfermant 62 villages, dont trois sont des postes militaires; les cultures sont nombreuses et présentent des rizières, des plantations de cocotiers, d'aréquiers, des jardins fertiles; les forêts, qui couvrent une étendue de près de 500,000 hectares, sont riches en bois de toutes sortes.

Le chef-lieu, Tay-Ninh, est à 115 kilomètres de Saïgon; c'est la résidence de l'administration indigène et le siège d'une justice de paix à compétence étendue; l'école de la ville est importante, elle reçoit des élèves internes et des élèves externes.

19ᵉ Arrondissement de Thu-dan-Mot. — Situé entre la rivière de Saïgon et celle de Bien-hoa, cet arrondissement est formé de l'ancien huyen de Binh-an; il compte dix cantons et 115 villages, dont trois sont des postes militaires.

Le chef-lieu, Thu-dan-Mot, à 48 kilomètres de Saïgon, est un grand centre d'exploitation forestière; il y a un bureau des postes et des télégraphes, une école centrale qui est fréquentée par un grand nombre d'élèves. Dans cet arrondissement, citons encore Tong-kéou, fort important, où une compagnie indigène tient garnison.

20ᵉ Arrondissement de Travinh. — L'arrondissement de Travinh se divise en treize cantons renfermant 210 villages; au chef-lieu, il y a un dépôt de la milice indigène, plusieurs postes fortifiés et de surveillance.

Le chef-lieu, qui est la petite ville du même nom, à 203 kilomètres de Saïgon, est le siège d'un bureau télégraphique qui communique avec la capitale de la colonie, en passant par Bentzé et Mitho; un fil va également à Loctrang.

21ᵉ Arrondissement de Vinh-Long. — Il est formé du phu de Den-vien, qui comprenait les huyens de Vinh-binh et de Vinh-tri; il se divise en 16 cantons renfermant 220 villages, dont quelques-uns sont d'une grande importance.

Le chef-lieu, Vinh-long, à 180 kilomètres de Saigon, sur la rive droite du bras oriental du Mé-kong, en aval de Mytho, compte 6,000 habitants; c'est la résidence de l'administrateur des affaires indigènes, d'un payeur particulier, d'un agent voyer et le siège d'un tribunal de première instance. Citons encore la citadelle, l'église catholique, l'orphelinat, le bureau de l'administration des postes et des télégraphes; c'est un marché important de tous les produits du pays.

XXII

Aujourd'hui, la Cochinchine française est placée sous l'autorité directe du gouverneur général de l'Indochine, qui est assisté d'un lieutenant gouverneur, d'un secrétaire général, d'un chef administratif des services de l'Indo-Chine et de deux Conseils : 1° Conseil supérieur du gouvernement général, ainsi composé : le gouverneur général, président ; le lieutenant gouverneur de la Cochinchine, le résident général en Annam et au Tonkin, le résident général au Cambodge, le commandant supérieur des troupes, le commandant supérieur de la marine, le secrétaire général, le chef du service judiciaire, le chef des services administratifs de la Cochinchine ;

2° Conseil privé près le lieutenant gouverneur, qui est ainsi composé : le lieutenant gouverneur, président ; le secrétaire général de la Cochinchine, le procureur général, deux conseillers privés nommés par décret.

Puis vient le Conseil colonial, composé d'un président, d'un vice-président et de quinze membres, dont quatre sont indigènes.

Les pouvoirs de ce Conseil sont très étendus ; ils se rapprochent à la fois des conseils généraux de la métropole, et des parlements locaux qui siègent dans les colonies britanniques.

Le gouverneur est dépositaire de l'autorité ; il a la disposition des forces de terre et de mer, et a sous ses ordres tous les fonctionnaires civils ou militaires du gouvernement général.

La direction de l'intérieur comprend quatre bureaux : 1° bureau du personnel européen et indigène, chargé de tout ce qui touche les questions administratives ; 2° bureau des ponts et chaussées et des travaux publics en général ; 3° bureau de la statistique générale de l'agriculture, du commerce, de la police, des relations extérieures, etc.; 4· bureau de la comptabilité générale et des budgets.

Les forces militaires sont sous les ordres d'un général de division ; elles se composent d'un régiment de marche d'infanterie de marine, d'un régiment de tirailleurs annamites, de deux batteries d'artillerie, qui sont commandées par un lieutenant–colonel ; il y a encore des détachements de canonniers conducteurs, d'ouvriers d'artillerie et de gendarmerie, de soldats du génie.

Il y a à Saïgon un arsenal maritime placé sous les ordres du commandant de la marine qui est ordinairement un capitaine de vaisseau.

A la tête du corps enseignant, nous avons un directeur de l'enregistrement qui est presque toujours un inspecteur primaire. L'enseignement secondaire et l'enseignement primaire supérieur sont donnés au collége d'Adran, par le collége Chasseloup-Laubat et par le collége de Mytho, tous les grands centres sont pourvus d'écoles primaires.

Les missionnaires ont aussi leurs écoles qui sont nombreuses et placées sous la surveillance du clergé des paroisses ; il y a 20 écoles primaires de garçons, dont huit sont dirigées par des indigènes et 15 écoles primaires de filles dont sept sont dirigées par des institutrices françaises.

Les instituteurs tendent à vulgariser la langue française et à supprimer peu à peu la langue annamite dont les difficultés sont innombrables, ce qui exige beaucoup de travail ; en principe on a dû créer un collège d'interprètes, qui a donné d'excellents résultats. A Saïgon il y a une école normale qui fournit des maîtres pour les écoles des communes.

Le culte catholique est encore relativement peu répandu et il n'est pas facile d'évaluer, même approximativement le nombre des chrétiens de la colonie. La Cochinchine n'étant pas soumise au concordat, le gouvernement ne pourvoit qu'à l'entretien de l'évêché, de la cure et de la cathédrale de Saïgon ; les autres cures sont desservies par les soins de la Société des Missions qui possède deux établissements aux bouches du Me-kong. Un séminaire, établi à Saïgon se charge du recrutement et de l'instruction de prêtres indigènes.

Le régime financier de la colonie a été réglé par le décret du 10 janvier 1863 ; les dépenses et les recettes sont votées par le Conseil colonial ; seules, les charges des services militaires et de la marine ne lui incombent pas.

Les revenus se composent : 1° des produits du domaine, comprenant les ventes de terrains, les locations et concessions provisoires, etc.; 2° des contributions directes ; 3° des produits des forêts ; 4° des revenus indirectes ; 5° des recettes de l'administration des postes.

Le service du Trésor est confié à un trésorier-payeur, à six payeurs particuliers et à plusieurs commis de trésorerie.

Le procureur général est chef du pouvoir judiciaire ; son action s'étend sur la colonie et sur le Cambodge. La Cour d'appel de Saïgon comprend deux chambres l'une pour les affaires de droit européen, l'autre pour les affaires de droit indigène.

Des tribunaux de première instance sont établis à Bien-hoa, Mytho, Bentré, Saïgon, Vinh-long, Chaudoc, Soctrang. Une cour d'assises jugeant en matières criminelles, siège au chef-lieu des tribunaux, avec le concours d'assesseurs européens ou indigènes, suivant que les accusés sont européens ou annamites.

XXIII

Empire d'Annam. — Depuis l'année 1885, l'empire d'Annam est sous le protectorat de la République française ; ce nouvel état de choses a amené bien des changements dans les mœurs et dans l'organisation intérieure de cet Etat. Autrefois, le souverain jouissait d'une autorité absolue ; n'ayant à compter qu'avec lui-même, il gouvernait sans contrôle. Il était également grand pontife de la religion et juge suprême, ne connaissant pas de limite à son autorité, qui allait jusqu'au droit de vie et de mort sur tous ses sujets, quels qu'ils soient.

Une telle puissance était bien mal placée entre les mains d'un prince dont la jeunesse s'était écoulée au fond d'un harem, loin des affaires politiques et des questions gouvernementales qu'il aurait dû étudier pour se préparer à sa mission future. Aussi, presque toujours, le roi était-il un instrument docile entre les mains des grands mandarins qui détenaient les hautes charges de l'empire.

Il y avait et il y a encore six ministres : intérieur, finances, guerre, justice, travaux publics et enfin le ministre des rites ; chaque ministère est sous la haute direction d'un ministre titulaire, assisté de deux assesseurs de première classe, deux assesseurs de deuxième classe, d'un secrétaire, de nombreux chefs de bureaux et d'employés plus nombreux encore. La hiérarchie des fonctionnaires de l'empire comprend neuf classes ; chaque classe est elle-même divisée en deux grades.

Par dessus toute la nuée des fonctionnaires, il y a le Conseil de censure, puis le Conseil secret ; les actes des membres de la famille royale ne peuvent être examinés que par un Conseil spécial ; c'est la Cour suprême.

L'empire d'Annam est divisé en vingt-cinq provinces; douze pour l'Annam, treize pour le Tonkin. Ce sont : 1° Binh-thuan, Bin-hoa, Phu-yen, Quang-ngoui, Binh-dinh, Quand-nam, Hué, Quang-binh, Quang-tri, Hu-ting, Thanh-hoa, Nghé-an ; 2° Hanoï, Langson, Caobang, Bac-ninh, Thai-nguyen, Ninh-binh, Nam-dinh, Hong-yen, Haï-dzuong, Sontay, Quan-yen, Hong-hoa, Tuyen-quan.

Les villes principales sont : Hué, capitale de l'empire, sur la rivière de Hué, à 12 milles de la mer ; elle est formée de deux villes bien distinctes ; la ville intérieure, splendide forteresse construite en 1795, par le colonel Ollivier, d'après le système de Vauban et la ville extérieure ou ville marchande, où est concentré tout le commerce de la cité. C'est dans la ville intérieure que se trouve le palais royal et où se tiennent les ministres et les hauts fonctionnaires. La population est évaluée à 40,000 habitants. Le port de Hué est la petite ville de Tourane, qui depuis plusieurs années est ouverte au commerce européen; il en est de même de Xan-daï, dans la province de Phu-yen; c'est un port vaste et d'un accès facile; il y a un agent de douane et un résident français. Qui-nonh, Binh-dinh, Doug-hoï, Than-hoa, Thuang-Khanh, Oeïfo, Cam-lo, Vinh, etc., sont des villes importantes de l'Annam où il se fait déjà d'importantes transactions commerciales.

Au Tonkin, nous trouvons les villes les plus importantes de l'empire Annamite, ce sont : Hanoï, sur le fleuve Rouge, à 120 kilomètres de la mer, si l'on suit le passage des Bambous, et à 95 kilomètres seulement par le canal des Rapides.

C'est l'ancienne capitale du royaume de Lé, à l'époque où celui-ci était souverain de l'Annam; il y a une citadelle qui, comme celle de Hué, a été construite par le colonel Ollivier; 452.500 habitants.

C'est là que réside le résident supérieur, un vice-résident de 1re classe, et les principaux fonctionnaires français du Tonkin.

Hanoï a toujours été et sera toujours le grand entrepôt du commerce du Tonkin et des contrées éloignées de l'intérieur qui y viennent par le Song-Koï ou fleuve Rouge; tous les cinq jours il y a un grand marché qui donne lieu à des transactions importantes.

Bac-Ninh, à 35 kilomètres de Hanoï, près du Song-Can et du canal des Rapides, est un point stratégique d'une grande importance, défendant les routes de Langson, Thai-Nguyen, Hai-Dznong.

Cette ville, qui jadis comptait une population de près de 15000 habitants, est aujourd'hui bien déchue, elle n'a que 3000 habitants donc 50 seulement sont européens.

Hai-Dzuong, sur le Thai-Binh est une ville de 10000 habitants qui a été très éprouvée pendant la dernière guerre; c'est malgré cela, une des principales villes du royaume, et un marché d'une grande importance pour les productions agricoles du pays.

Hai-Phong, port très important, du delta du Song-Koi, entre le Cua-Cam et le Song-Tan-Bac : centre d'opérations commerciales pour l'importation et l'exportation, lignes de bateaux à vapeur pour l'Europe, la Chine, la Cochinchine. Les exportations, consistent en riz, padis, cunao, soie grege, huiles diverses, sucre indigène, cassonnade, peaux et cornes de bœufs, de buffles. Un cable sous-marin international, relie Hai-phong à Saigon et avec Hon-Kong où aboutissent les cables d'Europe. C'est un chef-lieu de résidence.

Sontay, chef-lieu de résidence, au sommet du Delta, à la naissance du Day a une population de 4500 habitants.

Nam-Dinh, dans la province du même nom, chef-lieu de résidence, sur un arroyo qui met en communication le Day au Song-hoi, c'est la troisième ville commerciale du Tonkin; ses transactions se font principalement avec les provinces du Sud de la Chine, 40000 habitants.

Hong-ha, dont la citadelle commande un village important.

Thai-Nyngen, sur les bords du Song-cau, dans une situation pittoresque, au milieu de plaines fertiles.

Tuyen-Quan, ville importante, sur la rivière Claire, célèbre par le siège héroïque que le colonel Dominé y a soutenu contre les Chinois; cette ville commence à se relever de ses ruines, elle redeviendra florissante, grâce à sa situation militaire et commerciale.

Ninh–Binh, au confluent du Doy et de la rivière Van–Sang, 5000 habitants.

Yen–hoa, sur le Dao; ville commerçante de l'intérieur qui est en relations constantes avec les populations des plateaux du Ngo-Quan.

Hong-Hien, autrefois en relation avec l'Espagne et le Portugal.

Laothay, sur le fleuve Rouge, prés de la frontière du Yunnam.

Hon-Gay, Kep, place forte, *Lam, Mon-thag, Pgu-Doang, Phu-lan-huong,* Phu-No, Puan-Yeu, qui possède un hopital militaire, *Les Sept-Pagodes,* Viec-Tri, etc.

Toutes ces villes s'ouvrent peu à peu au commerce français, chaque année un nouveau négociant vient s'y établir à côté de négociants chinois qui, jusqu'à ce jour ont eu le monopole de toutes les transactions. Des services de bateaux à vapeur sillonnent les fleuves, les uns subventionnés par l'Etat, les autres marchant à leurs risques et périls.

Après la conquête, le gouvernement français avait à choisir entre l'annexion pure et simple et le protectorat; il a préféré ce dernier mode d'organisation.

Le protectorat permet au vainqueur de prendre possession de tous les points stratégiques, et si le gouvernement indigène demeure au pouvoir, il a à côté de lui des fonctionnaires européens qui sous le nom de résidents, sont chargés du contrôle des affaires administratives du royaume. Le souverain conserve sa haute situation et les honneurs qui s'y rattachent lui sont toujours rendus.

En principe le chef du protectorat prit le nom de résident général; il était investi de tous les pouvoirs de la République, ne relevant que du ministre des affaires étrangères. Pouvant résider soit à Hanoï, soit à Hué, il avait pour lieutenants, deux résidents supérieurs, l'un à Hué, l'autre à Hanoï.

Aujourd'hui, l'empire d'Annam est placé sous l'autorité immédiate du gouverneur général de l'Indo-Chine dont la résidence est à Saigon; il y a un résident supérieur à Hué, et un autre à Hanoï; un certain nombre de résidents et de vice-résidents sont placés dans les centres principaux.

Le corps d'occupation compte actuellement 12000 hommes de troupes françaises qui sont sous les ordres d'un général de division assisté de deux généraux de brigade; on parle aujourd'hui de réduire ce contingent, la pacification du Tonkin étant un fait accompli, malgré les protestations de l'armée qui voit avec peine son utilité contestée dans ces contrées lointaines, devenues pour elle une véritable école de guerre.

Du côté de la frontière, les nouvelles sont excellentes; les autorités chinoises ont interdit la vente des armes et des munitions de toutes sortes, ce qui est d'un excellent augure pour le maintien de la paix.

En ce moment, on s'occupe au Conseil des ministres, de bien établir les attributions de chacun, et de faire cesser cette dualité malheureuse qui existe dans l'Indo-Chine : d'une part le gouverneur général civil, d'autre part le général commandant en chef. Il faut que le gouverneur général soit le chef absolu et incontesté de tous les services, civils ou militaires.

Les fonctionnaires français préfèrent demeurer à Hanoï, le séjour de Hué, n'ayant sans doute rien d'agréable ; aussi trouvons-nous au chef-lieu du Tonkin : le trésorier-payeur, le directeur des postes et des télégraphes, l'ingénieur des travaux publics, l'évêque, le médecin en chef, chef du service médical, l'intendant militaire etc.

La question des chemins de fer est aujourd'hui à l'ordre du jour, plusieurs lignes sont à l'étude ou en voie de construction.

XXIV

Cambodge. — Comme tous les souverains de l'Extrême-Orient, le roi du Cambodge jouissait d'une autorité absolue ; étant le seul maître du royaume, il nommait tous les fonctionnaires qui n'avaient qu'une obligation, obéir aveuglément aux ordres du monarque.

Il y avait cinq ministères ; le ministère d'Etat, le ministère de la justice, le ministère des finances, le ministère de la Guerre et le ministère de la flotte : à la tête des 57 provinces du royaume, le roi plaçait des mandarins qui étaient administrateurs et justiciers.

Aujourd'hui, le royaume est sous le protectorat français ; le représentant de la République, qui prend le titre de résident supérieur et qui dépend du gouverneur général de Saigon, est chef de tous les services, il établit les comptes, veille à l'application des règlements, prépare le budget pour le soumettre au gouverneur général. Les mandarins Cambodgiens continuent sous son contrôle a administrer leurs provinces.

Il n'y a plus que huit provinces : Phnum-Penh, Kampot, Pursat, Kampoug-Chnaug, Kratié, Kampoug-Thom, Banam et Kranchnuer; chaque province est placée sous le contrôle administratif d'un résident français et est divisée en arrondissements qui sont au nombre de trente-quatre.

La justice est rendue par le tribunal supérieur de Phnum-Penh, avec appel à la Cour de Saigon ; chaque arrondissement a une justice de paix avec compétence étendue qui relèvent du tribunal de résidence, ou tribunal provincial, composés de juges français et cambodgiens.

Les principales villes du royaume sont :

Phum-Penh, capitale, au confluent du Mékong et du Toulé-Sap, dans une excellente situation commerciale ; elle compte 30000 habitants, en grande partie chinois, indiens, malais et cambodgiens, plus une population flottante presque égale, qui vit sur le fleuve, dans des bateaux. C'est là que viennent s'entreposer tous les produits du pays : gomme-gutte, cardamone, coton, sucre, indigo, tabac, soie, maïs, poisson sec et salé, etc.

Tout au bout de la ville, se trouve une éminence du haut de laquelle la vue s'étend sur une grande partie du pays. D'un côté, se déroule comme deux longs rubans, le Mekong et son affluent, coulant au milieu d'une vaste plaine boisée ; de l'autre, c'est toujours la plaine avec ses forêts, puis à l'horizon, les petites chaînes de montagnes.

Bannam, chef-lieu de la province de ce nom, entre la Cochinchine et le Mekong.

Kampot, la seule ville maritime du royaume, sur le Stung-prey-Scroc, qui va se jeter dans le golfe de Siam à trois mille plus bas ; c'est la ville la plus riche du Cambodge, 15000 habitants. Le fleuve sur les bords duquel la ville est bâtie, a près de cent cinquante mètres de largeur, son cours est restreint, mais il est avantageusement utilisé pour conduire à la mer les magnifiques bois de construction qui abondent dans les forêts qui bordent ses rives. Il y a quelques années, l'embouchure du Stung-prey–Scroc, servait de refuge à des pirates redoutables qui guettaient les jonques de commerce pour s'en emparer et les piller.

Kompong-Chnaug, sur le lac de Toulé-Sap ; il s'y fait un grand commerce de poissons qui sont pêchés dans le lac, c'est le chef-lieu de la province du même nom.

Kompong-Thom, Kompoug-Tiam, Krauchmar, Kratié, Sambor, Pursat, sont des villes d'une importance secondaire, peu commerçante et fort peu visitées par les Européens.

Oudong, l'ancienne capitale du royaume, est aujourd'hui bien déchue de son ancienne splendeur ; l'ancien palais des rois, qui occupait le centre de la ville, n'est plus qu'une ruine. Les maisons de Oudong sont presque toutes construites en bambous, il y en a fort peu en maçonnerie ; la plus longue rue a près d'un mille de longueur.

Le royaume de Cambodge a été autrefois bien puissant ; tour à tour envahi par les Siamois et les Annamites, il se trouve réduit à bien peu de chose, et si le protectorat français n'était pas venu le protéger, il n'existerait plus aujourd'hui, le roi de Siam l'aurait annexé.

La population totale des Etats du gouvernement général de l'Indo-Chine, autant qu'on puisse l'évaluer dans des pays où il n'y a pas d'état-civil, est de 23.330.737 habitants environ, se décomposant ainsi :

Cochinchine,   1.030.737 habitants, non compris les troupes françaises.
Empire d'Annam, 20.500.000   »   »   »
Cambodge,   1.000.000   »   »   »
La superficie totale de la colonne et des protectorats est d'environ 460000 kilomètres carrés.

XXV

La possession de l'Ido-Chine donne à la France un grand prestige, dans l'Extrème-Orient ; elle assure à son commerce de grands débouchés ; Saïgon va devenir un port de premier ordre, port militaire et port de commerce.

La pacification complète des pays conquis, ne sera jamais aussi difficile a obtenir que l'a été celle de l'Algérie ; la race annamite est plus assimilable, plus souple, que ne le sera jamais la race musulmane du Nord de l'Afrique.

Ses idées religieuses sont trop peu sérieuses pour qu'elle s'y rattache avec un fanatisme hostile ; jamais elle ne fera ce que nous appelons une guerre de religion.

Que la France fasse reconnaître aux Annamites que leur pays a tout à gagner du nouvel état de choses inauguré depuis quelques années, elle arrivera plus sûrement qu'en livrant des batailles et en soulevant des difficultés diplomatiques.

LES COLONIES FRANÇAISES

L'avenir commercial de l'Indo-Chine est immense, il est susceptible de rivaliser avec le commerce de l'empire britannique des Indes, il suffit simplement de ne pas le paralyser par des mesures arbitraires.

Si les indigènes s'aperçoivent qu'ils pourront augmenter leur bien-être et la source de leurs bénéfices, ils apporteront plus de soins à leurs cultures, ils produiront d'avantage.

Les possessions Indo-Chinoises ont des produits qui s'imposent à la consommation ; c'est à la France et au commerce français de savoir comprendre quelle voie il faut suivre pour s'emparer sans partage du monopole commercial et l'empêcher de tomber entre les mains d'étrangers que nous trouvons toujours au premier rang dans toutes les Colonies Françaises.

Les voies de communication ne font pas défaut en se servant des fleuves, il est facile de conduire bien loin dans l'intérieur tous les produits d'importation et d'en rapporter ceux qui doivent alimenter le commerce d'exportation.

Que chacun en France se pénètre de ceci : la France de l'Extrême-Orient, l'Indo-Chine, doit être pour nous une grande source de richesses.

FIN DE LA DEUXIÈME PARTIE.

www.ingramcontent.com/pod-product-compliance
Lightning Source LLC
Chambersburg PA
CBHW070634100426
42744CB00006B/672